高等职业教育民事案件实务教学研究

罗荣桓◎著

GAODENG ZHIYE JIAOYU
MINSHI ANJIAN
SHIWU JIAOXUE YANJIU

中央民族大学出版社
China Minzu University Press

图书在版编目（CIP）数据

高等职业教育民事案件实务教学研究 / 罗荣桓著 . 北京：中央民族大学出版社，2025. 6. -- ISBN 978-7-5660-2518-0

Ⅰ . D926.13

中国国家版本馆 CIP 数据核字第 2025C9094Q 号

高等职业教育民事案件实务教学研究

著　　者　罗荣桓
责任编辑　罗丹阳
特约编辑　郭金乔
责任校对　姜　颖
封面设计　舒刚卫
出版发行　中央民族大学出版社
　　　　　北京市海淀区中关村南大街 27 号　　邮编：100081
　　　　　电话：（010）68472815（发行部）　传真：（010）68933757（发行部）
　　　　　　　　（010）68932218（总编室）　　　　（010）68932447（办公室）
经 销 者　全国各地新华书店
印 刷 厂　北京鑫宇图源印刷科技有限公司
开　　本　787×1092　1/16　　印张：20.25
字　　数　301 千字
版　　次　2025 年 6 月第 1 版　2025 年 6 月第 1 次印刷
书　　号　ISBN 978-7-5660-2518-0
定　　价　98.00 元

前　言

在全面推进依法治国、建设社会主义法治国家的宏大时代背景下，法治精神已深深融入国家治理与社会发展的各个层面。高等职业教育作为培养高素质技术技能人才的重要阵地，肩负着为法治社会建设输送具备扎实法律素养与实务能力专业人才的重任。本书《高等职业教育民事案件实务教学研究》，旨在紧密契合国家依法治国战略，深度对接高等职业教育人才培养目标，为民事案件教学与研究领域贡献具有前瞻性与实践性的智慧成果。

本书立足高等职业教育人才培养目标，聚焦民事案件实务教学体系构建与教学方法创新，分为九个章节进行系统呈现理论、实践与案例研究相融合的教学框架。一至三章以民事案件实务知识体系为核心，从基础概念、纠纷解决途径到诉讼程序全流程展开，四至五章主要介绍了民事案件处理的实务技巧包括证据收集、文书写作、案例分析等。六至九章阐述了职业教育中开展民事法律教育的具体教学方法。全书以高等职业教育为领域，以培养学生法律思维与实务研判能力为目标，为高职院校法律实务类专业提供可复制、可推广的课程建设范式，对培养“懂程序、精文书、善应诉”的高素质法律职业人才具有重要实践价值。该书通过系统介绍民事案件基础理论知识及案件处理技巧与案例分析，有助于提升高等职业院校法律专业学生的实际操作能力和法律逻辑思维能力，为社会输送更多高素质的法律人才。以“理论— 实践— 创新”为主线，通过体系化的知识架构和多元化的教学方法，提升法律职业教育的质量。也可通过书中的案例分析和法律知识点讲解，让普通读者了解民事案件的处理过程和法律规定，增强公众的法律意识，促进法治社会的建设。书中内容是作者多年教育教学及实务经验的总结，该著作既是高等职业教育改革的重要成果，也为社会法治建设和经济发展提供了双重助力。

作者：罗荣桓

2025年1月20日

目　录

第一章　民事案件概述 …… 1
第一节　民事案件的定义与特点 …… 1
一、民事案件的定义 …… 1
二、民事案件、行政案件及刑事案件的区别 …… 3
三、民事案件的特点 …… 4
第二节　民事案件的类型和案由 …… 6
一、常见的民事案件的具体类型 …… 6
二、民事案件案由 …… 8

第二章　民事纠纷的解决途径 …… 13
第一节　诉讼解决途径 …… 13
一、民事诉讼的概念 …… 13
二、民事诉讼的特点 …… 14
第二节　申请仲裁 …… 15
一、仲裁的概念及特征 …… 15
二、民事案件仲裁实务技巧 …… 17
第三节　调解 …… 32
一、司法调解 …… 32
二、人民调解 …… 33
第四节　民事纠纷处理实务技巧 …… 39
一、选择恰当的纠纷解决方式 …… 39
二、民事纠纷的协商策略 …… 44

第三章　民事诉讼程序 ……48
第一节　起诉与受理 ……48
一、起诉条件的核心要素 ……48
二、民事案件的受理 ……53
第二节　民事诉讼的管辖 ……60
一、管辖的原则 ……60
二、管辖的具体规则 ……62
三、民事诉讼管辖实务技巧 ……75
第三节　民事案件中的保全措施 ……79
一、诉中保全 ……79
二、诉前保全 ……82
三、财产保全的解除与变更 ……84
四、保全的实务操作技巧与注意事项 ……87
第四节　执行程序的启动 ……92
一、执行申请 ……92
二、执行措施 ……95
三、执行中止与终结 ……99

第四章　民事案件实务技巧 ……105
第一节　证据概述与收集运用技巧 ……105
一、证据的基本类型及含义 ……105
二、证据的特性 ……106
三、证据的收集整理技巧 ……109
第二节　民事证据实务运用技巧 ……118
一、民事案件证据的举证技巧 ……118
二、民事案件实务中的质证技巧 ……129
第三节　民事案件庭审应对策略 ……140
一、庭审应对的总体策略 ……140
二、法庭调查中的具体应对技巧 ……146

三、法庭辩论中的策略与技巧 …… 152
第四节 法律文书写作 …… 159
一、法律文书写作概述 …… 159
二、民事诉讼文书写作具体指引 …… 165
三、起诉状、答辩状等法律文书的写作规范与技巧 …… 173

第五章 民事裁判文书及实务案例分析 …… 194
第一节 裁判文书的阅读与理解 …… 194
一、裁判文书的概述 …… 194
二、解读一审判决书 …… 197
三、实务判决书示例与解读 …… 200
四、实务中类案裁判研究的意义 …… 216
第二节 典型民事实务案例分析 …… 226
一、案情梳理 …… 226
二、案例分析 …… 241

第六章 案例教学法在高等职业教育民事案件实务教学中的应用 …… 248
第一节 案例教学法的内涵与特征 …… 248
一、案例教学法的内涵 …… 248
二、案例教学法的特征 …… 249
第二节 案例选取与设计原则 …… 250
一、案例筛选标准 …… 250
二、教学设计 …… 251
第三节 案例教学课堂教学实施流程 …… 253
一、课前准备阶段 …… 253
二、课堂实施阶段 …… 254
三、课后拓展阶段 …… 256

第四节　案例教学实施注意事项 …… 256
一、教师角色定位 …… 256
二、学生参与保障 …… 258
第五节　建立教学效果评估体系 …… 259
一、评估指标 …… 259
二、质性评估维度 …… 262
三、反馈改进机制 …… 263

第七章　模拟法庭教学法在高等职业教育民事案件实务教学中的应用 …… 265
第一节　模拟法庭教学法概述 …… 265
一、定义与内涵 …… 265
二、起源与发展 …… 266
第二节　模拟法庭教学法的实施步骤 …… 268
一、案例选择与准备 …… 268
二、角色分配与准备 …… 270
三、模拟法庭的开展流程 …… 273
第三节　模拟法庭教学法的应用效果评估 …… 275
一、评估指标体系的构建 …… 275
二、评估方法与工具的选择 …… 278
三、评估结果的分析与反馈 …… 279

第八章　项目式学习在高等职业教育民事案件实务教学中的应用 …… 281
第一节　项目式学习概述 …… 281
一、项目式学习的定义与内涵 …… 281
二、项目式学习的理论基础 …… 282
三、项目式学习在高等职业教育民事案件实务教学中的优势 …… 284

第二节　项目式学习在高等职业教育民事案件实务教学中的
操作流程 …… 287
一、项目设计 …… 287
二、项目任务分解 …… 289
三、项目准备 …… 291
四、项目实施 …… 292
第三节　项目成果展示与评价 …… 294
一、成果展示形式 …… 294
二、项目教学评价指标体系构建 …… 294
三、项目教学评价主体 …… 295

第九章　信息技术在高等职业教育民事案件实务教学中的应用 …… 297
第一节　信息技术在实务教学中的必要性研究 …… 297
一、高等职业教育改革对信息技术应用的需求 …… 297
二、信息技术在民事案件实务教学中的重要性 …… 299
第二节　信息技术在民事案件实务教学中的应用 …… 301
一、课堂教学环节 …… 301
二、实践教学环节 …… 303
三、自主学习环节 …… 305
第三节　人工智能在法律教学中的潜在应用
及区块链技术对法律实务教学的影响 …… 306
一、人工智能在法律教学中的潜在应用 …… 306
二、区块链技术对法律实务教学的影响 …… 308

参考文献 …… 310

后　　记 …… 313

第一章　民事案件概述

第一节　民事案件的定义与特点

一、民事案件的定义

民事案件是指涉及民事法律关系的争议或纠纷，这些争议或纠纷主要发生在平等主体之间，包括但不限于自然人、法人和非法人组织。这些案件主要涉及人身关系和财产关系，是人民法院依照法律规定进行审理和判决的对象。[①] 民事案件处理适用《中华人民共和国民法典》（以下简称《民法典》）等民事法律规定。根据民法的相关规定，民事案件的处理有以下五个方面的作用。

一是捍卫民事主体的正当权益。这些权益涵盖了人身权、财产权、融合人身与财产特性的知识产权，以及其他受法律保护的利益。作为宪法的基本原则，保护公民的基本权利至关重要，而民法则将此原则具体化，首要任务便是维护民事主体的合法权益，这既是对宪法精神的实践，也是其核心价值所在。《民法典》的诸多制度设计，如总则编中关于民事权利的全面阐述、物权编的物权规定，以及人格权编对人格权益的专门保护，均聚焦于这一核心目标。

二是规范民事法律关系。民事权益植根于特定的社会关系之中，民法

① 方志平. 民法原理 [M]. 北京：中国政法大学出版社，2025.

通过调整这些关系来保障民事权利。作为法律的基本职能之一，调整社会关系对于维护社会秩序至关重要。个人与外界的种种联系中，社会关系尤为关键，它涵盖了市场交易、家庭生活、友情等多个层面，这些关系均需遵循一定的社会规则，以避免混乱。在众多调整手段中，法律尤为关键，尤其在现代社会。民法专注于民事关系的调整，即平等主体间的权利义务关系，依据权利义务的不同性质，可分为人身关系与财产关系等，民法通过具体制度与规则，旨在促进民事主体间和谐的生活秩序。

三是保障社会与经济秩序的稳定。民法不仅保护个体权益，还通过调整民事关系，构建并维护社会的民事生活秩序。在婚姻、家庭等社会领域，民法确立了稳定的秩序；在财产权与交易关系的调整上，民法维护了经济秩序，保障了民事主体的合法财产权，为交易活动的顺利进行奠定了坚实基础，从而确保社会经济的有序运行。《民法典》作为国家治理体系的关键部分，正是基于这一功能。

四是顺应中国特色社会主义的发展需求。法律作为上层建筑，由经济基础决定并与之相适应。中华人民共和国成立以来，特别是改革开放的四十多年来，中国特色社会主义建设取得了显著成就，法律体系日臻完善。随着改革开放的深化和市场经济的发展，人民群众对法治化权利保障的需求日益增长。《民法典》的编纂，正是为了回应这一需求，适应我国社会主要矛盾的变化。作为法治经济的核心，社会主义市场经济需要不断完善的法律体系来维护市场秩序，保障交易安全，推动其持续健康发展。

五是彰显社会主义核心价值观。社会主义核心价值观是民族精神与时代精神的集中体现，是法治建设的价值导向和灵魂，是坚持中国特色社会主义法治道路的根本原则。它包括富强、民主、文明、和谐，自由、平等、公正、法治，爱国、敬业、诚信、友善等理念。将社会主义核心价值观融入法治建设全过程，转化为法律规范，是法律法规体现国家价值、社会导向和公民追求的重要途径。《民法典》的编纂与民事基本法律制度的完善，有助于强化契约精神，弘扬中华优秀传统文化，践行社会主义核心价值观，特别是自由、平等、公正、诚信等价值观，体现了法治与德治并重的国家治理理念。

二、民事案件、行政案件及刑事案件的区别

民事案件与行政案件和刑事案件有所不同。行政案件涉及行政机关与公民、法人或其他组织之间的行政争议，通常由行政机关或相关机构进行裁决。刑事案件涉及的是危害社会、触犯刑律的行为，通常由国家刑事司法机关主动介入，并依法对犯罪人进行制裁；而民事案件则主要涉及平等民事主体之间的民事权利和民事义务的争议，其处理目的是保护当事人的合法权益，调整民事关系，维护社会和经济秩序。民事案件、行政案件及刑事案件在多个方面存在显著区别，以下是对这三者的详细比较。

（一）适用法律不同

民事案件：主要适用《民法典》和《中华人民共和国民事诉讼法》（简称《民事诉讼法》）。这些法律旨在保护当事人的合法权益，调整民事关系，维护社会和经济秩序。

行政案件：主要适用行政法律、法规和《中华人民共和国行政诉讼法》。行政诉讼法规定了公民、法人或其他组织在认为行政机关的行政行为违法或不当，侵犯其合法权益时，有权依法向人民法院提起诉讼。

刑事案件：主要适用《中华人民共和国刑法》和《中华人民共和国刑事诉讼法》。这些法律旨在保证准确、及时地查明犯罪事实，正确运用法律惩罚犯罪分子，保障无罪的人不受刑事追究，并维护社会主义法制和人权。

（二）诉讼主体与举证责任不同

民事案件：涉及平等主体之间的争议或纠纷，如自然人、法人或非法人组织之间的财产关系和人身关系。在民事诉讼中，谁主张权利谁负责举证。

行政案件：涉及行政机关的公权力行使，通常由公民、法人或其他组织作为原告，行政机关作为被告。在行政诉讼中，只由被告（行政机关）负举证责任。

刑事案件：涉及犯罪嫌疑人或被告人被控涉嫌侵犯刑法所保护的社会关系。在刑事诉讼中，公诉人负有提供被告人有罪的证据，并加以证明的

责任，被告人不负举证责任，但可以提出自己罪轻或无罪的材料为自己辩护。

（三）解决的问题与责任类型不同

民事案件：主要解决民事权利、义务性质的纠纷，包括合同责任、侵权责任等。民事责任旨在保护当事人的合法权益，调整民事关系。

行政案件：主要解决行政机关的行政行为是否合法、是否侵犯原告合法权益的问题。行政责任是指个人或单位违反行政管理方面的法律规定所应当承担的法律责任。

刑事案件：主要解决定罪与量刑的问题。刑事处罚的种类包括管制、拘役、有期徒刑、无期徒刑和死刑等主刑，以及剥夺政治权利、罚金和没收财产等附加刑。

（四）案件性质与目的不同

民事案件：主要涉及民事主体之间的矛盾纠纷，其处理目的是保护当事人的合法权益，调整民事关系，维护社会和经济秩序。

行政案件：涉及行政机关与公民、法人或其他组织之间的行政争议，其目的是监督行政机关依法行政，保护公民、法人或其他组织的合法权益。

刑事案件：涉及犯罪行为对社会关系的侵害，其目的是追究犯罪嫌疑人或被告人的刑事责任，维护社会正义和法制秩序。

民事案件、行政案件及刑事案件在适用法律、诉讼主体与举证责任、解决的问题与责任类型以及案件性质与目的等方面均存在显著差异。这些差异体现了不同法律领域对不同类型的争议或纠纷的处理方式和目的的不同。

三、民事案件的特点

（一）平等主体之间的争议

民事案件涉及的是平等主体之间的争议。这些主体包括自然人、法人和非法人组织，他们在法律地位上是平等的。这种平等性体现在他们之间的权利和义务是相互的，没有一方拥有特权或凌驾于另一方之上的权力。因此，民事案件的处理必须遵循平等、公正的原则，确保双方当事人的合法权益得到充分保护。

（二）涉及人身关系和财产关系

民事案件主要涉及人身关系和财产关系。人身关系包括婚姻关系、家庭关系、继承关系等，这些关系涉及个人的身份、地位和权利义务。财产关系则包括物权关系、债权关系、知识产权关系等，这些关系涉及个人的财产权益和经济利益。民事案件的处理必须充分考虑这些因素，确保当事人的合法权益不受侵犯。

（三）私法性质

民事案件属于私法性质的案件。私法是指调整私人之间民事权利义务关系的法律规范，它强调意思自治和私权保护。在民事案件中，双方当事人可以依法自由处分自己的民事权利和诉讼权利，如放弃、变更诉讼请求，进行和解等。同时，民事案件的裁判结果也主要对双方当事人产生法律效力，一般不具有对世性。

（四）自愿性和协商性

在民事案件的处理过程中，自愿性和协商性是两个重要的特点。一是民事案件的受理通常遵循“不告不理”的原则，即当事人不主动向国家司法机关请求，国家司法机关一般不介入干预当事人之间的纠纷。二是在民事案件的审理过程中，法院可以根据自愿和合法的原则进行调解，调解不成的则应及时判决。这种自愿性和协商性有助于双方当事人通过平等协商的方式解决争议，减少诉讼成本，提高诉讼效率。

（五）程序性和规范性

民事案件的处理必须遵循严格的程序和规范性要求。《民事诉讼法》规定了民事案件审理的基本程序，包括起诉、受理、审理、判决等各个阶段的具体规定。同时，《民事诉讼法》还规定了各种诉讼制度和原则，如辩论原则、处分原则、调解原则等，以确保民事案件的公正、高效处理。在民事案件的审理过程中，法院和当事人必须严格遵守这些程序和规范性要求，确保案件的合法性和公正性。

（六）广泛性和复杂性

民事案件的范围广泛且复杂。它涵盖了婚姻家庭纠纷、房屋纠纷、继承遗产纠纷、债务纠纷、人身和财产权纠纷以及土地纠纷等多个方面。这些纠纷涉及的法律关系复杂多样，需要法院根据具体情况进行细致的分析和判断。同时，随着社会的不断发展和进步，新的民事纠纷类型不断涌现，如互联网纠纷、知识产权纠纷等，这些新型纠纷的处理也对法院提出了更高的挑战和要求。

（七）执行性和强制性

民事案件的裁判结果具有执行性和强制性。一旦法院作出裁判，当事人必须履行裁判结果所确定的义务。如果当事人拒不履行义务，法院可以采取强制措施进行执行，如查封、扣押、拍卖等。这种执行性和强制性有助于维护法律的权威性和尊严，确保裁判结果的实现。

（八）社会性和公益性

民事案件虽然主要涉及私人之间的争议和纠纷，但其处理结果往往具有社会性和公益性。一方面，民事案件的处理结果直接影响当事人的合法权益和社会经济秩序的稳定；另一方面，民事案件的处理结果也反映了社会的公平正义观念和法律制度的完善程度。因此，在民事案件的处理过程中，法院必须充分考虑社会公共利益和公平正义原则，确保裁判结果的合法性和公正性。

第二节　民事案件的类型和案由

一、常见的民事案件的具体类型

（一）婚姻家庭纠纷案件

婚姻家庭纠纷案件是民事案件中最为常见的一类。这类案件主要涉及婚姻关系、家庭关系以及与之相关的财产权益问题。例如，离婚案件涉及夫妻关系的解除、子女抚养权的归属以及财产分割等问题；继承案件则涉及遗产的分配和继承权的确认等问题。这些案件的处理需要充分考虑当事人的情感因素和家庭背景，同时遵循法律的相关规定和原则，确保裁判结果的公正性和合理性。

（二）房屋纠纷案件

房屋纠纷案件也是民事案件中较为常见的一类。这类案件主要涉及房屋买卖、租赁、抵押等法律问题。例如，房屋买卖合同纠纷涉及房屋交付、产权转移以及违约责任等问题；房屋租赁合同纠纷则涉及租金支付、租赁期限以及维修义务等问题。这些案件的处理需要充分考虑房屋的物理属性和法律属性，同时遵循合同法的相关规定和原则，确保当事人的合法权益得到充分保护。

（三）债务纠纷案件

债务纠纷案件在民事案件中占据了一定的比例。这类案件主要涉及借贷、买卖等经济活动中产生的债权债务关系问题。例如，借款合同纠纷涉及借款金额、利率、还款期限以及违约责任等问题；买卖合同纠纷则涉及货物交付、货款支付以及违约责任等问题。这些案件的处理需要充分考虑当事人的经济状况和交易习惯，同时遵循合同法和相关司法解释的规定和原则，确保裁判结果的合法性和公正性。

（四）人身和财产权纠纷案件

人身和财产权纠纷案件是民事案件中较为重要的一类。这类案件主要涉及人身损害赔偿、财物损坏赔偿等法律问题。例如，因交通事故造成的人身损害赔偿案件涉及赔偿金额、赔偿范围以及责任认定等问题；因侵权行为造成的财物损坏赔偿案件则涉及赔偿金额、赔偿方式以及责任认定等问题。这些案件的处理需要充分考虑当事人的权益受损情况和侵权行为的具体情节，同时遵循侵权责任法的相关规定和原则，确保裁判结果的公正性和合理性。

（五）合同纠纷案件

合同纠纷案件在民事案件中占据了很大的比例。这类案件主要涉及合同成立、履行、变更和解除等法律问题。例如，买卖合同纠纷涉及货物的交付、质量验收以及违约责任等问题；租赁合同纠纷则涉及租赁物的使用、租金支付以及违约责任等问题。这些案件的处理需要充分考虑合同的性质和目的，同时遵循合同法的相关规定和原则，确保裁判结果的合法性和公正性。

（六）知识产权纠纷案件

随着知识经济的不断发展，知识产权纠纷案件在民事案件中的比例逐渐上升。这类案件主要涉及专利、商标、著作权等知识产权的保护问题。例如，专利权纠纷涉及专利权的授予、实施以及侵权责任等问题；商标权纠纷则涉及商标的注册、使用以及侵权责任等问题。这些案件的处理需要充分考虑知识产权的特殊性和复杂性，同时遵循知识产权法的相关规定和原则，确保裁判结果的公正性和合理性。

（七）劳动争议案件

劳动争议案件是民事案件中较为特殊的一类。这类案件主要涉及劳动者与用人单位之间的劳动关系问题。例如，劳动合同纠纷涉及劳动合同的签订、履行以及解除等问题；劳动报酬纠纷则涉及工资的支付、加班费的计算以及福利待遇等问题。这些案件的处理需要充分考虑劳动者的合法权益和用人单位的经营状况，同时遵循劳动法的相关规定和原则，确保裁判结果的合法性和公正性。

（八）土地纠纷案件

土地纠纷案件在农村地区较为常见。这类案件主要涉及土地使用权的归属、转让以及承包等问题。例如，土地承包合同纠纷涉及承包期限、承包费用以及违约责任等问题；土地使用权转让纠纷则涉及土地使用权的转让方式、转让价格以及违约责任等问题。这些案件的处理需要充分考虑土地资源的特殊性和重要性，同时遵循土地管理法的相关规定和原则，确保裁判结果的公正性和合理性。

二、民事案件案由

民事案件案由是民事诉讼案件的名称，它反映了案件所涉及的民事法律关系的性质，是人民法院对诉讼争议所包含的法律关系进行的高度概括。民事案件案由不仅是对案件性质的简单描述，更是案件审理过程中法律适用的重要依据。它有助于人民法院在民事立案和审判中准确确定案件诉讼争点，从而正确适用法律，确保裁判的公正性和准确性。同时，民事案件案由也是当事人选择诉由、进行诉讼活动的重要指引。

（一）民事案件案由的级别与分类

根据《民事案件案由规定》，民事案件案由的编排体系划分为多个级别。其中，第一级案由包括人格权纠纷、婚姻家庭继承纠纷、物权纠纷、债权纠纷、劳动争议与人事争议纠纷、知识产权纠纷、海事海商纠纷、与铁路运输有关的民事纠纷、与公司和证券及票据等有关的民事纠纷、侵权责任纠纷十大类。在第一级案由项下，进一步细分为多个第二级案由，如婚姻家庭、所有权、合同、劳动争议等。在第二级案由项下，又列出了众多第三级案由，这些案由是实务中最常见、最广泛使用的。部分第三级案由下还列出了第四级案由，以进一步细化案件类型。目前最高人民法院颁布的《民事案件案由规定》共计有473个二级案由。随着社会的不断发展和法律的不断完善，民事案件的类型和数量也在不断增加。为了适应这一变化，最高人民法院会定期收集、整理、筛选新的民事案由，并及时细化、补充相关案由。这有助于确保民事案件案由体系的科学性和完整性，更好地服务于审判实践。

（二）民事案件案由的确定原则

第一，根据当事人主张的民事法律关系确定案由。民事案件案由应当依据当事人主张的民事法律关系的性质来确定。这要求人民法院在立案时，首先要审查当事人诉争的法律关系性质，然后根据《民事案件案由规定》选择相应的案由。

第二，考虑请求权、形成权或确认之诉的标准。对于部分案由，也可以依据请求权、形成权或者确认之诉、形成之诉的标准进行确定。这有助于更准确地体现诉争的民事法律关系和便于司法统计。

第三，遵循主从法律关系的适用原则。在同一诉讼中涉及两个以上的法律关系时，如果属于主从关系，则应以主法律关系确定案由；如果不属于主从关系，则以当事人诉争的法律关系确定案由。在请求权竞合的情形下，应按照当事人自主选择行使的请求权确定案由。

（三）民事案件案由的实务应用

在实务中，民事案件案由的确定对于案件的审理和裁判具有重要意义。它直接影响到案件的管辖、法律适用、举证责任分配以及裁判结果的正确性。① 因此，人民法院在立案和审判过程中应严格遵循民事案件案由的确定原则，确保案件的正确受理和裁判的公正性。

1.指导立案与审判

在立案阶段，人民法院在收到当事人的起诉材料后，首先需要审查案件的性质和所涉法律关系，以确定相应的案由。案由的准确确定有助于人民法院对案件进行初步分类，再根据《中华人民共和国民事诉讼法》的规定判断其是否属于本法院的管辖范围。案由也是人民法院决定是否受理案件的重要依据之一。如果案件所涉法律关系不明确或不属于人民法院的受理范围，人民法院可能会裁定不予受理。

在审判阶段，案由的确定有助于人民法院准确选择适用的法律、法规，确保裁判的合法性和准确性。同时，案由也是人民法院进行法律推理和裁判的重要基础。通过明确案由，人民法院可以更加清晰地阐述案件所涉法律关系、争议焦点和裁判理由，从而增强裁判的说服力和可接受性。

2.指引当事人参与诉讼活动

当事人在起诉时，需要根据案件所涉法律关系选择相应的案由。案由的准确选择有助于当事人明确诉讼请求和争议焦点，从而更加有效地进行诉讼活动。如果当事人选择的案由不准确或存在争议，可能会导致人民法院对案件性质的认定存在偏差，进而影响案件的审理和裁判结果。

在民事诉讼中，举证责任的分配是一个重要问题。根据案由的不同，举证责任可能会有所不同。因此，当事人在进行诉讼活动时，需要根据所选案由了解并承担相应的举证责任。如果举证责任分配不当或举证不足，

---

① 张卫平. 民事诉讼法（第四版）[M]. 北京：法律出版社，2019.

可能会导致当事人的诉讼请求无法得到支持。

3.便于司法统计与研究

民事案件案由的确定有助于人民法院对案件进行准确分类和统计。通过对不同案由的案件数量、类型、特点等进行统计分析，可以了解民事诉讼的规律和趋势，为制定和完善相关的法律、法规提供重要参考。民事案件案由也是司法研究的重要对象之一，通过对不同案由的案件进行深入分析和研究，可以探讨民事诉讼中的法律适用问题、争议焦点和裁判标准等，为司法实践提供理论支持和指导。

4.促进法律适用统一

民事案件案由的确定有助于人民法院在审理案件时准确选择适用的法律、法规。通过明确案由，可以确保人民法院在审理类似案件时适用相同的法律标准和裁判规则，从而实现法律适用的统一性和公正性。民事案件案由的确定还有助于人民法院在审理案件时形成相对稳定的裁判标准。通过总结和分析不同案由案件的裁判规律和特点，可以逐步建立和完善相应的裁判标准和规则体系，为类似案件的审理提供可借鉴的参考和依据。

案例分析

2019年9月17日，福建字节跳动科技有限公司（以下简称“抖音”公司）对腾讯相关公司提起不正当竞争诉讼。抖音方面认为，腾讯运营的微信和QQ平台，通过技术手段限制了用户在微信、微信朋友圈、QQ及QQ空间上自由分享抖音的行为。抖音要求腾讯解除限制、消除影响并赔偿损失9000万元。但腾讯方面对此案提出了管辖权异议。腾讯方面认为，该案实际上是“抖音”短视频产品使用微信、QQ开放平台时产生的合同纠纷。因此，该案应在合同约定的管辖地，即深圳市相关法院进行审理。

最后法院认为：“根据微信、QQ开放平台开发者协议约定，与腾讯公司之间发生任何纠纷或争议，双方均同意提交协议签订地有管辖权的法院解决”，“本案应以开发者协议约定的合同签署地确定管辖”。

案例解析：不同的案由根据《中华人民共和国民事诉讼法》的规定其管辖权不同，在民事案件处理过程中，处理该案的一审法院对案件的判决内容具有很大的影响，不同的法院管辖可能得到的裁判结果大不相同，因此一审法院的管辖在实务中都是原告、被告双方必争之地。该案展示了案由不同导致管辖权不同的一个典型场景。根据《中华人民共和国民事诉讼法》及相关司法解释，不正当竞争案件一般由中级人民法院管辖，且通常应由侵权地或被告所在地人民法院管辖。然而，当案件中存在有效的管辖协议时，情况就会有所不同。腾讯方面认为，该案是合同纠纷，因为抖音使用了微信、QQ开放平台，并签署了相关开发者协议。根据《中华人民共和国民事诉讼法》第三十四条："合同或者其他财产权益纠纷的当事人可以书面协议选择被告住所地、合同履行地、合同签订地、原告住所地、标的物所在地等与争议有实际联系的地点的人民法院管辖，但不得违反本法对级别管辖和专属管辖的规定。"本案中，腾讯主张依据《微信、QQ开放平台开发者协议》中的管辖条款，该协议约定："与腾讯公司之间发生任何纠纷或争议，双方均同意提交协议签订地有管辖权的法院解决。"协议签订地为广东省深圳市南山区，最终本案被移送到深圳市南山区人民法院。

（案例来源：互联网，有改动）

第二章 民事纠纷的解决途径

第一节 诉讼解决途径

一、民事诉讼的概念

民事诉讼是民事纠纷的一种主要解决途径。民事诉讼是指人民法院在当事人和其他诉讼参与人的参加下，审理和解决民事案件的活动，以及由这些活动所产生的诉讼关系的总和。[①] 它是一种以解决民事纠纷为目的的司法程序，旨在通过国家审判权的行使，依法确认和保护当事人的合法权益。民事诉讼主要遵循的法律是《中华人民共和国民事诉讼法》，其第二条规定："中华人民共和国民事诉讼法的任务，是保护当事人行使诉讼权利，保证人民法院查明事实，分清是非，正确适用法律，及时审理民事案件，确认民事权利义务关系，制裁民事违法行为，保护当事人的合法权益，教育公民自觉遵守法律，维护社会秩序、经济秩序，保障社会主义建设事业顺利进行。"

---

① 杨荣馨. 民事诉讼原理 [M]. 北京：法律出版社，2003.

二、民事诉讼的特点

（一）公权性

民事诉讼以司法方式解决平等主体之间的纠纷，由法院代表国家行使审判权解决民事争议。这与调解、仲裁等诉讼外的解决民事纠纷的方式不同，后者更多地依赖于当事人的自愿和民间性质的组织。

（二）强制性

民事诉讼具有强制性，这既是公权力的重要属性，也体现在案件的受理和裁判的执行上。无论被告是否愿意，只要原告起诉符合《中华人民共和国民事诉讼法》规定的条件，诉讼程序即会启动。此外，法院裁判具有强制执行力，当事人若不自觉履行生效裁判所确定的义务，法院可依法强制执行。

（三）程序性

民事诉讼是依照法定程序进行的诉讼活动，无论是法院还是当事人和其他诉讼参与人，都需要按照《中华人民共和国民事诉讼法》设定的程序实施诉讼行为，以确保诉讼的公正和效率。违反诉讼程序常常会引起一定的法律后果。

（四）特定性

民事诉讼的对象具有特定性，主要解决有关民事权利义务的争议。非民事主体之间民事权益的争议，如伦理上的冲突、政治上的争议、宗教上的争议或科学上的争议等，不能纳入民事诉讼程序处理。

（五）自由性

民事诉讼反映了民事主体权益之争，民事主体在实体上和程序上都有依法处分其权利的自由。原告有权依法处分其诉讼权利和实体权利，被告也有权依法处分其诉讼权利和实体权利。

（六）规范性与正当性

《中华人民共和国民事诉讼法》及其周边法律制度，如法院组织法和法官法等，保障了民事诉讼的正义性。这些法律严格规范了诉讼程序，限制了法官的恣意，确保了当事人的实体权利和程序利益不受侵蚀，满足了国家和社会维护统一的法律秩序的要求。

（七）公开性

人民法院审理民事案件，除涉及国家秘密、个人隐私或者法律另有规定的以外，实行公开审理。这有助于增强诉讼的透明度，保障当事人的知情权和监督权。

（八）多阶段性

民事诉讼的整个过程由若干各有其中心任务的阶段组成，包括起诉、立案审查、排期开庭、开庭审理和宣判等。这些阶段相互衔接，依次连续进行，共同构成了完整的民事诉讼程序。

（九）平等性

在民事诉讼中，双方当事人具有平等的诉讼地位，享有平等的诉讼权利。法院在审理民事案件时，应当保障和便利当事人行使诉讼权利，对当事人在适用法律上一律平等。

（十）调解优先

民事诉讼法强调调解优先的原则。人民法院在审理民事案件时，应当根据自愿和合法的原则进行调解；调解不成的，应当及时判决。除此之外，对于离婚案件法律规定必须先进行调解。调解的目的是促进当事人之间的和解，节约司法资源。

第二节　申请仲裁

一、仲裁的概念及特征

仲裁作为解决民事纠纷的一种方式，其法律依据主要来源于《中华人民共和国仲裁法》（简称《仲裁法》）及相关司法解释。根据《仲裁法》的规定，平等主体的公民、法人和其他组织之间发生的合同纠纷和其他财产权益纠纷，可以申请仲裁。民商事仲裁具有如下特征。

（一）自愿性

自愿性是民商事仲裁最突出的特点。仲裁的整个过程贯穿着当事人自愿原则，包括是否选择仲裁、选择哪个仲裁机构、由哪些仲裁员仲裁等，均由当事人自主决定。根据《仲裁法》第四条之规定，当事人采用仲裁方式解决纠纷，应当双方自愿，达成仲裁协议。若没有仲裁协议，一方申请仲裁的，仲裁委员会不予受理。

（二）专业性

仲裁机构大都备有分专业的仲裁员名单，供当事人选择。这些仲裁员通常来自各行业，具有一定专业水平和丰富的实践经验，能够精准理解和把控案件，确保仲裁结果的公正准确。我国《仲裁法》规定了仲裁员的基本任职条件，包括公道正派、工作年限满八年、具有高级职称或者同等专业水平等，以确保仲裁员的专业素养。

（三）独立性

根据《仲裁法》第八条的规定，仲裁依法独立进行，不受行政机关、社会团体和个人的干涉。仲裁委员会独立于行政机关，与行政机关没有隶属关系。仲裁庭在仲裁过程中也独立进行仲裁，不受任何外部因素的干涉，以确保裁决的公正性。

（四）保密性

仲裁以不公开审理为原则，仲裁裁决也不公开。这可以有效地保护当事人的商业秘密和商业信誉，避免纠纷解决过程中对当事人造成不必要的负面影响。我国《仲裁法》第四十条明确规定："仲裁不公开进行。当事人协议公开的，可以公开进行，但涉及国家秘密的除外。"

（五）快捷性

仲裁实行一裁终局的制度，裁决作出后，当事人就同一纠纷再申请仲裁或者向人民法院起诉的，仲裁委员会或者人民法院不予受理。这使得当事人之间的纠纷能够迅速得以解决，提高了解决纠纷的效率。相比诉讼程序，仲裁的审理期限通常较短，这有助于当事人及时摆脱纠纷的困扰。

（六）经济性

仲裁的经济性主要表现在时间上的快捷性，这使得仲裁所需费用相对减少，以及仲裁无须多审级收费，使得仲裁费往往低于诉讼费。

仲裁的自愿性、保密性使当事人之间通常没有激烈的对抗，且商业秘密不必公之于众，对双方当事人之间今后的商业机会影响较小。

（七）国际性

世界上大多数国家都是《纽约公约》的缔约国，在一个缔约国作出的裁决，可以很方便地到另一缔约国去申请执行。这使得民商事仲裁在国际贸易和投资领域中具有广泛的适用性和影响力。民商事仲裁特别适用于解决跨境争议，因为它能够提供一个中立、公正且高效的争议解决平台。

（八）灵活性

仲裁程序相对灵活，许多具体程序可以由双方当事人协商确定与选择。这有助于当事人根据自身需求和案件特点制定最合适的仲裁程序。仲裁能够适应不同类型的民商事纠纷，包括合同纠纷、知识产权纠纷、海事海商纠纷等，具有较强的适应性和灵活性。

二、民事案件仲裁实务技巧

（一）仲裁协议

发生民事纠纷后若要启动仲裁程序必须有生效的仲裁协议。约定仲裁可以双方另行签订单独的仲裁协议，也可在双方基础法律事实的文件或协议中予以约定。仲裁协议生效需要具备以下几个要件。

1. 主体要件

仲裁协议的主体必须是原合同主体或是从事民事活动的具有相应民事行为能力的民事主体。这意味着只有具备法律上承认的民事行为能力的当事人，才能签订有效的仲裁协议。无民事行为能力人和限制民事行为能力人不能缔结仲裁协议，但他们可以通过其有完全民事行为能力的法定代理人订立有效的仲裁协议。

2. 意思表示要件

仲裁协议必须是双方当事人真实意思表示。这要求当事人在签订仲裁协议时，必须明确表达愿意将争议提交仲裁解决的意愿，且此意愿需经过双方共同确认，而非单方面意愿。一方以欺诈、胁迫手段或乘人之危使对方在违背真实意思的情况下签订的仲裁协议，将被视为无效。

3. 内容要件

有效的仲裁协议必须明确仲裁的事项和仲裁机构。仲裁事项是指当事人希望通过仲裁解决的争议范围，这些事项必须满足两大条件：一是争议事项应当具备可采用仲裁方式处理的特性；婚姻、收养、监护、扶养、继承纠纷、依法应当由行政机关处理的行政争议不属于仲裁的受案范围。二是仲裁事项必须有明确的法律依据作为支撑。仲裁机构则是当事人选择的负责处理争议的具体仲裁机构，且只能选择一个明确的仲裁机构进行仲裁。若既约定了仲裁又约定诉讼，则约定的仲裁无效。

4. 形式要件

仲裁协议必须以书面形式订立。这是为了确保仲裁协议的法律效力和可证明性。以口头方式订立的仲裁协议将被视为无效。

案例分析

2024年5月15日，新能源公司（甲方、采购方）与汽车销售公司（乙方、供货方）签订《还款协议》1份，约定：双方达成的还款协议，双方均按时履行。否则，守约方为维护合法权益所产生的律师费、诉讼费、交通费、保全费、保险费等维权费用均由违约方承担。双方约定出现分歧时可协商解决，协商不成时，可向乌鲁木齐仲裁委员会阿克苏分会申请仲裁。

汽车销售公司提交的仲裁申请书内容为：1. 请求裁决新能源公司向汽车销售公司支付购车款3200800元。2. 请求裁决新能源公司向汽车销售公司支付违约金640160元。3. 请求裁决新能源公司向汽车销售公司支付本案保全保险费4055元、保全申请费5000元、律师代理费214048元。合计4064063元。4. 仲裁费用由新能源公司承担。事实与理由：2023年12月26日，汽车销售公司与新能源公司签订《政府采购买卖合同》，合同约定新能源公司从汽车销售公司处采购97台熊猫MINI车辆，共计4500800

元。合同第十二条约定：到车后3个工作日内支付1936000元为预付款，提车后60天内付完尾款后，出卖人提供车辆合格证等车辆上牌手续。汽车销售公司依约向新能源公司交付了案涉全部车辆，新能源公司向汽车销售公司支付1300000元，余款3200800元经双方协商签订《还款协议》，新能源公司承诺分批次付款，但协议签订后，新能源公司一直未能按约定履行付款义务。现汽车销售公司为维护自身合法权益，特依法向贵委申请仲裁，恳请贵委依法查明案件事实，支持汽车销售公司所有仲裁请求。

2024年8月15日，乌鲁木齐仲裁委员会作出（2024）乌仲字第0786号仲裁通知书，通知新能源公司选定仲裁员。

新能源公司称，请求确认新能源公司与汽车销售公司之间《还款协议》所涉及的仲裁条款无效。新能源公司与汽车销售公司（2024）乌仲字第0786号买卖合同纠纷案件已由乌鲁木齐仲裁委员会阿克苏分会受理，但本案存在仲裁协议无效的情形。首先，新能源公司与汽车销售公司之间存在“或裁或诉”的约定，双方签订的《政府采购买卖合同》第十六条明确约定双方有争议的，依法向人民法院起诉，而双方签订的《还款协议》又约定双方有争议的，向乌鲁木齐仲裁委员会阿克苏分会申请仲裁。《政府采购买卖合同》与《还款协议》系两份独立的协议，双方对于同一买卖合同纠纷既选择通过仲裁方式解决，又选择通过诉讼方式解决，系约定不明，应属无效条款。其次，本案《还款协议》系针对《政府采购合同》所引发，根据《仲裁法》第十七条第一款，约定的仲裁事项超出法律规定的仲裁范围的，仲裁协议无效。本协议属于应当由行政机关处理的行政争议，故约定仲裁条款自始无效。为此，新能源公司特向法院申请确认上述仲裁协议无效，望法院判如所请。

汽车销售公司称：首先，新能源公司与我公司买卖合同纠纷案件已由乌鲁木齐仲裁委员会阿克苏分会受理，乌鲁木齐仲裁委员会阿克苏分会受理案件有严格的审查程序，仲裁条款约定有效，属于乌鲁木齐仲裁委员会阿克苏分会受理范围。其次，2023年12月26日，我公司与新能源公司签订《政府采购买卖合同》，新能源公司购买我公司汽车，双方约定了争议解决条款为法院诉讼。我公司向新能源公司供货完毕后，由于新能源公司未能按时付款，双方于2024年5月15日签订《还款协议》，该协议系对原合同条款的变更和补充，该协议条款变更了原合同条款的争议解决方式，即由人民法院诉讼变更为向乌鲁木齐仲裁委员会阿克苏分会申请仲裁。该协议是双方真实意思表示，并不违反法律法规强制性规定，也不属于新能源公司所述“或裁或诉”条款，系合法有效的约定。最后，本案属于两个平等民事主体之间买卖合同纠纷，虽然本案《还款协议》是《政府采购买卖合同》引发的，但该《政府采购买卖合同》仅是冠以政府采购之名，但其采购主体均为平等民事主体，采购事项也不属于《中华人民共和国仲裁法》第十七条第一款规定的超出仲裁事项的情形。综上，恳请法院查明事实，依法裁决驳回新能源公司的申请事项。

案件解析：本案的争议焦点为新能源公司与汽车销售公司之间是否存在有效仲裁协议，即案涉仲裁条款是否成立、汽车销售公司的仲裁申请是否超出法律规定的仲裁事项范围。

一、关于案涉仲裁条款是否成立的问题。《中华人民共和国仲裁法》第四条规定：“当事人采用仲裁方式解决纠纷，应当双方自愿，达成仲裁协议。没有仲裁协议，一方申请仲裁的，仲裁委员会不予受理。”第十六条规定：“仲裁协议包括合同中订立的仲裁条款和以其他书面方式在纠纷发生前或者纠纷发生后达成的请求仲裁的协议。仲裁协议应当具有下列内容：（一）请求仲裁的意思表示；（二）仲裁事项；（三）选定的仲裁委员会。”本案中，新能源公司称其与汽车销售公司之间存在“或裁或诉”的约定，属于约定不明，故双方仲裁条款无效。对此法院认为，新能源公司与汽车销售公司签订的《还款协议》系针对双方之间基于《政府采购买卖合同》的未付款项约定的付款协议，系对独立事项，基于双方意思自治签订的协议，协议中虽载明该协议系双方签订的《政府采购买卖合同》的补充协议，但该协议约定的事项为针对欠款的付款方式、期限，协议内容完整，系独立于《政府采购买卖合同》之外而存在的单独协议，该协议中约定的仲裁条款亦系针对该《还款协议》约定事项产生的纠纷解决途径的约定，系双方当事人的真实意思表示。本案并不存在同一份合同中既约定仲裁又约定诉讼的情形。根据汽车销售公司提交的仲裁申请书的内容，汽车销售公司系因新能源公司未履行付款义务，且以《还款协议》的约定为依据提出的仲裁请求，其根据《还款协议》中的仲裁条款向乌鲁木齐仲裁委员会阿克苏分会申请仲裁，符合《中华人民共和国仲裁法》第四条、第十六条的规定，故法院对新能源公司的该项申请理由不予采信。

二、关于汽车销售公司的仲裁申请是否超出法律规定的仲裁事项范围的问题。《中华人民共和国仲裁法》第十七条规定："有下列情形之一的，仲裁协议无效：（一）约定的仲裁事项超出法律规定的仲裁范围的；（二）无民事行为能力人或者限制民事行为能力人订立的仲裁协议；（三）一方采取胁迫手段，迫使对方订立仲裁协议的。"《中华人民共和国仲裁法》第二条规定："平等主体的公民、法人和其他组织之间发生的合同纠纷和其他财产权益纠纷，可以仲裁。"第三条规定："下列纠纷不能仲裁：（一）婚姻、收养、监护、扶养、继承纠纷；（二）依法应当由行政机关处理的行政争议。"本案中，新能源公司称本案《还款协议》系针对《政府采购买卖合同》所引发，本协议属于应当由行政机关处理的行政争议，故超出了法律规定的仲裁范围。对此法院认为，案涉《还款协议》的签订双方为新能源公司、汽车销售公司，均为公司，该协议系平等民事主体之间就还款事项签订的协议，本案争议应为合同纠纷，并非应当由行政机关处理的行政争议，属于《最高人民法院关于适用〈中华人民共和国仲裁法〉若干问题的解释》规定的可以仲裁的事项，不符合《中华人民共和国仲裁法》第三条规定的不能仲裁的情形，也不存在约定的仲裁事项超出法律规定的仲裁范围的情形，亦不存在《中华人民共和国仲裁法》第十七条规定的其他无效情形，故法院对新能源公司的该项申请理由不予采信。

（以上案例来源于裁判文书网）

（二）仲裁申请

1.仲裁委员会

申请仲裁应当向当事人约定的仲裁委员会申请，仲裁委员会可以在直辖市和省、自治区人民政府所在地的市设立，也可以根据需要在其他设区的市设立，不按行政区划层层设立。仲裁委员会由前款规定的市的人民政府组织有关部门和商会统一组建。设立仲裁委员会，应当经省、自治区、直辖市的司法行政部门登记。在我国仲裁委员会独立于行政机关，与行政机关没有隶属关系。仲裁委员会之间也没有隶属关系。

2.选择仲裁委员会的实务技巧

（1）合法性

仲裁委员会只能在直辖市、省、自治区人民政府所在地的市设立，也可以根据需要在其他设区的市设立。仲裁委员会应由市的人民政府组织有关部门和商会统一组建，并经省、自治区、直辖市的司法行政部门登记。

（2）地理位置

优先选择离当事人较近或者便于当事人参与仲裁的地理位置的仲裁委员会。如果双方当事人达不成选择其中一方当事人所在地仲裁机构进行仲裁的协议，也可以选择第三地仲裁委员会。

（3）资质信誉

仲裁委员会应具备自己的名称、住所和章程，有必要的财产，有该委员会的组成人员，以及有聘任的仲裁员。可以通过查询该仲裁委员会的历史裁决案例、仲裁员的专业背景以及业界对其的评价来了解其信誉。

（4）专业能力与经验

了解仲裁委员会的专业领域，确保其具备处理当事人所面临争议的专业能力和经验。仲裁委员会成员的专业背景和资质是评估其能力的重要指标。

（5）服务范围与效率

确认仲裁委员会是否提供调解、咨询等附加服务，以满足当事人的需求。考虑仲裁程序的时间表和裁决的执行速度等效率因素。

（6）成本与费用

了解并比较不同仲裁委员会的收费标准，确保所选机构的费用在当事人的预算范围内。考虑仲裁过程的经济性，包括仲裁程序的时间成本等。

3.撰写仲裁申请书的实务技巧

（1）填写准确的仲裁信息

确保申请人和被申请人的信息准确无误，包括姓名、性别、年龄、职业、工作单位和住所等。这些信息有助于仲裁委员会审核、认定双方当事人的主体资格。

（2）明确仲裁请求

仲裁请求是仲裁申请书的核心内容之一，应明确具体地列出申请人希望通过仲裁程序达到的目的。请求应合法、合理，并考虑到实际可执行性。

（3）事实陈述清晰

事实陈述应如实、具体、清楚，并有相应的证据支持。在叙述事实时，可以按照时间顺序或逻辑顺序进行组织，以便仲裁员更好地理解案情。

（4）理由充分合法

在提出仲裁请求的同时，应充分阐述理由和依据的法律条款。理由应充分、合法，能够有力地支持仲裁请求。

（5）证据充分可靠

证据是仲裁申请书中不可或缺的部分，申请人应提供充分、可靠的证据来支持其主张的事实和理由。证据应包括书证、物证、证人证言等，并注明证据的来源和可靠程度。

（6）格式规范整洁

仲裁申请书应采用规范的格式进行书写和排版，确保整洁、易读。同时，应注意使用恰当的语气和措辞，以体现申请人的尊重和诚意。

实务模板

仲裁申请书

申请人：（法人或其他组织）

住　所：　　　　　　　　邮政编码：

统一社会信用代码：　　　　法定代表人（负责人）：

职　务：　　　　　　　　联系电话：

被申请人：（法人或其他组织）

住　所：　　　　　　　　　　邮政编码：

统一社会信用代码：　　　　　法定代表人（负责人）：

职　务：　　　　　　　　　　联系电话：

仲裁依据：依据×××年××月××日签订的《××××合同》第××条的仲裁协议申请仲裁。

仲裁请求：

1. ……

2. ……

3. 本案仲裁费用由被申请人承担。

事实与理由：

____

此致

××仲裁委员会

申请人：（盖章）（签字）

年　月　日

仲裁申请书

（自然人）

申请人：姓名，性别，民族，出生年月，身份证号，住址，联系电话

被申请人：姓名，性别，民族，出生年月，身份证号，住址，联系电话

仲裁依据：根据×××年××月××日签订的《××××合同》第××条的仲裁协议申请仲裁。

仲裁请求：

1. ......

2. ......

3. 仲裁费用由被申请人承担。

事实及理由：

____

____

____

此致

××仲裁委员会

申请人：（捺印）（签字）

年　月　日

申请仲裁需提交的资料

各仲裁委员会有自己的仲裁规则，要求提交的资料亦有所不同，但大体较为接近。现在本书以一般的民商事纠纷案件中某市仲裁委员会的要求为例进行介绍，供读者参考。实务中，在申请仲裁时，可先行咨询约定管辖的仲裁委员会，按要求提交资料。

普通程序

仲裁申请人应提交以下材料：

①仲裁申请书原件一式五份，当事人是个人的，本人应当携带身份证原件到立案处确认（申请书需当事人亲笔签名、按手印或加盖公司印章）。

②合同及证据材料复印件一式五份，有仲裁条款的合同应提交原件核对，证据材料需各附当事人提交材料清单。

③法人营业执照复印件、机构代码证复印件、法定代表人身份证明书

原件及身份证复印件、被申请人企业信息复印件各一份（主体是单位），双方当事人身份证复印件各一份（主体是个人）。

④委托代理手续原件一份（如有委托代理人）。受委托人是公民代理的，必须提交身份证复印件一份；受委托人是律师代理的，必须提交律师事务所所函及律师证复印件（需提供原件核对）。提供保全申请书原件一份，当事人亲笔签名、按手印或加盖公司印章（如需保全）。

（注：以上材料每增加一名被申请人需增加一份申请书及证据材料）

仲裁被申请人应提交以下材料：

①答辩书一式五份，当事人亲笔签名、按手印或盖公司印章（不提交的，不影响仲裁程序的进行）。

②反请求仲裁申请书原件一式五份，当事人亲笔签名、按手印或盖公司印章（如需提出反请求）。

③证据材料复印件一式五份，证据材料需各附当事人提交材料清单（清单详见仲裁委员会官网下载专区）。

④被申请人法人营业执照复印件、机构代码证复印件、法定代表人身份证明书原件及身份证复印件各一份（主体是单位），被申请人身份证复印件一份（主体是个人）。

⑤委托代理手续原件一份（如有委托代理人）。受委托人是公民代理的，必须提交身份证复印件一份；受委托人是律师代理的，必须提交律师事务所所函及律师证复印件（需提供原件核对）。

简易程序

仲裁申请人应提交材料：

①仲裁申请书原件一式三份，当事人是个人的，本人应当携带身份证原件到立案处确认（申请书需当事人亲笔签名按手印或加盖公司印章）。

②合同及证据材料复印件一式三份，有仲裁条款的合同应提交原件核对，证据材料需各附当事人提交材料清单。法人营业执照复印件、机构代码证复印件、法定代表人身份证明书原件及身份证复印件、被申请人企业信息复印件各一份（主体是单位）；双方当事人身份证复印件各一份（主体是个人）。

③委托代理手续原件一份（如有委托代理人）。受委托人是公民代理的，必须提交身份证复印件一份；受委托人是律师代理的，必须提交律师事务所所函及律师证复印件（需提供原件核对）。

④提供保全申请书原件一份，当事人亲笔签名、按手印或加盖公司印章（如需保全）。

（注：以上材料每增加一个被申请人需增加一份申请书及证据材料）

仲裁被申请人应提交材料：

①答辩书一式三份，当事人亲笔签名按手印或盖公司印章（不提交的，不影响仲裁程序的进行）。

②反请求仲裁申请书原件一式三份，当事人亲笔签名、按手印或盖公司印章（如需提出反请求）。

③证据材料复印件一式三份，证据材料需各附当事人提交材料清单（清单详见仲裁委员会官网下载专区）。

④被申请人法人营业执照复印件、机构代码证复印件、法定代表人身份证明书原件及身份证复印件各一份（主体是单位）；被申请人身份证复印件一份（主体是个人）。

⑤委托代理手续原件一份（如有委托代理人）。受委托人是公民代理的，必须提交身份证复印件一份；受委托人是律师代理的，必须提交律师事务所所函及律师证复印件（需提供原件核对）。

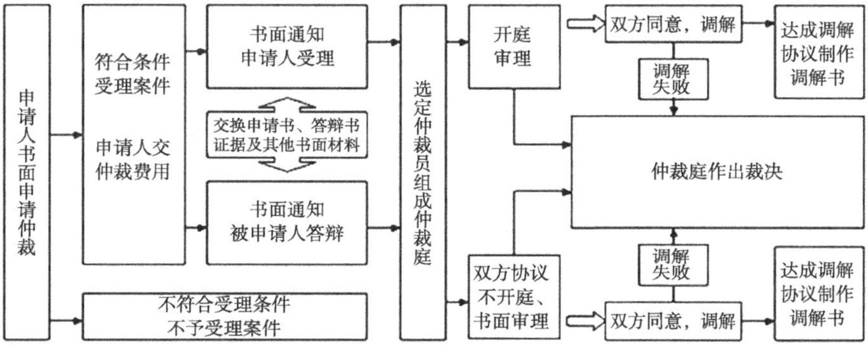

图2-1　仲裁程序流程图

4.选择仲裁员的实务技巧

（1）了解仲裁员的基本条件

根据《中华人民共和国仲裁法》的规定，仲裁员应当符合一定的条件，如通过国家统一法律职业资格考试取得法律职业资格并从事仲裁工作满八年，或从事律师工作满八年，或曾任法官满八年，或从事法律研究、教学工作并具有高级职称等。

（2）明确选择仲裁员的原则

信任原则：选择自己信任的仲裁员是首要原则。仲裁员作为居中裁判者，其公正性和专业性是当事人所依赖的。

专业对口原则：选择熟悉与纠纷相关专业知识的仲裁员，这样的仲裁员能更迅速地抓住案件争议焦点，分清责任，提出解决争议的最佳方案。

经济性原则：为减轻经济负担，建议尽量选择仲裁机构所在地或就近地区的仲裁员，这样可以减少仲裁员因参与仲裁活动而产生的差旅费用和时间成本。

回避原则：避免选择符合法定回避条件的仲裁员，如仲裁员是本案当事人或代理人的近亲属，或与本案有利害关系的，都应申请其回避。

时效性原则：遵守仲裁员选定的时效。当事人必须在仲裁规则规定的期限内选定仲裁员，否则可能被视为自动放弃仲裁员选择权。

（3）具体选择仲裁员的步骤

查看仲裁员名册：仲裁机构会提供仲裁员名册，当事人应仔细查看每位仲裁员的背景信息、专业领域和仲裁经验等。

考虑仲裁庭的组成方式：根据案件的具体情况和仲裁规则，确定仲裁庭是由一名仲裁员独自审理还是由三名仲裁员组成合议庭审理。如果是合议庭审理，还需要考虑首席仲裁员的选择。

与拟选定的仲裁员沟通：在选定仲裁员之前，可以尝试与其进行沟通，了解其对案件的看法和态度。这有助于当事人更全面地了解仲裁员的专业水平和公正性。

正式选定并确认：在选定仲裁员后，应及时向仲裁机构提交书面申请并确认选定结果。同时，也需关注对方当事人的选定情况，以便在必要时进行调整或协商。

（4）注意事项

避免盲目选择：不要仅凭个人喜好或主观印象选择仲裁员，而应综合考虑其资质、经验和专业性。

了解仲裁机构的仲裁规则：不同仲裁机构的仲裁规则可能有所不同，当事人在选择仲裁员前应仔细了解并遵守相关规定。

保持与仲裁机构的沟通：在选定仲裁员的过程中，如遇到任何问题或疑虑，应及时与仲裁机构沟通并寻求帮助。

5.仲裁裁决的执行

（1）仲裁裁决的生效

仲裁的裁决书自作出之日起发生法律效力，且仲裁裁决一裁终局。但这不意味着仲裁没有救济途径。根据《中华人民共和国仲裁法》第五十八条的相关规定，当事人提出证据证明裁决没有仲裁协议的，裁决的事项不属于仲裁协议的范围或者仲裁委员会无权仲裁的，仲裁庭的组成或者仲裁的程序违反法定程序的，裁决所根据的证据是伪造的，对方当事人隐瞒了足以影响公正裁决的证据的，仲裁员在仲裁该案时有索贿受贿、徇私舞弊、枉法裁决行为的，违背社会公共利益的，可以向仲裁委员会所在地的中级人民法院申请撤销裁决。申请撤销裁决的，应当自收到裁决书之日起六个月内提出。根据上述规定，仲裁裁决撤销的情形比较严苛，且需要当事人能够提供充分的证据予以证明，一般情况下，若不存在上述情形，仲裁裁决很难被推翻。在选择采用仲裁方式处理民事纠纷时，要充分考虑到仲裁的这一特性，选择合适的纠纷解决方式。

案例分析

2020年7月14日，白某文与新星市某游乐场签订《建筑装饰工程施工合同》，该合同甲方为新星市某游乐场，合同落款处由朱某渊签字。11月23日，白某文与朱某渊再次签订《建筑装饰工程施工合同》，该合同甲方为朱某渊，合同落款处由朱某渊签字。上述两份合同的工程质量要求、解决争议方式均相同。马某璞系白某文合伙人，后双方产生争议，白某文向哈密仲裁委员会申请仲裁。2023年7月10日，哈密仲裁委员会作出（2023）哈仲裁字第××号裁决："朱某渊欠白某文施工费250000元应当给付（付款计息，利息按照中国人民银行同期贷款市场报价利率计算，自2021年6月1日至实际付款之日止）。"12月1日，新星市某游乐场、朱某渊向新疆维吾尔自治区哈密市中级人民法院提出申请，请求撤销哈密仲裁委员会作出的（2023）哈仲裁字第××号裁决书。理由为：1.本案仲裁主体不适格，朱某渊与白某文之间没有仲裁协议，朱某渊作为当时新星市某游乐场的经营者，在合同上签署个人姓名是代表新星市某游乐场的职务行为。2.白某文的代理人马某璞不是律师、法律工作者，不是白某文的直系亲属，也不是相关社会团体或者其所在单位推荐的人，马某璞没有代理资格，参加仲裁审理违反代理人参与仲裁活动以及仲裁不公开的规定。3.本案的裁决书中记载哈密仲裁委员会以邮递方式向新星市某游乐场、朱某渊送达文书，新星市某游乐场、朱某渊拒绝签收，在此种情况下哈密仲裁委员会没有采取其他方式送达直接缺席审理，违反仲裁程序。

案例解析：《中华人民共和国仲裁法》第五十八条第一款规定："当事人提出证据证明裁决有下列情形之一的，可以向仲裁委员会所在地的中级人民法院申请撤销裁决：（一）没有仲裁协议的；（二）裁决的事项不属于仲裁协议的范围或者仲裁委员会无权仲裁的；（三）仲裁庭的组成或者仲裁的程序违反法定程序的；（四）裁决所根据的证据是伪造的；（五）对方当事人隐瞒了足以影响公正裁决的证据的；（六）仲裁员在仲裁该案时有索贿受贿，徇私舞弊，枉法裁决行为的。"本案中，新星市某游乐场、朱某渊以本案存在上述规定第一项、第三项的情形为由，申请撤销本案仲裁裁决。首先，关于本案仲裁委是否有管辖权的问题。朱某渊作为甲方与白某文签订的第二份《建筑装饰工程施工合同》，该合同工程质量要求、解决争议方式均与新星市某游乐场与白某文签订的《建筑装饰工程施工合同》相同。现白某文依据两份合同申请仲裁，朱某渊作为合同当事人，主体适格，且该两份合同均约定如发生争议，由哈密仲裁委员会仲裁。其次，关于本案仲裁程序是否违反法定程序的问题。《最高人民法院关于适用〈中华人民共和国仲裁法〉若干问题的解释》第二十条规定，《中华人民共和国仲裁法》第五十八条规定的“违反法定程序”，是指违反《中华人民共和国仲裁法》规定的仲裁程序和当事人选择的仲裁规则可能影响案件正确裁决的情形。关于新星市某游乐场、朱某渊认为仲裁庭送达程序违法的问题，哈密仲裁委员会以邮寄方式向新星市某游乐场、朱某渊送达仲裁受理通知书、仲裁申请书副本、仲裁规则、权利义务告知书、仲裁员名册、合同复印件、开庭通知书，新星市某游乐场、朱某渊本人拒收，应视为有效送达。新星市某游乐场、朱某渊关于仲裁庭送达程序违法的主张于法无据，法院不予支持。关于白某文委托马某璞作为代理人进行仲裁活动是否违反法定程序的问题，《中华人民共和国仲裁法》第二十九条规定：“当事人、法定代理人可以委托律师和其他代理人进行仲裁活动。委托律师和其他代理人进行仲裁活动的，应当向仲裁委员会提交授权委托书。”上述规定并未限制代理人身份。具体到本案而言，白某文出具授权委托书，委托马某璞作为其代理人参加仲裁，该委托予以同意，故马某璞参加仲裁并未违反规定。

（案例来源于人民法院案例库，入库编号：2024-10-2-445-001，略有改动）

（2）仲裁裁决的执行

当一方当事人不履行仲裁裁决时，另一方当事人（权利人）须向人民法院提出执行申请，人民法院才可能启动执行程序。申请仲裁裁决强制执行必须在法律规定的期限内提出，按照我国《中华人民共和国民事诉讼法》的规定，申请执行的期间为二年。当事人对仲裁机构作出的仲裁裁决或者仲裁调解书申请执行的，由被执行人住所地或者被执行的财产所在地的中级人民法院管辖。当事人对涉外仲裁机构做出的仲裁裁决申请执行的，由被执行人住所地或者被执行的财产所在地的中级人民法院管辖。

第三节　调解

一、司法调解

司法调解是一种法定的诉讼程序，属于诉讼范围内的调解活动。它与人民调解等非诉讼调解方式存在显著区别。司法调解发生在诉讼过程中，即已经启动了相关的诉讼程序。司法调解既可以依申请开始，也可以由人民法院依职权主动开始。当事人可以向人民法院申请进行司法调解，或者人民法院在立案前或审理过程中认为案件适宜调解的，也可以主动进行调解。①

司法调解一经达成协议，即发生与法院判决同等的法律效力，对双方当事人都具有法律上的约束力和强制力。调解达成协议，人民法院应当制作调解书。调解书应当写明诉讼请求、案件的事实和调解结果。调解书由审判人员、书记员署名，加盖人民法院印章，送达双方当事人。调解书经双方当事人签收后，即具有法律效力。一旦调解协议经过法院确认有效，它就承载了强制执行力，此时如果一方当事人拒绝履行或未全部履行调解协议，对方当事人可以向人民法院申请强制执行。

表2-1　调解与判决的区别

	调解	判决
定义与性质	调解是在人民法院审判员或合议庭的主持下，双方当事人通过自愿协商，就争议事项达成协议，从而解决纠纷的一种方式。它体现了双方当事人的意志，是人民法院依法对双方当事人自愿达成的协议的确认	判决是人民法院对受理的民事案件，在查明事实、分清是非的基础上，依法对纠纷作出强制性判定。它体现了法院的审判权力和国家的意志，对双方当事人具有强制执行力

① 强世功. 司法调解制度研究[M]. 北京：中国法制出版社，2001.

续表

	调解	判决
适用的条件	调解书是在人民法院依法进行调解，促成当事人自愿、合法达成解决纠纷的协议时适用的法律文书。它要求双方当事人都愿意通过调解方式解决纠纷	判决是人民法院对案件经过审理，在事实清楚、证据确凿、法律适用正确的基础上，依法作出的具有强制力的法律文书
体现的意志	调解主要体现了双方当事人的意志。在调解过程中，法院会充分尊重双方当事人的意愿，通过协商和妥协达成解决纠纷的协议。因此，调解书的内容更多地反映了双方当事人的共同意愿	判决体现了人民法院的意志即国家的意志。在判决过程中，法院会根据法律规定和案件事实，依法作出公正的判定。判决书的内容主要是法院对纠纷的认定和处理结果
生效时间	调解书经双方当事人签收后，即具有法律效力。这意味着，只要双方当事人同意并签收了调解书，调解书就立即生效，双方必须遵守	民事判决书在送达当事人后并不立即生效。一审民事判决书在上诉期内未上诉才发生法律效力。也就是说，如果一方当事人在上诉期内提起上诉，判决书就不会立即生效。只有过了上诉期，且没有当事人提起上诉，判决书才会生效
文书内容	调解书的格式较为简单，内容扼要，主要记载双方当事人的基本信息、调解协议的内容以及调解结果等	判决书的格式较为复杂，内容翔实。它通常包括案由、诉讼请求、争议的事实和理由、判决认定的事实和理由、适用的法律和理由、判决结果和诉讼费用的负担等内容。判决书由审判人员、书记员署名，并加盖人民法院印章
解决纠纷的方式	调解是通过双方当事人的自愿协商和妥协来达成解决纠纷的协议，它更注重双方当事人的沟通和理解	判决是人民法院依法对纠纷作出强制性判定，它更注重法律的适用性和公正性

二、人民调解

（一）人民调解委员会

人民调解是指人民调解委员会通过说服、疏导等方法，促使当事人在平等协商基础上自愿达成调解协议，解决民间纠纷的活动。[①] 人民调解委员会是村民委员会和居民委员会下设的调解民间纠纷的群众性组织，在基层人民政府和基层人民法院指导下进行工作。基层人民政府及其派出机关指导人民调解委员会的日常工作，由司法助理员负责。人民调解委员会是一种群众性组织，不属于国家行政机关，也不属于国家司法机关。

与诉讼及仲裁不同，人民调解委员会调解纠纷不收取任何费用，申请人不需要事先缴纳费用。申请人民调解也不需要提交相应的法律文书，申请人双方到场口头陈述即可启动人民调解程序。

（二）人民调解协议

人民调解协议是指在发生民事纠纷时，当事人双方在第三方人民调解委员会的主持下，本着平等、自愿的原则，为解决民事纠纷而达成的具有民事权利义务内容，并由当事人双方签字或盖章的书面协议。它具有民事合同的性质，当事人应当按照约定履行自己的义务，不得擅自变更或者解除调解协议。

1. 人民调解协议的法律效力

依据《中华人民共和国人民调解法》的规定，经人民调解委员会调解达成的调解协议，具有法律约束力。这意味着，一旦当事人双方达成调解协议并签字确认，该协议即对双方产生法律上的约束力。然而，与法院的调解书或判决书不同，人民调解协议本身并不具有强制执行力。如果一方当事人不履行调解协议，另一方当事人不能直接申请人民法院强制执行。根据《最高人民法院关于审理涉及人民调解协议的民事案件的若干规定》，经人民调解委员会调解达成的、有民事权利义务内容，并由双方当事人签字或者盖章的调解协议，具有民事合同性质。当事人应当按照约定履行自己的义务，不得擅自变更或者解除调解协议。当事人之间就调解协议的履行或者调解协议的内容发生争议的，一方当事人可以向人民法院提起诉讼。如果双方当事人共同向人民法院申请司法确认，并经过人民法院审查确认调解协议有效后，该调解协议即具有强制执行力。

---

① 刘坤轮．人民调解制度的理念与价值 [J]. 财经法学，2015（06）：97–108.

2.人民调解协议的内容与形式

人民调解协议的内容通常包括当事人的基本情况、纠纷的主要事实、争议事项以及各方当事人的责任、当事人达成调解协议的内容、履行方式和期限等。在形式上，人民调解协议既可以是书面形式，也可以是口头形式。但需要注意的是，对于权利义务内容具体、当事人不能当场履行的调解协议，通常应当制作书面协议。书面协议应当由双方当事人签名或者捺指印，人民调解员签名并加盖人民调解委员会印章。

3.司法确认程序

为了增强人民调解协议的法律效力，当事人可以向人民法院申请司法确认。申请司法确认调解协议，应当由双方当事人共同向调解组织所在地基层人民法院提出，并自调解协议生效之日起三十日内提出。人民法院受理申请后，经审查认为调解协议符合法律规定的，将裁定调解协议有效。一方当事人拒绝履行或者未全部履行的，对方当事人可以向人民法院申请执行。反之，如果调解协议违反法律强制性规定或损害国家利益、社会公共利益、他人合法权益等情形，人民法院将裁定驳回申请。

案例分析

2020年6月底，胡某等31名劳动者到深圳市宝安区石岩街道劳动办投诉称，冠利达公司未按时发放工资，其中部分劳动者的工资已被拖欠三个月以上。劳动办经调查了解，该公司因疫情期间国外订单取消造成资金紧张，导致工资不能按时发放，目前虽有订单，但部分劳动者因工资问题消极怠工，生产经营不能正常开展，若订单按时完成，一个月左右便能通过货款补足拖欠的工资。在劳动办的调解下，冠利达公司与劳动者达成分期支付工资的初步意向，但劳动者仍有顾虑，担心即使按时完成订单生产，公司仍有可能拖欠工资。为此，劳动办与法院联系，启动“调解+司法确认”联动机制。

深圳市宝安区人民法院为促进冠利达公司尽快恢复生产，采取“上门服务”的方式，到公司现场开展司法确认工作。经过宣讲，公司和劳动者均同意就双方达成的调解协议申请司法确认，并提交了相关申请材料。收到材料后，法院立即开启“绿色通道”，于当天完成审查工作，2020年7月16日出具民事裁定书，确认冠利达公司与31名劳动者达成的分期支付工资的调解协议合法有效。劳动者收到裁定书后，立即投入工作中，公司生产经营已恢复正常。

“调解+司法确认”联动机制是人民法院积极参与社会矛盾纠纷诉源治理的重要举措。在疫情防控常态化背景下，人民法院通过联调机制快速化解劳动争议，为双方当事人提供了更为多元、便利的解纷机制，既稳定了就业岗位，维护劳动者的合法权益，同时也让受疫情影响的企业尽快恢复生产经营，促进企业生存发展，实现了多方共赢。

（案例来源：澎湃新闻，https：//www.thepaper.cn）

实务模板

人民调解协议书

编号：______

当事人1（甲方）：

姓名/名称：______________

身份证号码/统一社会信用代码：______________

住址/注册地址：______________

联系电话：______________

当事人2（乙方）：

姓名/名称：______________

身份证号码/统一社会信用代码：______________

住址/注册地址：______________

联系电话：______________

纠纷简要情况：

____

____

经______（人民调解委员会/调解员姓名）主持调解，甲乙双方在平等、自愿的基础上，就上述纠纷达成如下协议：

一、协议内容

1.关于责任认定（详细描述双方责任划分，如适用）。

2.赔偿/补偿方案：

甲方同意向乙方支付______元（大写：______）作为赔偿/补偿，包括但不限于（具体项目，如医疗费、误工费、精神损失费等）。

支付方式：______（一次性支付/分期支付，具体支付时间及方式）。

3.行为履行：

（如需一方或双方采取特定行为，如道歉、恢复原状等，详细描述）。

4.其他约定：

（如有其他特殊约定，如保密条款、后续合作条件等）。

二、协议效力

本协议自双方签字盖章之日起生效，对甲乙双方具有法律约束力。

三、违约责任

如任何一方违反本协议约定，应承担违约责任：______。

四、争议解决

1.因履行本协议发生的争议，双方应首先通过友好协商解决。

2.协商不成的，可提交______（具体调解机构或法院名称）进行调解/诉讼解决。

五、其他

1.本协议一式______份，甲乙双方各执______份，具有同等法律效力。

2.本协议未尽事宜，由双方另行协商确定。

甲方（签字/盖章）：__________ 日期：____年__月__日

乙方（签字/盖章）：__________ 日期：____年__月__日

调解员（签字）：__________　人民调解委员会（盖章）：__________

日期：____年__月__日

实务模板

司法确认申请书

申请人1（姓名/名称）：______________

身份证号码/统一社会信用代码：______________

住址/注册地址：______________

联系电话：______________

申请人2（姓名/名称）：______________

身份证号码/统一社会信用代码：______________

住址/注册地址：______________

联系电话：______________

共同申请事项：对双方于____年____月____日达成的人民调解协议进行司法确认。

事实与理由：

申请人1与申请人2因________（简要描述纠纷内容）产生争议。为避免矛盾升级，双方自愿选择通过人民调解方式解决该争议，并于____年____月____日在________（人民调解委员会全称）的主持下，经平等协商，达成了一致意见，形成了编号为________的人民调解协议书。

该调解协议具体内容如下：

（协议条款1）

____

（协议条款2）

____

（协议其他条款）：……（逐条列出协议的全部内容）

申请人认为，上述人民调解协议是双方真实意思的表示，内容合法，不违反法律、行政法规的强制性规定，也不损害国家、集体或者第三人的合法权益，且调解程序符合《中华人民共和国人民调解法》的相关规定。为确保协议的履行，维护双方的合法权益，根据《中华人民共和国人民调解法》第三十三条之规定，特向贵院申请对该人民调解协议进行司法确认，请求法院依法裁定确认该协议的效力，使其具有强制执行力。

此致

________人民法院（填写具体的法院名称）

附件：

1. 人民调解协议书原件及复印件。

2. 双方当事人身份证明文件复印件。

3. 其他相关证据材料（如有）。

申请人1　签字/盖章：______________

日期：____年____月____日

申请人2　签字/盖章：______________

日期：____年____月____日

第四节　民事纠纷处理实务技巧

一、选择恰当的纠纷解决方式

在民事纠纷处理实务中，选择恰当的纠纷解决方式对于维护当事人的利益至关重要。以下从提起民事诉讼、申请仲裁以及人民调解三种主要纠纷解决方式出发，详细论述它们的优缺点、考虑因素及选择方法，以提供实务指导。

（一）提起民事诉讼

1. 优点

（1）权威性与强制性

民事诉讼由法院作为中立的第三方进行裁判，判决具有法律强制力，当事人必须履行，否则将面临强制执行等法律后果。这种权威性和强制性为当事人提供了强有力的保障。

（2）全面保护合法权益

民事诉讼能够全面审查当事人的权益，不仅限于纠纷的直接事实，还包括相关的法律关系和证据材料，确保当事人的合法权益得到充分保护。

（3）程序规范

民事诉讼程序严格规范，从起诉、受理、审理到判决，每个环节都有明确的法律规定，保障了程序的公正性和透明性。

2. 缺点

（1）程序繁杂与周期长

民事诉讼程序相对繁杂，包括起诉、受理、举证、质证、辩论等多个环节，可能导致诉讼周期较长，给当事人带来时间和经济上的压力。

（2）成本较高

民事诉讼需要支付一定的诉讼费用，包括律师费、诉讼费、鉴定费等，这些费用可能会增加当事人的经济负担。

（3）结果可能不完全符合预期

尽管法院会依法公正裁判，但判决结果可能受到法律规定、证据情况等多种因素的影响，不一定完全符合当事人的预期。

3. 考虑因素

选择民事诉讼时，当事人应考虑纠纷的性质、复杂程度、涉及金额以及自身对时间和成本的承受能力。对于重大利益纠纷或法律关系复杂的案件，民事诉讼可能更为合适。且诉讼可以有一审、二审、审判监督等程序，对当事人而言可以有多次解决纠纷的可能性。

（二）申请仲裁

1. 优点

（1）快速高效

仲裁程序相对灵活，通常比诉讼程序更为迅速，能够在较短时间内解决纠纷，减少当事人的时间成本。

（2）专业性强

仲裁员通常是具有专业法律知识和行业经验的专家，能够针对特定行业的纠纷提供专业、公正的裁决。

（3）保密性好

仲裁程序一般不公开进行，生效法律文书不公开，不会被查询到有涉诉信息，有利于保护当事人的商业秘密和个人隐私，尤其对于法人及其他组织，有利于维护商誉。

2. 缺点

（1）一裁终局

仲裁裁决具有终局性，一旦作出即发生法律效力，当事人通常无法再向法院起诉或上诉，这可能导致当事人对裁决结果的不接受。

（2）费用较高

仲裁费用通常包括仲裁员费用、仲裁机构管理费用等，可能高于诉讼费用。

（3）受理范围有限

仲裁的受理范围受到仲裁协议的限制，没有仲裁协议或仲裁条款的纠纷无法提交仲裁。

3. 考虑因素

选择仲裁时，当事人应考虑纠纷的性质、是否涉及商业秘密、对时间和效率的要求以及仲裁协议的有效性。对于专业性较强、需要快速解决的纠纷，仲裁可能更为合适。

（三）人民调解

1. 优点

（1）简便快捷

人民调解程序简便，通常在基层人民调解委员会的主持下进行，能够迅速解决纠纷。

（2）成本低廉

人民调解不收取费用，降低了当事人的经济负担。

（3）修复关系

人民调解注重调解双方的矛盾，有助于修复受损的人际关系，维护社会稳定。

（4）程序简单

诉讼及仲裁程序专业复杂，一般不具备专业知识的人在处理时具有较大的难度，人民调解程序简单快捷，没有复杂的司法程序。

2. 缺点

（1）调解协议不具有强制执行力

人民调解达成的调解协议虽然具有法律效力，但通常不具有强制执行力，当事人可能不履行协议，若一方不履行协议，还需要另行向法院提起诉讼。

（2）调解结果可能不稳定

由于调解协议是双方自愿达成的，可能受到各种因素的影响而发生变化，导致调解结果的不稳定。

（3）专业性不足

人民调解员可能缺乏专业法律知识和行业经验，难以处理复杂或专业性较强的纠纷。

3. 考虑因素

选择人民调解时，当事人应考虑纠纷的性质、复杂程度、双方关系以及对时间和成本的要求。对于事实清楚、争议不大且双方关系需要修复的纠纷，人民调解可能更为合适。

（四）如何选择恰当的纠纷解决方式

在选择恰当的纠纷解决方式时，当事人应综合考虑以下因素。

（1）纠纷的性质和复杂程度

对于简单明了的纠纷，可以选择人民调解等简便快捷的方式；对于复杂或专业性较强的纠纷，则可能需要通过诉讼或仲裁等更为正式的程序解决。

（2）双方关系

如果双方关系良好且希望继续维持合作关系，可以选择调解等和解性较强的方式；如果双方关系紧张或已经破裂，则可能需要通过诉讼或仲裁等具有强制力的方式解决纠纷。

（3）对方履约可靠性

若对方履约可能性较低，则可以选择法院诉讼，可最大限度地保障对方履行义务；若对方履约可能性较高，则可以选择人民调解的方式，降低纠纷解决的成本。

（4）时间和成本

如果当事人对时间和成本有较高要求，可以选择仲裁等快速高效的方式；如果时间和成本不是主要考虑因素，则可以选择诉讼等更为全面的解决方式。

（5）法律规定和仲裁协议

在选择仲裁作为解决方式时，必须确保存在有效的仲裁协议；在选择诉讼作为解决方式时，则应遵守相关法律规定和诉讼程序。

选择恰当的纠纷解决方式对于维护当事人的利益至关重要。当事人应根据纠纷的具体情况、自身需求和法律规定等因素进行综合考虑和权衡利弊，以选择最适合自己的纠纷解决方式。

案例分析

甲公司与乙公司签订建材买卖合同，甲公司是出卖人，乙公司是买受人，两家公司均位于A市，合同履行地亦在A市。后因乙公司未按时支付货款，甲公司多次催要无果后，甲公司遂聘请律师准备起诉乙公司。律师接受委托后发现，甲、乙公司之间的买卖合同中约定的争议解决方式为仲裁，且约定的仲裁委员会地点为B市仲裁委员会。B市仲裁委员会距A市1000多千米，且B市仲裁委员会收费价格约为法院诉讼费的2倍，导致甲公司维权成本较高。后经了解，甲公司销售人员在签订合同时通过互联网络下载合同模板，未更改其中关于争议解决方式的条款，导致本次纠纷只能在相距千里之外的仲裁委员会仲裁，极大地增加了维权成本。

甲公司与乙公司之间的建材买卖合同纠纷案例，凸显了在商业合同中正确选择纠纷解决方式的重要性。本案中，甲公司原本计划通过诉讼方式解决乙公司拖欠货款的问题，但由于合同中预先约定了仲裁作为争议解决方式，且指定了距离较远的B市仲裁委员会，导致甲公司面临高昂的维权成本。这一结果主要缘于甲公司在合同签订过程中对争议解决条款的疏忽，直接采用了下载的合同模板而未根据实际情况作出调整。

从纠纷解决的成本效益和便捷性角度考虑，甲公司若能在合同签订时更加审慎地选择争议解决方式，比如选择A市（合同履行地及双方所在地）的仲裁委员会或者法院作为纠纷解决机构，将显著降低维权成本，提高解决纠纷的效率。此外，选择熟悉的本地仲裁机构或法院，还能更好地利用当地法律资源和专业支持，增加解决纠纷的确定性和可预测性。

这个案例提醒我们，在商业合同实践中，应充分重视争议解决条款的协商和确定，避免盲目采用模板化的合同条款。企业应根据合同的具体情况、双方的实际需求以及成本效益分析，合理选择仲裁或诉讼等纠纷解决方式，并明确约定纠纷解决机构的地点和费用等相关事项。这样不仅可以有效维护自身的合法权益，还能在纠纷发生时迅速、高效地解决问题，减少不必要的成本和损失。

二、民事纠纷的协商策略

在民事纠纷处理中，协商谈判作为一种快速、低成本的纠纷解决方式，被广泛采用，它不仅有助于维护当事人的利益，还能促进双方关系的和谐。然而，成功的协商谈判并非易事，需要当事人在谈判过程中充分考虑各种因素，并灵活运用各种技巧。以下从维护当事人利益的角度，详细探讨如何在解决民事纠纷过程中进行有效的协商谈判。

（一）协商谈判前需要考虑的因素

（1）明确纠纷事实和双方诉求

在协商谈判前，当事人应全面梳理纠纷事实，明确自己的诉求和底线，同时也要尽量了解对方的立场和诉求。这有助于在谈判中有的放矢，避免盲目妥协。

（2）评估双方实力和资源

了解双方的经济实力、社会地位、法律资源等情况，有助于判断双方在谈判中的优势和劣势，从而制定更加合理的谈判策略。

（3）考虑法律法规和合同条款

在协商谈判中，必须严格遵守相关法律法规和合同条款，确保谈判结果的合法性和有效性。同时，也要善于利用法律法规和合同条款来维护自己的权益。

（4）评估谈判成本和效益

在决定是否通过协商谈判解决纠纷时，应充分考虑谈判的成本（如时间、精力、金钱等）和可能获得的效益。只有当谈判成本低于其他纠纷解决方式且预期效益较高时，协商谈判才是明智的选择。

（二）协商谈判的技巧

（1）保持冷静和理性

在协商谈判过程中，双方往往情绪激动，容易陷入争吵和对抗，因此，保持冷静和理性至关重要。当事人应学会控制自己的情绪，避免被对方激怒或诱导，保持清晰的思维和判断力。

（2）充分沟通和倾听

有效的沟通是协商谈判的基础。当事人应积极表达自己的观点和诉求，同时也要耐心倾听对方的意见和关切。通过充分沟通，双方可以更好地了解彼此的需求和立场，为达成妥协奠定基础。

（3）灵活运用让步策略

在协商谈判中，适当的让步是必要的。然而，让步应有原则、有底线，不能无原则地妥协。当事人应根据实际情况和谈判进展，灵活运用让步策略，以最小的代价换取最大的利益。如对方为失信被执行人或者履约能力较弱，则可以通过让步的方式换取债权得以实现；若对方履约能力较好，掌握了对方财产线索，则不必让步以追求利益的最大化。

（4）寻找共同点和利益交集

在协商谈判过程中，双方往往存在分歧和矛盾。然而，通过寻找共同点和利益交集，可以缩小分歧、增进共识。当事人应善于从对方的角度思考问题，发现双方共同关心的利益点，并以此为突破口推动谈判进程。

（5）利用第三方调解或协助

在协商谈判陷入僵局时，可以考虑引入第三方进行调解或协助。第三方可以提供中立的意见和建议，帮助双方找到更加合理的解决方案。同时，第三方的参与也可以增加谈判的公正性和可信度。

（6）注重谈判记录和书面协议

在协商谈判过程中，应注重谈判记录的保存和书面协议的签订。谈判记录有助于双方回顾谈判过程、明确谈判结果；书面协议则具有法律效力，可以确保谈判结果的执行和落实。

案例分析

在新冠疫情期间，众多企业对于房租减免问题倍加关注，纷纷询问是否有法律依据支持。尽管政府已针对国属和集体所属物业的租金减免出台了相关政策，但对于企业承租私人物业的减租问题，仍存在诸多疑问。那么，这类情况下到底能否减租？又是否应该减租呢？

法院在支持减租的判决中，多依据公平原则进行裁决。律师指出，本次疫情同样属于不可抗力事件。若双方对损害结果均无责任，且疫情确实对物业使用造成了实质性影响，特别是对于那些遵照政府规定停产停业的企业，它们完全可以根据《中华人民共和国民法典》中关于租赁合同的相关规定，提出减租要求。这种情况下，企业主张减租不仅具有法律依据，还具备较高的诉讼胜算。

然而，考虑到起诉可能带来的时间成本和不确定性，许多企业更倾向于通过谈判来高效解决减租问题。为此，××律师事务所凭借其丰富的谈判经验，总结出了“说服房东减租”的三阶段九步法，成功地帮助了委托人实现减免房租的目的，取得了良好的社会效果。

1.第一阶段，谈判准备

（1）充分准备。企业应详细审阅租赁合同，了解租金交付、违约责任及不可抗力等条款；明确谈判目标，即期望减免的租金数额；并熟悉相关减租政策、法律依据及典型案例。

（2）提出要求。向房东提出高于预期的减租要求，同时可将其他相关事项（如房屋维修、租期延长等）纳入谈判范畴。

（3）谨慎应对。对房东的首次还价保持谨慎态度，避免对抗性谈判。

2.第二阶段，拉锯战

（1）案例展示。向房东展示已有的减租案例和政策，施加心理压力。

（2）角色分工。企业内部可设立“黑脸”与“白脸”角色，灵活调整谈判节奏和氛围。

（3）耐心搁置。若谈判陷入僵局，不妨暂时搁置，待时机成熟再行联系。

3.第三阶段，达成协议

（1）最后争取。在房东提出可接受方案后，企业可尝试进行最后一次利益争取。

（2）确认结果。双方达成最终协议后，务必再次确认谈判结果，确保无误，并保留书面证据以防反悔。

（3）缓和关系。达成目标后，企业应感谢房东的理解与支持，并赞美其谈判技巧，以维护良好的合作关系。

值得注意的是，谈判虽为高效解决问题之道，但亦需讲究技巧与策略。在实际谈判中，企业需根据具体情况灵活调整节奏，必要时可寻求专业人士的协助。若谈判效果不佳或无法谈判，企业仍可咨询专业律师，通过法律途径维护自身权益。

（案例来源：阿尔法大数据，略有改动）

第三章　民事诉讼程序

第一节　起诉与受理

一、起诉条件的核心要素

（一）原告资格

在民事诉讼中，原告必须与所诉案件存在直接的利害关系，即其个人的民事权益已经遭受侵害，或者与他人之间产生了明确的争议。这一要求从根本上确保了诉讼的正当性和必要性，防止了无关人员随意提起诉讼，浪费司法资源。同时，原告可以是公民、法人或其他组织，并且在提起诉讼时，必须清晰、准确地提供其身份和基本信息，以便法院进行后续的诉讼活动。

在实务中，填写起诉状时，原告需详细列明自己的姓名、性别、民族、出生日期、住址、身份证号码等个人信息，如果是法人或其他组织，则需提供单位的名称、地址、统一社会信用代码等。值得注意的是，对于一些特殊的侵权案件，法律规定了公益诉讼的制度，即相关司法机关、行业组织也可成为提起诉讼的原告。

案例分析

袁隆平院士是享誉海内外的著名农业科学家，中国杂交水稻事业的开

创者和领导者，中国共产党的亲密朋友，无党派人士的杰出代表，“共和国勋章”获得者，中国工程院院士，被誉为“杂交水稻之父”，于2021年5月22日去世。2021年5月22日至同年5月24日，被告张磊利用境外信息网络平台公然发表、转推侮辱、诋毁袁隆平院士的推文。经公安机关认定，各类推文合计9条，在网上收到留言10条，被转推36次，被点赞275次。经袁隆平院士的亲属授权同意，由检察机关提起民事公益诉讼，天津市人民检察院第二分院向天津市第二中级人民法院提起诉讼。原告天津市人民检察院第二分院诉称，2021年5月22日至24日被告张磊在境外互联网社交平台上发表了侮辱、嘲讽已故袁隆平院士的言论，其中推文共计9条，收到留言10条，被转推36次，被点赞275次。依照《中华人民共和国英雄烈士保护法》第二条第二款规定，袁隆平院士是我国社会普遍公认的英雄模范人物，属于英雄烈士保护范围，张磊的上述行为不仅侵害了袁隆平院士的名誉和荣誉，而且有损社会主义核心价值观，损害了社会公共利益。依照《中华人民共和国英雄烈士保护法》第二十五条、《关于检察公益诉讼案件适用法律若干问题的解释》第十三条第三款、《公益诉讼办案规则》第九十六条之规定，经征询袁隆平院士近亲属的意见，其近亲属同意检察机关提起民事公益诉讼。综上，请求法院依法判令张磊在国家级新闻媒体公开赔礼道歉、消除影响。

天津市第二中级人民法院于2022年5月19日作出（2021）津02民初1932号民事判决：被告张磊于本判决生效之日起十日内，在国家级新闻媒体公开赔礼道歉、消除影响。如逾期不履行本判决确定的义务，将在国家级新闻媒体刊登本判决书的主要内容，所需费用由被告张磊承担。

（二）被告明确

起诉时，原告必须明确指出与谁发生了民事争议，或者谁可能承担民事责任，即被告必须明确。这一要求确保了诉讼活动的针对性，使得法院能够准确地将诉讼文书送达给被告，并进行后续的审理工作。同时，被告的身份和基本信息也需明确，包括姓名、住址、联系方式等，以便法院进行后续的诉讼活动。

在实务中，原告方在实际生活中清楚被告身份及存在，但却无法提供被告的具体身份信息，其中较为关键的信息包括居民身份证号码及具体住址，司法实践中原告方往往因无法提供原告的身份证号码或住址而导致案件无法立案。因此，在民事主体之间产生权利义务关系时应当要收集保存对方的身份信息、住址、联系方式等。如果没有被告的相关信息，在起诉之前则需要进行查询。

1. 法人及其他组织的信息查询方法

在我国境内，合法登记成立的法人及其他组织的信息均是公开的，可以通过公开的数据库进行查询。全国企业信用信息公示系统（国家企业信用信息公示系统）于2014年2月上线运行。公示的主要内容包括市场主体的注册登记、许可审批、年度报告、行政处罚、抽查结果、经营异常状态等信息（不含港、澳、台地区企业信息）。除此之外，还有企查查、天眼查等企业信息查询网站，除了能查询到企业法人的工商信息以外，还可以查询企业财产线索、涉诉情况等。

2. 自然人的信息查询方法

起诉需要明确的被告，以自然人为例。实务中对于明确的判断标准主要就是正确的姓名、居民身份证号码以及地址，这就要求律师在起诉的时候提供自然人的身份证（居住证）复印件或者公民身份信息。在没有身份证复印件的情况下，需要聘请律师到相关部门查询公民身份信息。目前多地已出台了当地律师查询人口信息的办法，如广西出台了《广西律师查询人口信息暂行规定》，大连制定了《大连市公安机关办理律师查询人口信息工作规范》等地方规定。但是目前全国尚无法律效力较高的统一规范保障律师的调查权，明确可以查询的地方也往往要求提供对方具体出生年月等信息才可查询，这导致实务中查询自然人信息较为困难。

（三）具体的诉讼请求和事实、理由

原告在提起诉讼时，必须提出具体的诉讼请求，即明确其希望通过诉讼解决的具体问题。这一要求确保了诉讼活动的目标性，使得法院能够清晰地了解原告的诉讼目的，并进行有针对性的审理。

同时，诉讼请求应基于具体的事实和理由，原告需提供纠纷发生的事实经过及相应的证据支持。这一要求确保了诉讼活动的客观性和公正性，使得法院能够依据事实进行判决。

（四）属于人民法院受理民事诉讼的范围和受诉人民法院管辖

起诉事项必须属于人民法院受理民事诉讼的范围，否则法院将不予受理。这一要求确保了诉讼活动的合法性和有效性，防止了原告将不属于民事诉讼范围的事项提交给法院处理。同时，起诉还必须属于受诉人民法院的管辖范围，即原告必须向有管辖权的人民法院提起诉讼。这一要求确保了诉讼活动的地域管辖原则，使得法院能够依据其管辖范围进行审理。

在提起诉讼前，原告应仔细查阅相关法律法规及司法解释，确定其诉讼事项是否属于人民法院受理民事诉讼的范围，并明确受诉人民法院的管辖范围。如果涉及多个法院均有管辖权的情况，原告应根据实际情况选择最合适的法院提起诉讼。

案例分析

2013年3月1日，原告到××公司管理的阳光××小区物业部从事维修工作，其间双方没有签订劳动合同，口头约定每月工资在2800元至3500元之间。2016年7月后，原告未到××公司工作，2017年10月上旬，原告再次到××公司物业部上班，继续从事维修工作。工作期间，××公司未给原告缴纳社会保险。2019年1月16日，××公司与民乐××物业管理有限公司签订前期物业管理服务合同，将阳光××物业委托民乐××物业管理有限公司进行物业管理，原告继续在民乐××物业管理有限公司经营管理的阳光××物业从事物业维修工作，原告的工资由民乐××物业管理有限公司发放。2020年9月17日，原告与民乐××物业管理有限公司签订了劳动合同，约定月工资3500元。2021年10月2日，××公司与民乐县万××物业管理有限公司签订前期物业服务合同，将阳光××物业交由民乐县万××物业管理有限公司进行物业管理服务，原告继续在民乐县万××物业管理有限公司经营管理的阳光××物业从事物业维修工作，原告的工资由民乐县万××物业管理有限公司发放。

2022年3月31日，原告与民乐县万××物业管理有限公司签订劳动合同，约定月工资为3500元，工作期间，民乐县万××物业管理有限公司亦未给原告缴纳社会保险。2022年8月7日，民乐县万××物业管理有限公司书面向原告出具辞退通知书一份，与原告解除劳动合同，终止劳动关系。解除劳动合同后，原告离开了民乐县万××物业管理有限公司。后原告多次找民乐县人力资源和社会保障局要求××公司和民乐县万××物业管理有限公司给其补缴社会养老保险。2023年1月13日，民乐县社会保险事业服务中心作出民社稽改字（2023）第1号社会保险稽核整改意见书，要求××公司提供社会保险稽核书面资料，××公司未整改。2023年2月28日，民乐县社会保险事业服务中心作出民社稽改字（2023）第3号社会保险稽核整改意见书，要求××公司补缴原告2013年3月至2021年10月的社会保险。2023年5月6日，民乐县社会保险事业服务中心出具社会保险费补缴通知单一份，载明原告2013年3月至2021年10月的企业职工基本养老保险个人缴费合计23682.08元、单位缴费合计48218.07元、个人部分利息10199.78元、单位部分利息4745.29元、滞纳金45805.61元，合计132650.83元。2023年7月5日，××公司对民乐县社会保险事业服务中心作出的民社稽改字（2023）第3号社会保险稽核整改意见书申请复查，该中心复查后于2023年7月24日作出民社保函（2023）第16号复查决定，维持民社稽改字（2023）第3号社会保险稽核整改意见书。后××公司向甘州区人民法院提起行政诉讼，甘州区人民法院立案后作出（2024）甘0702行初17号行政裁定书，裁定按××公司自动撤诉处理。2024年7月29日，民乐县社会保险事业服务中心给原告出具证明一份，载明“民乐县××房地产开发有限公司没有给王某某办理社会保险手续”，后原告遂向法院提起诉讼。

法院认为，根据《最高人民法院关于审理劳动争议案件适用法律问题的解释（一）》第一条规定：“劳动者与用人单位之间发生的下列纠纷，属于劳动争议，当事人不服劳动争议仲裁机构作出的裁决，依法提起诉讼的，人民法院应予受理：（一）劳动者与用人单位在履行劳动合同过程中发生的纠纷；（二）劳动者与用人单位之间没有订立书面劳动合同，但已形成劳动关系后发生的纠纷；（三）劳动者与用人单位因劳动关系是否已经解除或者终止，以及应否支付解除或者终止劳动关系经济补偿金发生的纠纷；（四）劳动者与用人单位解除或者终止劳动关系后，请求用人单位返还其收取的劳动合同定金、保证金、抵押金、抵押物发生的纠纷，或者办理劳动者的人事档案、社会保险关系等移转手续发生的纠纷；（五）劳动者以用人单位未为其办理社会保险手续，且社会保险经办机构不能补办导致其无法享受社会保险待遇为由，要求用人单位赔偿损失发生的纠纷；（六）劳动者退休后，与尚未参加社会保险统筹的原用人单位因追索养老金、医疗费、工伤保险待遇和其他社会保险待遇而发生的纠纷；（七）劳动者因为工伤、职业病，请求用人单位依法给予工伤保险待遇发生的纠纷；（八）劳动者依据劳动合同法第八十五条规定，要求用人单位支付加付赔偿金发生的纠纷"均属于劳动争议，劳动者不服仲裁机构作出的裁决提起诉讼的，属于人民法院的受案范围。现原告以××公司未为其缴纳社会保险要求赔偿损失为由直接向法院提起诉讼，不符合法律规定，应予驳回。

（案例来源：裁判文书网，有改动）

二、民事案件的受理

民事案件的受理是诉讼程序正式启动的关键环节，它不仅标志着人民法院对当事人提交的起诉状进行了初步审查，并认为符合法律规定的起诉条件，决定立案审理，而且也是当事人权益得到司法救济的重要开端。以下将详细阐述民事案件受理的具体流程、条件、法律效力及相关的注意事项。

民事案件受理是指人民法院在收到原告的起诉状后，依法进行审查，认为符合《中华人民共和国民事诉讼法》规定的起诉条件，决定立案审理，并将此决定通知原告和被告的诉讼行为。[①] 这一过程是民事诉讼程序的起

① 江伟. 民事诉讼法 [M]. 北京：高等教育出版社，2004.

点，对于保障当事人的诉权、促进纠纷的及时解决具有重要意义。它不仅体现了国家司法权对民事争议的介入，也是法治社会解决民事纠纷的正式途径之一。

（一）民事案件受理的特别规定与处理

民事案件的受理不仅需遵循一般的起诉条件，还需特别注意《中华人民共和国民事诉讼法》第一百二十七条所列举的特殊情况，这些情况直接关系到案件是否能够被法院受理。下面结合《民事诉讼法（2023年修正）》第一百二十七条，详细阐述在民事案件受理过程中，人民法院如何根据不同情形作出相应处理。

1.行政诉讼受案范围的告知

根据《中华人民共和国民事诉讼法》第一百二十七条第一款第一项，如果人民法院在审查起诉时发现案件属于行政诉讼的受案范围，应告知原告提起行政诉讼。这意味着，对于那些涉及行政机关具体行政行为合法性争议的案件，如行政处罚、行政许可等，当事人应当通过行政诉讼途径寻求救济，而非民事诉讼。法院在此情况下的告知义务，有助于引导当事人正确行使诉权，避免诉讼程序的混淆。

2.仲裁协议的优先效力

根据《中华人民共和国民事诉讼法》第一百二十七条第二款，若双方当事人已达成书面仲裁协议，并约定不得向人民法院起诉，法院在受理审查时，应告知原告向仲裁机构申请仲裁。这一规定体现了仲裁作为解决民商事争议的一种重要方式，其优先于诉讼的原则。当事人选择仲裁作为争议解决方式，通常基于效率、专业性及保密性的考虑，法院应尊重这一选择，不得擅自受理已约定仲裁的案件。

3.其他机关处理争议的指引

根据《中华人民共和国民事诉讼法》第一百二十七条第三款，对于依法应由其他机关处理的争议，如劳动争议需先经劳动仲裁委员会裁决、土地权属争议需由土地管理部门处理等，法院应告知原告向有关机关申请解决。这一规定确保了不同性质的争议能够得到专业、高效的处理，避免了司法资源的浪费和诉讼程序的滥用。

4.管辖权异议的处理

根据《中华人民共和国民事诉讼法》第一百二十七条第四款规定，对于不属于法院管辖的案件，法院应告知原告向有管辖权的人民法院起诉。这要求当事人在提起诉讼时，必须准确判断案件的管辖法院，而法院在受理时也应进行严格的管辖权审查，确保案件由正确的法院审理，以维护诉讼秩序和当事人的合法权益。

5.重复起诉与再审的引导

根据《中华人民共和国民事诉讼法》第一百二十七条第五款，对于判决、裁定、调解书已经发生法律效力的案件，当事人再次起诉的，法院应告知其申请再审，除非是关于法院准许撤诉的裁定。这一规定既防止了“一事再诉”的情况，保证了司法判决的终局性和稳定性。同时，引导当事人通过再审程序纠正可能的错误判决，是维护司法公正的重要机制。

6.起诉期限的限制

根据《中华人民共和国民事诉讼法》第一百二十七条第六款，对于法律规定在一定期限内不得起诉的案件，如在某些特定类型的合同纠纷中，当事人可能因合同中的“冷静期”或“等待期”条款而在一定期限内被限制起诉，法院在此期间内应不予受理。这一规定旨在尊重当事人的意思自治，维护合同秩序，防止过早诉讼干扰合同的正常履行。

7.特殊类型案件的起诉限制

根据《中华人民共和国民事诉讼法》第一百二十七条第七款，针对离婚案件和收养关系案件作出了特别规定。对于判决不准离婚或调解和好的离婚案件，以及判决、调解维持收养关系的案件，如果没有新情况、新理由，原告在六个月内再次起诉的，法院不予受理。这一规定旨在防止当事人滥用诉权，频繁提起诉讼，同时也是对婚姻关系和收养关系稳定性的保护。

案例分析

2014年3月26日、3月30日，范某与××公司就江苏海安现代综合物流园工程中的自来水管网、水表，室外主电缆、电表工程和消防泵房、外管道、电缆工程分别签订了建设工程施工合同，两份合同均约定“双方约定在履行合同过程中发生的争议，由双方当事人协商解决，协商不成的，提交海安仲裁委员会仲裁”。原告认为约定的仲裁机构不存在与约定仲裁机构的名称不准确，案涉分包合同约定的“海安仲裁委员会”，实为“海安市劳动人事争议仲裁委员会”的简称，劳动仲裁机构对本案无管辖权，案涉仲裁条款应认定无效。本案中，××公司为证明双方存在仲裁条款，提供了2014年3月30日建设工程施工合同，合同约定“双方约定在履行合同过程中发生的争议，由双方当事人协商解决，协商不成的，提交海安仲裁委员会仲裁”。该证据可以证明双方就合同争议已达成由仲裁解决的意思表示，双方约定由海安仲裁委员会仲裁，而海安所属地区仅南通仲裁委员会一个仲裁机构，南通仲裁委员会即视为约定的仲裁机构，故双方达成的仲裁协议应属有效。根据《中华人民共和国仲裁法》第二十六条规定：当事人达成仲裁协议，一方向人民法院起诉未声明有仲裁协议，人民法院受理后，另一方在首次开庭前提交仲裁协议的，人民法院应当驳回起诉，但仲裁协议无效的除外；另一方在首次开庭前未对人民法院受理该案提出异议的，视为放弃仲裁协议，人民法院应当继续审理。《中华人民共和国民事诉讼法》第一百二十七条第二项规定：“依照法律规定，双方当事人达成书面仲裁协议申请仲裁、不得向人民法院起诉的，告知原告向仲裁机构申请仲裁。”在仲裁协议不存在无效情形下，双方就建设工程分包合同纠纷应适用仲裁条款，排除了人民法院对本案的主管权限，故范某的起诉不符合法定条件，应驳回其起诉。一审法院依照《中华人民共和国仲裁法》第五条、第十六条、第二十六条，《最高人民法院关于适用〈中华人民共和国仲裁法〉若干问题的解释》第六条，《中华人民共和国民事诉讼法》第一百五十七条第一款这三项规定，裁定驳回范某的起诉。

（案例来源：阿尔法大数据，有改动）

（二）民事案件受理的程序

1.接收起诉材料

人民法院收到原告的起诉状及其副本后，应当即时出具注明收到日期的书面凭证，并告知原告需要补充的材料。

2.形式审查

法院对起诉状进行形式审查，主要检查是否符合上述受理条件。此阶段不涉及对案件实质内容的审理。

3.决定受理或不予受理

经审查，如果认为符合起诉条件，法院应当在七日内立案，并通知当事人；认为不符合起诉条件的，应当在七日内裁定不予受理，并说明理由。原告对不予受理的裁定不服的，可以提起上诉。

4.预交诉讼费用

原告在接到受理通知后，需按照法院的规定预交诉讼费用。未在规定时间内预交的，按自动撤诉处理。

（三）民事案件受理的法律效力

民事案件一旦受理，即产生以下法律效力。首先，诉讼程序正式启动，法院开始行使审判权，对案件进行审理；其次，诉讼时效中断，从法院受理之日起，与该诉讼相关的民事权利的诉讼时效期间中断，重新计算；再次，当事人诉讼地位确定，原告、被告身份明确，各自承担相应的诉讼权利和义务；最后，法院获得管辖权，受理案件的法院取得对该案的审判管辖权，除非有法定事由，否则不得随意移送或改变管辖。

（四）提起民事诉讼实务技巧

1.起诉状的规范书写

依据《中华人民共和国民事诉讼法》相关规定，当事人在撰写起诉状时，应确保内容的准确性与完整性。在当事人信息部分，需详尽罗列姓名、性别、年龄、民族、职业、住址及联系方式等关键信息。这些信息不仅是法院进行文书送达的重要依据，更是保障当事人在诉讼过程中能够有效参与诉讼、行使诉讼权利的前提条件。

诉讼请求应遵循明确、具体、合理的原则。明确，即要清晰阐述当事人期望通过诉讼达成的具体目标；具体，要求将请求内容精确量化，如要求赔偿损失时应明确具体金额；合理，则需确保诉讼请求具有法律依据与事实基础。事实与理由部分，需运用严密的逻辑思维，按照时间顺序与因果关系，详细叙述纠纷的起因、发展过程及最终结果，并精准援引相关法律法规，构建起诉讼请求的坚实法律支撑。

此外，按照被告人数提交相应数量的副本是不可忽视的程序要求。副本内容必须与正本完全一致，任何格式瑕疵或内容缺失都可能导致法院要求补充材料，甚至依据相关法律规定作出不予受理的裁定，进而使当事人错过最佳诉讼时机。

2.证据的初步准备

尽管全面的证据审查与质证环节在后续庭审阶段才会充分展开，但在起诉阶段提交基本证据目录与初步证据具有不可或缺的重要性。证据作为诉讼请求的核心支撑，是当事人主张在法律层面获得认可的关键要素。

一份规范的基本证据目录，应详细列举证据名称、来源及证明目的，以便法官能够迅速把握证据的核心要点与案件的争议焦点。初步证据的范围较为广泛，涵盖合同、借条、聊天记录、证人证言等多种形式。这些证据需具备初步证明当事人主张的效力，使法院能够对案件的基本情况形成初步判断。

值得强调的是，证据必须同时满足真实性、合法性与关联性这三个关键要素。根据《最高人民法院关于民事诉讼证据的若干规定》，当事人应尽量提供证据原件或原物，确有困难时，应提供经人民法院核对无异的复制件或复制品，以确保证据的法律效力。

3.关注管辖问题

管辖法院的正确选择可能会关系到民事诉讼的成败与效率。一旦管辖选择错误，案件可能面临不予受理或被移送的情况，这不仅会耗费当事人大量的时间、精力与经济成本，还可能导致诉讼时效延误，使当事人的合法权益遭受损害。

我国民事诉讼管辖体系主要由级别管辖与地域管辖构成。级别管辖依据案件的性质、影响范围及诉讼标的金额等因素进行划分。基层人民法院通常受理第一审普通民事案件，中级人民法院管辖重大涉外案件、在本辖区有重大影响的案件以及最高人民法院确定由中级人民法院管辖的案件，高级人民法院管辖在本辖区有重大影响的第一审民事案件，最高人民法院则主要管辖在全国有重大影响的案件以及认为应当由本院审理的案件。

地域管辖遵循“原告就被告”的一般原则，即通常由被告住所地人民法院管辖。但对于合同纠纷、侵权纠纷等特殊类型案件，法律规定了特殊的管辖规则。例如，合同纠纷可由被告住所地或者合同履行地人民法院管辖，侵权纠纷则由侵权行为地或者被告住所地人民法院管辖。在提起诉讼前，当事人应深入研究《中华人民共和国民事诉讼法》及相关司法解释中关于管辖的规定，结合案件具体情况，精准确定管辖法院。如有疑问，应及时咨询专业法律人士，确保起诉的法院对案件具有管辖权。

4. 及时缴纳诉讼费用

诉讼费用是当事人进行民事诉讼必须承担的法定费用，主要包括案件受理费、申请费等。及时缴纳诉讼费用是当事人的法定义务，也是案件能够顺利推进的前提条件。法院在受理案件后，会依据相关法律规定向当事人送达缴费通知书，明确告知缴费金额、期限及方式。当事人必须严格按照通知书要求，在规定期限内完成缴费。若未能按时缴纳诉讼费用，根据《中华人民共和国民事诉讼法》及相关司法解释，法院将按照自动撤诉处理，这意味着当事人前期为起诉所做的一切努力都将付诸东流。

对于经济困难的当事人，法律提供了相应的救济途径，可依法申请缓缴、减缴或免缴诉讼费用，但需提交相关证明材料，并经过法院的严格审查批准。这一制度设计体现了法律的公平与正义，确保经济困难的当事人不会因经济原因而无法寻求司法救济。

案例分析

原告张某向法院提起诉讼，要求法院判决解除其和赵某的婚姻关系，法院收到原告的起诉材料并立案后，依法向原告送达了预交诉讼费通知单等相关材料，通知书中载明：“你应当缴纳诉讼费200元…… 限你于收到本通知书次日起七日内向法院预缴，期满仍未预缴的，按撤回诉讼处理。”

案例解析：但从立案之日起七日后，原告李某却没有缴纳案件受理费，后经法院催缴原告始终未缴纳诉讼费，也未提出缓、减、免缴诉讼费申请。根据《中华人民共和国民事诉讼法》等相关法律规定，法院依法裁定该案按撤诉处理。

第二节　民事诉讼的管辖

管辖权的确定不仅是诉讼程序启动的前提，也是确保司法公正与效率的关键。民事诉讼的管辖，是指各级人民法院和同级人民法院之间，受理第一审民事案件的分工和权限。它直接关系到案件由哪个法院审理，进而影响诉讼的便利性、判决的权威性和执行的有效性。本节将结合《中华人民共和国民事诉讼法》及其司法解释的规定，详细阐述民事诉讼管辖的原则、种类及确定方法。

一、管辖的原则

（一）两审终审制原则：确保司法公正与效率

我国民事诉讼制度确立了两审终审制原则，这一原则在《中华人民共和国民事诉讼法》中有明确体现。其核心价值在于通过两级法院的分层审理，构建一套既保障当事人合法权益得以充分救济，又兼顾司法资源合理配置的机制。一审程序作为案件的初次审查环节，由基层人民法院或中级人民法院依据法定程序对案件事实、证据及法律适用进行全面审查并作出裁判。当事人若对一审判决存有异议，基于法律赋予的上诉权，可向上一级法院提起上诉，启动二审程序。二审法院在审查一审判决的基础上，对案件进行再次审理，纠正可能存在的错误，使案件得到更准确的法律评判。一旦二审法院作出判决，该判决便成为终审判决，产生终局效力。这一制度设计有效避免了案件的反复审理，减少了当事人的诉累，同时也保证了司法裁判的权威性和稳定性。只有在诸如发现新的证据足以推翻原判决、原判决存在严重法律适用错误等法定情形下，才会通过审判监督程序对已生效的终审判决进行再审。①

（二）原告就被告原则：平衡诉讼便利与防止滥诉

原告就被告原则是民事诉讼地域管辖的一般性原则，在无特殊法律规定的情况下，民事诉讼案件通常由被告住所地的人民法院管辖。这一原则的设立有着多方面的考量。从诉讼便利性角度而言，被告住所地相对固定且易于确定，原告前往被告住所地法院起诉，便于法院传唤被告、调查取证以及后续执行工作的开展。因为被告住所地往往是被告生活、工作或经营的场所，相关证据线索、证人等更容易在该区域获取。从防止滥诉层面来看，要求原告前往被告住所地起诉，增加了原告随意起诉的成本和难度，在一定程度上抑制了原告滥用诉权的可能性，维护了正常的诉讼秩序。例如，在常见的民间借贷纠纷中，出借人（原告）通常需要到借款人（被告）住所地法院起诉，这使得原告在起诉时会更加审慎地考虑自身权益和诉讼成本，避免无端诉讼。②

（三）专属管辖原则：维护特殊领域的法律秩序

专属管辖原则针对特定类型的案件，赋予特定法院排他性的管辖权。例如，依据法律规定，不动产纠纷由不动产所在地人民法院专属管辖，港口作业中发生的纠纷由港口所在地人民法院专属管辖等。以不动产纠纷专属管辖为例，不动产具有不可移动性，其相关的权利归属、使用、收益等纠纷往往与不动产所在地的土地政策、房产管理规定等密切相关。由不动产所在地法院管辖，便于法院实地勘查不动产状况，准确查明案件事实，同时也能更好地适用当地的地方性法规和政策，确保裁判的专业性和统一

① 朱朋飞，许卓异．我国民事审判监督制度的不足与完善 [J]. 师大·西部法治论坛，2021，6（00）：22–31.

② 刘宇晖，胡钰彬．我国民事诉讼地域管辖制度之反思 [J]. 法制博览，2018（02）：59–60.

性，维护不动产领域的法律秩序。在某不动产纠纷案例中，因房屋产权纠纷涉及当地的拆迁安置政策和房产登记制度，由不动产所在地法院审理，使得案件能够依据当地实际情况准确适用法律，作出公正合理的判决。

（四）协议管辖原则：尊重当事人意思自治

协议管辖原则是当事人意思自治在民事诉讼管辖领域的重要体现。《中华人民共和国民事诉讼法》规定，合同或者其他财产权益纠纷的当事人可以书面协议选择被告住所地、合同履行地、合同签订地、原告住所地、标的物所在地等与争议有实际联系的地点的人民法院管辖，但不得违反本法对级别管辖和专属管辖的规定。这一原则给予了当事人在一定范围内自主选择管辖法院的权利，充分尊重了当事人的意愿。在商业活动中，合同双方当事人可能基于交易习惯、对特定法院审判效率和公正性的信任等因素，事先约定管辖法院。这不仅为诉讼的灵活性提供了空间，方便当事人在纠纷发生时能够在其预期的法院进行诉讼，也有助于减少管辖争议，提高诉讼效率。例如，在大型跨国商业合同中，双方当事人可能根据合同履行的实际情况和对法律适用的考虑，选择对双方都较为便利且熟悉相关业务的法院进行管辖约定。

二、管辖的具体规则

（一）级别管辖

根据案件的性质、影响范围等因素，确定案件应由哪一级人民法院审理。我国法院分为四级，即最高人民法院、高级人民法院、中级人民法院和基层人民法院。一般而言，基层人民法院管辖第一审民事案件，但重大涉外案件、在本辖区有重大影响的案件等，可能由中级人民法院或更高层级法院管辖。

《最高人民法院关于适用〈中华人民共和国民事诉讼法〉的解释》第一条规定，“民事诉讼法第十九条第一项规定的重大涉外案件，包括争议标的额大的案件、案情复杂的案件，或者一方当事人人数众多等具有重大影响的案件”；第二条规定，“专利纠纷案件由知识产权法院、最高人民法院确定的中级人民法院和基层人民法院管辖。海事、海商案件由海事法院管辖”。就重大涉外案件而言，该解释第一条对“重大涉外案件”这一概念进行了细致且全面的界定。根据这一规定，所谓重大涉外案件，不再仅仅局限于案件的国际性特征，更侧重于案件本身的复杂性与影响力。具体而言，这类案件包括但不限于争议标的额巨大的案件，这类案件往往涉及巨额经济利益，其处理结果可能对当事人的经济状况产生深远影响；案情复杂的案件，这类案件可能涉及多重法律关系、多国法律适用，或者需要高度专业的法律知识才能妥善解决；一方当事人人数众多，案件处理结果可能对社会公众利益产生重大影响的案件。这样的界定，既体现了对案件经济价值的重视，也充分考虑了案件的法律难度和社会效应，确保了重大涉外案件能够得到更加严谨、公正的审理。针对专利纠纷案件的管辖问题，解释第二条明确规定了专利纠纷的专属管辖法院。鉴于专利案件的专业性、技术性特点，以及对于知识产权保护的高度重视，专利纠纷案件被指定由知识产权法院、最高人民法院确定的中级人民法院和基层人民法院管辖。这一规定不仅体现了对专利案件专业审理的需求，也通过明确管辖法院，为当事人提供了清晰的诉讼路径，有助于提高诉讼效率，保障当事人的合法权益。同时，最高人民法院的指定权，也确保了管辖法院的专业性和权威性，使得专利纠纷能够得到更加专业、高效的解决。

对于海事、海商案件的管辖，解释同样给出了明确的规定，即由海事法院管辖。海事、海商案件因其独特的行业属性和专业性，需要专门的法院进行审理。海事法院作为专门处理海事、海商案件的司法机关，不仅具备处理此类案件的专业知识和经验，还能够根据海事、海商领域的特殊规则和国际惯例，提供更加精准、公正的司法服务。哪些案件属于本辖区内重点案件，哪些基层法院负责审理知识产权案件，一般各地高级人民法院会制定对应的管辖规定，在实务中可以通过人民法院官方网站查询管辖规定或拨打12368诉讼服务热线查询具体案件的管辖法院。

（二）地域管辖

根据当事人住所地、合同履行地、侵权行为地等与案件有实际联系的地点，确定案件应由哪个地区的法院管辖。地域管辖又可分为一般地域管辖和特殊地域管辖。一般地域管辖主要遵循原告就被告原则；特殊地域管辖则针对特定类型的案件，如合同纠纷、侵权纠纷等，规定了更为灵活的管辖规则。

1.一般地域管辖原则

根据《中华人民共和国民事诉讼法》第二十二条的规定，我国民事诉讼的一般地域管辖遵循“原告就被告”的原则，即对公民提起的民事诉讼，由被告住所地人民法院管辖。这一原则体现了诉讼便利和司法效率的理念，有利于人民法院调查取证、执行判决，也方便当事人参加诉讼活动。

被告住所地，通常指被告的户籍所在地。对于自然人而言，住所地即为其户籍登记地；对于法人或其他组织，则为其主要办事机构所在地或注册登记地。这一规定确保了管辖法院的明确性和可预测性，避免了因管辖不明而导致的诉讼拖延。

当被告的住所地与其经常居住地不一致时，法律特别规定由经常居住地人民法院管辖。这里的“经常居住地”是指被告离开住所地至起诉时已连续居住一年以上的地方，但住院就医的地方除外。这一规定考虑到了人口流动的现实情况，确保了管辖法院与案件的实际联系更加紧密，有利于案件的公正、高效处理。

对于法人或者其他组织提起的民事诉讼，同样遵循由被告住所地人民法院管辖的原则。这里的“住所地”对于法人而言，通常指其主要办事机构所在地，即法人的实际经营地或管理地；对于其他组织，如非法人团体、分支机构等，也以其主要活动地或登记地为住所地。这一规定确保了无论被告是自然人还是法人、其他组织，都能找到一个明确且合适的管辖法院。

当同一诉讼中涉及多个被告，且这些被告的住所地、经常居住地在两个以上人民法院辖区时，根据《中华人民共和国民事诉讼法》第二十二条的规定，各该人民法院都有管辖权。这意味着原告可以选择向其中任何一个被告的住所地或经常居住地法院提起诉讼，这进一步体现了对当事人诉讼权利的保护，增加了诉讼的灵活性和便利性。

2.原告住所地或经常居住地管辖的原则

根据《中华人民共和国民事诉讼法》第二十三条的规定，下列民事诉讼，由原告住所地人民法院管辖；原告住所地与经常居住地不一致的，由原告经常居住地人民法院管辖：这一规定体现了法律对特殊情况下当事人诉讼便利性的考虑，确保了在特定情形下，原告能够选择对其更为便利的地点提起诉讼，从而有效维护自身权益。

（1）对不在中华人民共和国领域内居住的人提起的有关身份关系的诉讼

随着我国对外开放程度的加深，涉外婚姻、亲子关系等身份关系纠纷日益增多。当一方当事人不在中国境内居住时，如果按照一般地域管辖原则，原告可能需要到国外提起诉讼，这不仅增加了诉讼成本，也可能因不熟悉外国法律而面临诸多困难。因此，法律规定此类案件由原告住所地或经常居住地人民法院管辖，便于原告在国内提起诉讼，有效解决了跨国诉讼的不便。

（2）对下落不明或者宣告失踪的人提起的有关身份关系的诉讼

在当事人下落不明或被宣告失踪的情况下，由于其行踪不定或无法联系，按照常规方式确定管辖法院显然不切实际。此时，由原告住所地或经常居住地法院管辖，既符合实际情况，又能保障原告的诉讼权利，避免因被告状态的不确定性而影响案件的及时处理。

（3）对被采取强制性教育措施的人提起的诉讼

强制性教育措施通常涉及对特定人员的行为限制，如被送入戒毒所、精神病院等。这类人员因接受强制治疗或教育，其行动自由受限，无法像普通人一样参与诉讼活动。因此，法律规定此类案件由原告住所地或经常居住地法院管辖，既体现了对特殊群体的关怀，也确保了诉讼活动的顺利进行。

（4）对被监禁的人提起的诉讼

对于被监禁的人，无论是因刑事犯罪还是其他原因，其人身自由均受到限制。在此情况下，要求原告到被告被监禁地提起诉讼显然不合理。因此，法律允许原告在其住所地或经常居住地提起诉讼，既保护了原告的合法权益，也避免了因被告处于监禁状态而给诉讼带来的不必要的障碍。

3.合同的地域管辖

因合同纠纷提起的诉讼，由被告住所地或者合同履行地人民法院管辖。关于合同的履行地，根据《最高人民法院关于适用〈中华人民共和国民事诉讼法〉的解释》第十八条的规定，合同约定履行地点的，以约定的履行地点为合同履行地。这一原则体现了尊重当事人意思自治的精神，即当事人可以通过合同约定来选择合同履行地，进而确定可能的管辖法院。

当合同对履行地点没有约定或者约定不明确时，法律规定了具体的处理规则：争议标的为给付货币的，接收货币一方所在地为合同履行地。这一规定便于确定在货币给付纠纷中，何方为接收货币一方，进而确定合同履行地，为管辖法院的确定提供了依据。交付不动产的，不动产所在地为合同履行地。不动产因其不可移动性，其所在地自然成为合同履行地，这也符合不动产纠纷专属管辖的原则。对于除货币和不动产外的其他标的，以履行义务一方所在地为合同履行地，体现了“义务履行地”原则。即时结清的合同，交易行为地即为合同履行地。对于即时结清的合同，交易行为地即为合同履行地，这符合此类合同的特点和交易习惯。以信息网络方式订立的买卖合同，通过信息网络交付标的的，以买受人住所地为合同履行地；通过其他方式交付标的的，收货地为合同履行地。

此外，合同纠纷当事人可以约定管辖，《中华人民共和国民事诉讼法》第三十五条规定：“合同或者其他财产权益纠纷的当事人可以书面协议选择被告住所地、合同履行地、合同签订地、原告住所地、标的物所在地等与争议有实际联系的地点的人民法院管辖，但不得违反本法对级别管辖和专属管辖的规定。”当事人协商一致后以书面的形式约定上述法律规定的地点作为管辖地。

案例分析

原告时某飞诉称，2021年12月，时某飞于网络平台花费5188元购买一台手机，商家大连金普新区某数码通讯经营部故意给发错款式，没有按要求发货。原告与商家在微信上联系沟通后进行退换货，但货物邮寄到商家时，商家说手机基带芯片损坏，退还原告1500元，剩下的3688元作为维修费。原告多次向商家索要手机损坏证明，商家未提供。到起诉之日，被告既没有退还原告剩余款项，也没有把手机邮寄给原告。原告向购买手机的某网络平台客服反映，客服说走司法途径，通过法律维权。原告诉至法院，请求判令二被告返还原告3688元的维修费。

北京某科技有限责任公司在提交答辩状期间对管辖权提出异议认为，原告时某飞在登录/注册账号时，须首先阅读并确认《用户服务协议》，确认同意协议后方能成功登录/注册账号进行交易。《用户服务协议》第十六条约定："您因使用平台服务所产生及与平台服务有关的争议或纠纷，由平台与您友好协商解决；协商不成的，任何一方均可向被告所在地有管辖权的人民法院提起诉讼。"本案应依照当事人的约定确定案件管辖，北京某科技有限责任公司住所地位于北京市海淀区，本案应由北京互联网法院审理。

本案系信息网络买卖合同纠纷。《用户服务协议》由北京某科技有限责任公司拟定，时某飞和大连金普新区某数码通讯经营部在登录/注册该网络平台账号时，须首先阅读并确认《用户服务协议》，确认同意协议后方能成功登录/注册账号进行交易。《用户服务协议》第十六条约定："您因使用平台服务所产生及与平台服务有关的争议或纠纷，由平台与您友好协商解决；协商不成的，任何一方均可向被告所在地有管辖权的人民法院提起诉讼。"从条款内容看，其适用范围仅指因使用平台服务而产生的争议。本案中，时某飞基于买卖合同关系提起的诉讼，不属于因适用平台服务而引发的服务合同纠纷，不受前述管辖权条款的约束。《中华人民共和国民事诉讼法》第二十四条规定："因合同纠纷提起的诉讼，由被告住所地或者合同履行地人民法院管辖。"《最高人民法院关于适用〈中华人民共和国民事诉讼法〉的解释》第二十条规定："以信息网络方式订立的买卖合同，通过信息网络交付标的的，以买受人住所地为合同履行地；通过其他方式交付标的的，收货地为合同履行地。合同对履行地有约定的，从其约定。"依据上述法律规定，本案时某飞所购货物系通过物流公司运输送达，收货地址为呼和浩特市赛罕区，故赛罕区人民法院依法对本案有管辖权。

（案例来源：阿尔法大数据）

4. 其他特殊地域管辖

特殊地域管辖是指根据案件的特殊性质，法律规定由特定地域的人民法院行使管辖权的情况。[①] 以下是几种特殊地域管辖的具体规定。

（1）保险合同纠纷管辖

根据《中华人民共和国民事诉讼法》第二十五条的规定，因保险合同纠纷提起的诉讼，由被告住所地或者保险标的物所在地人民法院管辖。这一规定体现了对保险合同特殊性的考虑，既方便了当事人参与诉讼，也有利于人民法院对案件的审理和执行。例如，在涉及车辆保险的纠纷中，如果保险标的物（即车辆）所在地与被告住所地不一致，当事人可以选择向其中一地的人民法院提起诉讼。

（2）票据纠纷管辖

根据《中华人民共和国民事诉讼法》第二十六条的规定，因票据纠纷提起的诉讼，由票据支付地或者被告住所地人民法院管辖。票据作为商业活动中重要的支付工具，其纠纷的处理往往涉及多个地点。因此，法律规定了票据支付地和被告住所地两个管辖地点，以便当事人根据实际情况选择。

（3）公司纠纷管辖

对于公司设立、确认股东资格、分配利润、解散等纠纷，根据《中华人民共和国民事诉讼法》第二十七条的规定，由公司住所地人民法院管辖。公司住所地是公司的主要办事机构所在地，也是公司法律关系的集中地。因此，由公司住所地人民法院管辖这类纠纷，有利于人民法院对公司法律关系的全面了解和准确判断。

（4）运输合同纠纷管辖

---

① 王福华. 民事诉讼法学 [M]. 北京：清华大学出版社，2019.

根据《中华人民共和国民事诉讼法》第二十八条的规定，因铁路、公路、水上、航空运输和联合运输合同纠纷提起的诉讼，由运输始发地、目的地或者被告住所地人民法院管辖。运输合同涉及多个地点，包括运输始发地、目的地以及被告住所地。这一规定为当事人提供了多个选择，便于当事人根据实际情况提起诉讼。

（5）侵权纠纷管辖

对于因侵权行为提起的诉讼，根据《中华人民共和国民事诉讼法》第二十九条的规定，因侵权行为提起的诉讼，由侵权行为地或者被告住所地人民法院管辖。侵权行为地包括侵权行为实施地和侵权结果发生地。这一规定既保护了受害人的合法权益，也方便了人民法院对案件的审理。

（6）交通事故损害赔偿纠纷管辖

根据《中华人民共和国民事诉讼法》第三十条的规定，因铁路、公路、水上和航空事故请求损害赔偿提起的诉讼，由事故发生地或者车辆、船舶最先到达地、航空器最先降落地或者被告住所地人民法院管辖。这一规定考虑到了交通事故的特殊性，为当事人提供了多个管辖地点选择，以便更及时地获得赔偿。

（7）海事损害事故纠纷管辖

对于因船舶碰撞或者其他海事损害事故请求损害赔偿提起的诉讼，根据《中华人民共和国民事诉讼法》第三十一条的规定，因船舶碰撞或者其他海事损害事故请求损害赔偿提起的诉讼，由碰撞发生地、碰撞船舶最先到达地、加害船舶被扣留地或者被告住所地人民法院管辖。海事损害事故往往涉及多个地点和复杂的法律关系，这一规定为当事人提供了灵活的管辖选择。

（8）海难救助费用纠纷管辖

根据《中华人民共和国民事诉讼法》第三十二条的规定，因海难救助费用提起的诉讼，由救助地或者被救助船舶最先到达地人民法院管辖。海难救助是一项紧急且重要的行为，这一规定确保了救助费用的及时支付和纠纷的有效解决。

（9）共同海损纠纷管辖

根据《中华人民共和国民事诉讼法》第三十三条的规定，因共同海损提起的诉讼，由船舶最先到达地、共同海损理算地或者航程终止地的人民法院管辖。共同海损是指在海上航行过程中，为了共同安全而有意合理地造成的损失。这一规定为共同海损纠纷的解决提供了明确的管辖依据。

5. 专属管辖

专属管辖是指法律规定某些特定类型的案件只能由特定的人民法院管辖，其他人民法院无权受理的管辖制度。[①] 专属管辖具有排他性，即一旦法律规定了某类案件的专属管辖法院，就排除了其他法院对该类案件的管辖权。专属管辖制度的设立，有利于人民法院对案件的审理和执行。专属管辖确保了人民法院对特定类型案件的管辖权，使得人民法院能够更全面地了解案件情况，作出公正裁判，并有效地执行判决，有利于当事人诉讼权利的行使。专属管辖为当事人提供了明确的管辖法院，避免了因管辖不明而导致的诉讼延误和成本增加。同时，专属管辖也确保了当事人能够在熟悉的法院进行诉讼，有利于其诉讼权利的行使和保护，有利于维护社会稳定和公共利益。专属管辖制度对于维护社会稳定和公共利益具有重要作用。

根据《中华人民共和国民事诉讼法》第三十四条的规定，下列案件，由本条规定的人民法院专属管辖：

（1）因不动产纠纷提起的诉讼

不动产纠纷是指因不动产的权利确认、分割、相邻关系等引起的纠纷。由于不动产具有不可移动性，其纠纷的处理往往与不动产所在地密切相关。因此，法律规定因不动产纠纷提起的诉讼，由不动产所在地人民法院管辖。这一规定有利于人民法院对不动产进行实地调查，准确了解案件情况，作出公正裁判。

（2）因港口作业中发生纠纷提起的诉讼

港口作业纠纷是指在港口进行货物装卸、仓储、运输等作业过程中发

---

① 谢荣帅. 民事诉讼专属管辖制度研究 [J]. 法制博览，2022（26）：102–105.

生的纠纷。港口作为重要的交通枢纽，其作业活动具有特殊性。因此，法律规定因港口作业中发生纠纷提起的诉讼，由港口所在地人民法院管辖。这一规定有利于人民法院及时了解港口作业的具体情况，妥善处理纠纷，保障港口作业的正常进行。

（3）因继承遗产纠纷提起的诉讼

继承遗产纠纷是指因被继承人遗产的分配、继承权的确认等引起的纠纷。继承遗产纠纷往往涉及被继承人的住所地和主要遗产所在地两个地点。因此，法律规定因继承遗产纠纷提起的诉讼，由被继承人死亡时住所地或者主要遗产所在地人民法院管辖。这一规定既考虑了被继承人的住所地与继承纠纷的关联性，也考虑了主要遗产所在地对纠纷处理的重要性。

（4）移送管辖和指定管辖

当受理案件的法院发现自己对案件没有管辖权时，应将案件移送给有管辖权的法院；若两个以上法院对案件都有管辖权，或案件管辖权发生争议，上级法院有权指定管辖。《中华人民共和国民事诉讼法》中第三十七条、第三十八条及第三十九条对此有详细的规定。

在民事诉讼实践中，案件的管辖权是确保审判公正、高效的前提。根据2023年修正的《中华人民共和国民事诉讼法》第三十七条，当人民法院发现受理的案件不属于其管辖范围时，应依法移送至有管辖权的人民法院，并确保受移送法院能够受理该案件。这一规定旨在防止因管辖错误而导致的诉讼延误和资源浪费，体现了诉讼经济原则和对当事人诉权的尊重。更为重要的是，该条还规定了受移送法院在认为案件不属于其管辖时的处理机制，即应报请上级人民法院指定管辖，而非再次自行移送。这一规定有效避免了案件在法院间“踢皮球”的现象，确保了管辖权的最终确定性和稳定性。在教学中，应强调这一机制的重要性，通过案例分析让学生理解如何识别管辖错误，以及如何依法、有序地进行案件移送和指定管辖的申请，从而培养其解决实际问题的能力。

《中华人民共和国民事诉讼法》第三十八条规定，当有管辖权的人民法院因特殊原因无法行使管辖权时，上级人民法院将承担起指定管辖的责任。这里的“特殊原因”可能包括但不限于自然灾害、法院内部重组、案件涉及地方利益可能影响公正审理等情形。这一规定体现了法律对实际情况的灵活应对，确保了即使在特殊情况下，当事人的诉讼权利也能得到有效保障。同时，该条还规定了人民法院之间因管辖权发生争议时的解决机制，即首先由争议双方协商解决；协商不成时，则报请它们的共同上级人民法院指定管辖。这一规定强调了协商前置的原则，鼓励法院之间通过沟通解决分歧，体现了司法系统内部的和谐与协作。

在教学中，我们应引导学生分析特殊原因的具体内涵，理解指定管辖的申请程序，以及如何通过协商和指定管辖机制解决管辖权争议，从而培养其全面、深入地处理复杂法律问题的能力。

《中华人民共和国民事诉讼法》第三十九条赋予了上级人民法院在审理下级人民法院管辖案件方面的灵活性。一方面，上级人民法院有权审理下级人民法院管辖的第一审民事案件，这体现了上级法院对下级法院审判工作的监督和指导职能；另一方面，当上级法院认为有必要将法院管辖的第一审民事案件交由下级法院审理时，需报请其上级人民法院批准，这一规定既保证了审判资源的合理配置，又确保了审判工作的严肃性和权威性。此外，该条还允许下级人民法院在认为必要时，报请上级人民法院审理其所管辖的第一审民事案件。这一规定为下级法院提供了向上级法院寻求支持和指导的渠道，特别是在处理新型、复杂或具有重大社会影响的案件时，上级法院的介入往往能够提供更专业的审判力量和更广泛的司法资源。[①] 在教学中，应重点讲解上级法院审理下级法院案件的条件、程序和意义，以及下级法院向上级法院移送案件的适用场景和操作流程，从而帮助学生全面理解并掌握这一制度。

（三）管辖权异议

在民事诉讼的理论与实践体系中，管辖权异议是一项极为重要的制度设计，其关乎当事人的核心权益以及司法审判的公正性与效率性。管辖权异议赋予当事人对法院管辖权提出质疑的权利，在整个民事诉讼流程中占据着关键位置，是保障诉讼程序正当运行、维护当事人合法权益的一道坚

① 王炳鑫. 论民事诉讼管辖权异议制度[C]// 中国环球文化出版社，华教创新（北京）文化传媒有限公司. 2020年南国博览学术研讨会论文集（二）. 河北经贸大学，2020：942-947.

实防线。①

1. 当事人提出管辖权异议的时机与方式

依据《中华人民共和国民事诉讼法》明确规定，当事人提出管辖权异议的法定时机限定在“提交答辩状期间”。这一精确的时间限制具有深刻的法理内涵与实践意义。从当事人角度出发，给予其在提交答辩状期间提出管辖权异议的权利，确保当事人有较为充裕的时间收集与案件相关的信息，分析法院对案件是否具备合法有效的管辖权。当事人可以通过研究案件事实、证据以及相关法律规定，判断案件是否应当由受诉法院进行审理。从司法实践层面考量，此时间限制有效避免了因当事人随意、拖延提出管辖权异议而导致诉讼进程的无端延长。倘若不设置明确的时间界限，当事人随时可能提出管辖权异议，这会使诉讼程序陷入不稳定状态，造成司法资源的极大浪费，严重影响诉讼效率。

在提出方式上，当事人必须以书面形式向法院递交管辖权异议申请，并详细阐述异议理由。书面形式的要求旨在确保异议内容的准确性与规范性，便于法院进行审查与留存。当事人在阐述异议理由时，应依据具体的法律条文、案件事实以及相关的司法解释，清晰明确地指出法院在管辖权方面存在的问题。例如，当事人可以依据“原告就被告”的一般管辖原则，指出被告住所地与受诉法院辖区不一致；或者依据专属管辖的规定，说明案件应当由特定的专属管辖法院进行审理等。

在教学过程中，应当着重强调这一时间限制的刚性要求，引导学生深入理解其背后所蕴含的法律逻辑与诉讼效率原则。通过实际案例分析，培养学生敏锐识别管辖权问题的能力，并掌握依法依规提出管辖权异议的具体流程与技巧。

2. 法院对管辖权异议的审查与裁定

当事人依法提出管辖权异议后，法院便承担起审慎审查并作出公正裁定的重要职责。法院在审查过程中，需要秉持全面、客观、公正的原则，对当事人提出的异议理由展开深入剖析。法院首先会依据《中华人民共

---

① 李娟. 我国民事诉讼管辖权异议制度的不足与完善 [J]. 法制与社会，2019（18）：21–22.

国民事诉讼法》及其相关司法解释中关于管辖权的具体规定，对案件的性质、法律关系以及当事人的住所地、合同履行地等关键要素进行全面审查。例如，在合同纠纷案件中，法院会审查合同中关于管辖权条款的约定是否合法有效，是否符合协议管辖的相关规定；在侵权纠纷案件中，法院会审查侵权行为地、被告住所地等因素，以确定自身是否具有管辖权。

法院审查管辖权异议的方式通常包括书面审查和听证审查。书面审查主要是对当事人提交的书面异议申请、相关证据材料以及案件的初步卷宗进行审查分析。而在一些复杂案件或当事人对管辖权争议较大的情况下，法院可能会组织听证审查，听取双方当事人的陈述和辩论，进一步查明案件事实，准确判断管辖权问题。审查期限也有明确的法律规定，法院需要在法定的期限内作出裁定，以确保诉讼程序能够及时推进。

法院做出的裁定结果直接决定了诉讼程序的后续走向。如果法院经审查认为当事人的管辖权异议成立，将会依法裁定将案件移送至有管辖权的法院进行审理；若法院认为管辖权异议不成立，则会裁定驳回当事人的异议申请。无论是移送管辖还是驳回异议的裁定，都具有相应的法律效力。

在教学中，应当详细讲解法院审查管辖权异议的具体标准和程序，包括审查的具体内容、采用的审查方式、严格的审查期限等关键要点，同时深入剖析裁定结果的种类及其产生的法律效力，帮助学生全方位、深层次地理解法院在管辖权异议处理过程中所扮演的关键角色和应当履行的重要职责。

3.对裁定不服的上诉权利

为充分保障当事人的合法权益，法律赋予了当事人对管辖权异议裁定不服时的上诉权利。这一上诉权利的设立，为当事人提供了额外的救济途径，体现了法律对审判公正性的高度重视与追求。当事人认为法院做出的管辖权异议裁定存在事实认定错误、法律适用不当等问题时，可以通过上诉程序向上一级法院寻求更为公正的裁决。

上诉程序有着严格的条件和程序要求。当事人上诉的期限通常为自收到裁定书之日起十日内，这一期限的设置既给予了当事人一定的时间准备上诉材料、思考上诉理由，又避免了因上诉期限过长而导致诉讼程序的过度拖延。上诉法院的确定依据民事诉讼法的相关规定，一般为做出原裁定法院的上一级法院。当事人在上诉时，需要详细阐述上诉理由，指出原裁定存在的错误之处，并提供相应的证据材料和法律依据。上诉结果对诉讼程序有着重大影响，如果上诉法院经审理认为原裁定确有错误，将会依法撤销原裁定，并做出新的裁定，这可能会改变案件的管辖法院；若上诉法院维持原裁定，则案件将继续在原受诉法院进行审理。

在教学中，应当重点讲解上诉的条件、程序和意义，通过实际案例分析，让学生深入理解上诉的期限、上诉法院的确定方式、上诉理由的阐述技巧等关键要点，同时引导学生深刻领会上诉权利与诉讼效率之间的平衡关系，避免当事人因滥用上诉权利而导致诉讼进程的不合理拖延，确保民事诉讼程序在保障当事人合法权益的同时，能够高效、有序地推进。

三、民事诉讼管辖实务技巧

（一）细致审查案件材料：奠定管辖基础的关键

在民事诉讼流程中，接收案件后对案件材料展开细致审查，依据《中华人民共和国民事诉讼法》及相关证据规则，审查范畴涵盖起诉状、证据清单以及各项证据材料。起诉状作为当事人主张权利的初始表达，蕴含着案件基本事实陈述、诉讼请求等关键信息，通过对其深入剖析，能够初步把握案件轮廓。而证据清单及证据材料则是对案件事实的进一步支撑与细化，有助于还原案件真实面貌。

深入分析案件材料，目的在于精准判断案件性质，明确其究竟属于合同纠纷、侵权纠纷，还是其他类型的民事纠纷；厘清所涉及的法律关系，如合同之债、侵权之债等，并敏锐捕捉可能存在的争议焦点，这为后续诉讼策略制定与管辖法院确定提供方向指引。在审查进程中，尤为关键的是对案件关键事实的把控，诸如合同履行地、侵权行为地、被告住所地等。以合同纠纷为例，合同履行地往往与合同的实际履行情况紧密相连，其确定直接关乎管辖法院的选择。

（二）准确识别管辖依据：避免混淆与遗漏

依据案件具体情形，准确识别并适用相关管辖规定，是处理管辖问题的核心环节，这对法律从业者提出了极高的专业要求，即必须对《中华人民共和国民事诉讼法》及其相关司法解释有深度理解与熟练掌握。民事诉讼管辖规则体系繁杂，包含一般地域管辖、特殊地域管辖、专属管辖、协议管辖等多种类型，各有其适用条件与范围。

在识别管辖依据时，需精准区分不同类型的管辖规则。一般地域管辖遵循“原告就被告”原则，适用于多数普通民事案件；特殊地域管辖则针对特定类型案件，如合同纠纷、侵权纠纷等，基于案件特殊性质规定了不同的管辖连接点。例如，在合同纠纷中，首先要依据《中华人民共和国民事诉讼法》中关于协议管辖的规定，判断合同是否约定了管辖法院。若约定符合法律规定的形式与实质要件，即具有法律效力，应按约定确定管辖法院；若约定无效或未作约定，则需依据合同履行地、被告住所地等因素，适用特殊地域管辖规则确定管辖。

（三）灵活运用管辖规则：为当事人提供便利

在严格遵循法律规定的框架内，灵活运用管辖规则，为当事人创造更为便捷的诉讼条件，是法律从业者专业素养与诉讼策略能力的重要体现。这不仅要求对管辖规则的具体内容烂熟于心，更需具备敏锐的诉讼策略意识，能够从当事人利益最大化角度出发，综合考量多种因素。

当多个法院均对案件具有管辖权时，需全面权衡当事人意愿、诉讼成本、法院专业能力等因素。当事人意愿是重要考量因素之一，尊重当事人对诉讼法院的合理选择，有助于提升其对诉讼程序的参与度与认同感。诉讼成本则涵盖时间成本、经济成本等多个方面，选择距离当事人较近、交通便利的法院，可降低当事人往返奔波的时间与经济耗费。不同法院在不同类型案件审理上可能存在专业优势差异，如某些法院在知识产权案件、金融案件审理方面经验丰富、专业能力强，选择此类法院能够提高案件审理的质量与效率。此外，管辖权转移、指定管辖等制度也是灵活运用管辖规则的重要手段。通过管辖权转移，将案件移送至更适宜审理的法院，可为当事人争取到更有利的诉讼环境。通过灵活运用管辖规则，能够切实提升诉讼效率，降低诉讼成本，为当事人提供优质、高效的法律服务。

（四）注意管辖异议的处理：确保程序公正

当事人依法享有对管辖权提出异议的权利，且应当在提交答辩状期间提出，这是法律赋予当事人维护自身诉讼权益的重要途径。在代理案件过程中，法律从业者肩负着密切关注当事人是否提出管辖异议的责任，并及时协助当事人向法院提交管辖异议申请。

法院在收到管辖异议后，依据法定程序对异议进行审查，并作出裁定。在此过程中，务必确保当事人在管辖异议处理程序中的各项权利得到充分保障。当事人有权就管辖异议陈述意见，详细阐述其认为法院无管辖权的理由；同时，有权提供相关证据材料，用以支持自己的主张。对于法院作出的裁定，若当事人不服，依法享有上诉权利，法律从业者应协助当事人通过上诉程序，维护其合法权益。在处理管辖异议时，秉持程序公正原则至关重要，需充分听取对方当事人的意见和理由，保障双方当事人在程序中的平等地位，确保诉讼程序的合法性与正当性，维护司法权威与公信力。

（五）关注管辖的动态变化：及时调整诉讼策略

民事诉讼过程并非一成不变，由于案情发展变化或法律法规的修订，管辖权可能发生变动，这就要求法律从业者时刻保持敏锐的洞察力，密切关注案件进展与相关法律法规的动态变化。

在诉讼进程中，若出现新的事实或证据，可能导致管辖依据发生改变。例如，在合同纠纷诉讼中，后续发现合同实际履行地与最初认定不一致，此时应依据新的管辖依据，及时向法院提出变更管辖的申请。同时，法律从业者应与当事人保持密切沟通，及时将管辖权变动情况告知当事人，并共同商讨应对策略。当事人作为诉讼结果的直接承受者，有权了解案件管辖动态，参与诉讼策略调整。通过关注管辖的动态变化，能够有效应对诉讼过程中的不确定性，保障诉讼活动朝着实现当事人诉讼目标的方向顺利推进。

实务模板

管辖权异议申请书

申请人:（申请人姓名或名称）

居民身份证号码/统一社会信用代码:

住所地/注册地址:（申请人住所地或注册地址）

法定代表人/负责人（如有）:（法定代表人或负责人姓名）

联系电话:

异议请求:

请求贵院将本案移送至（具体法院名称）审理。

事实与理由:

申请人因与（对方当事人姓名或名称）之间（案由，如“合同纠纷”“侵权责任纠纷”等）一案，贵院已受理。然而，申请人认为贵院对本案没有管辖权，具体理由如下:

（管辖依据分析）

根据《中华人民共和国民事诉讼法》及相关司法解释的规定，本案应由被告住所地/合同履行地/侵权行为地等法院管辖。

申请人认为，本案的（具体管辖依据，如“被告住所地”“合同履行地”等）并不在贵院辖区范围内。

（具体案情说明）

详细阐述案件的基本事实，包括合同签订、履行情况、争议发生经过等，以证明管辖依据的不成立。

指出法院受理本案可能导致的法律适用错误、诉讼不便等问题。

（其他相关因素）

如有其他影响管辖权的因素，如协议管辖、专属管辖等，也应在此部分进行说明。

综上所述，申请人认为贵院对本案没有管辖权，请求贵院依法将本案移送至有管辖权的（具体法院名称）审理。

此致

××××人民法院

申请人：

××××年××月××日

第三节　民事案件中的保全措施

一、诉中保全

在民事诉讼过程中，为切实保障判决能够得以有效执行，同时避免当事人遭受不必要的损害，《中华人民共和国民事诉讼法》赋予了人民法院采取保全措施的重要权力。这一权力的行使，对于维护民事诉讼秩序、平衡当事人之间的利益关系、实现司法公正具有关键意义。接下来，将围绕《中华人民共和国民事诉讼法》第一百零三条的规定，深入剖析保全措施的多方面内容。

（一）保全措施的概念与类型

保全措施作为民事诉讼中的一项重要制度设计，其核心目的在于预防因当事人一方的不当行为或其他客观因素，致使判决难以执行，进而损害当事人的合法权益。从本质上讲，它是人民法院基于公权力，对特定财产实施的限制性管控，或者对当事人的行为予以规范的一种司法手段。[①] 依据《中华人民共和国民事诉讼法》及其相关司法解释，保全措施主要划分为财产保全与行为保全两大类型。

1. 财产保全

财产保全是最为常见的保全方式，其操作方式包括查封、扣押、冻结被申请人的财产。查封一般针对不动产，如房屋、土地等，通过限制其产权转移，确保财产在诉讼期间维持现状；扣押主要针对动产，如车辆、设

① 汪军，施啸波. 民事诉讼“非必要财产保全”问题研究 [J]. 法律适用，2023（09）：107–119.

备等，将其置于法院监管之下；冻结则主要针对银行存款、股权、债权等财产性权益，限制其支取、转让。

2.行为保全

行为保全是对当事人行为的规制，分为责令作出一定行为和禁止作出一定行为。在知识产权侵权纠纷中，法院常责令侵权方停止侵权行为，防止权利人的损失进一步扩大；在相邻关系纠纷中，可能责令一方当事人停止实施影响相邻方正常生活的行为。行为保全的实施，有助于及时制止正在发生或即将发生的侵权行为，维护当事人的合法权益。

（二）保全措施的申请与审查

1.申请主体

保全措施的申请主体通常为案件的一方当事人，向受理案件的人民法院提交申请。当事人在申请时，必须明确保全的对象，即具体指向的财产或行为；划定保全的范围，避免过度保全损害被申请人权益；阐述申请理由，如对方存在转移财产的迹象、可能继续实施侵权行为等；提出具体的保全请求，如请求冻结被申请人的特定银行账户、禁止其实施某项行为等。

2.申请条件

申请人需充分证明存在因对方当事人行为或其他原因，导致判决难以执行或造成其他损害的紧迫风险。这种风险并非臆测，而是基于现实情况的合理推断。例如，在某借贷纠纷中，被告已将其主要资产转移至海外，且有迹象表明其准备隐匿剩余资产，此时原告申请保全就符合紧迫性和现实性要求。法院在审查时，会综合考量案件事实、证据以及当事人的行为表现等因素，判断风险是否成立。

3.担保要求

人民法院在决定采取保全措施时，有权责令申请人提供担保。担保的目的在于平衡双方当事人的利益，防止申请人滥用保全申请权。若保全错误，担保财产可用于赔偿被申请人的损失。担保形式多样，其中，现金担保最为直接，易于执行；财产抵押担保则以不动产、动产等作为担保物。此外，还包括其他经人民法院认可的方式，如信用担保、保险公司出具的保函等。

4.审查程序

人民法院对保全申请的审查极为严格，包括审查申请理由是否充分合理、担保是否足额有效等。对于情况紧急的案件，如不及时采取保全措施，将使申请人合法权益遭受难以弥补的损害，法院必须在接到申请后的48小时内作出裁定。在紧急情况下，法院的审查可能侧重于初步证据和风险的紧迫性判断，以确保能够迅速采取措施保护申请人权益。

（三）紧急情况下的保全措施

在面对紧急情况时，人民法院的快速响应和果断行动至关重要。紧急情况通常表现为被申请人即将转移全部财产、即将实施不可挽回的侵权行为等。法院在收到紧急保全申请后，应立即启动审查程序，打破常规审查流程，简化不必要的环节，重点审查申请的紧迫性和必要性。一旦认定情况紧急，必须在48小时内做出是否采取保全措施的裁定。裁定做出后，执行部门应迅速行动，立即开始执行，确保保全措施能够及时落实到位，有效阻止损害的发生或扩大，切实保障申请人的合法权益。

（四）执行与续保

1.执行

保全裁定做出后，为确保执行的专业性和高效性，依据《最高人民法院关于人民法院办理财产保全案件若干问题的规定》第二条，一般由立案、审判机构将保全裁定移送执行机构实施。执行机构凭借其专业的执行经验和资源，能够更好地完成查封、扣押、冻结等保全措施的执行工作，确保保全裁定得到有效落实。

2.续保与解除

在上诉、再审或执行前等特殊阶段，若案件仍需继续采取保全措施，由相应的人民法院根据具体案情，裁定续保或采取新的保全措施。这体现了法院对案件动态变化的关注和对当事人权益持续保护的考量。例如，在上诉期间，原保全措施即将到期，而案件仍未审结，上诉法院可根据当事人申请或依职权裁定续保。同时，根据《最高人民法院关于适用〈中华人民共和国民事诉讼法〉的解释》第一百六十一条至第一百六十三条，若债权人在法律文书指定的履行期限届满后五日内不申请执行的，人民法院应当解除保全，以避免对被申请人权益造成不必要的限制，维护法律关系的稳定性。

二、诉前保全

在民事诉讼体系中，诉前保全作为一项极具预防性和紧迫性的法律制度，在维护利害关系人合法权益、保障诉讼顺利进行以及维护司法公正等方面发挥着关键作用。它是在诉讼程序启动前，为避免利害关系人遭受难以挽回的损失而设立的一道“防护网”。[①]

（一）诉前保全的概念

诉前保全是民事诉讼中一项极为重要的临时性法律救济措施，其设立的核心目的在于保护利害关系人的合法权益免受不可弥补的损害。依据《中华人民共和国民事诉讼法》第一百零四条的规定，当利害关系人遭遇紧急情况，若不即刻申请保全，其合法权益将面临遭受无法挽回损失的风险时，可在提起诉讼或申请仲裁前，向被保全财产所在地、被申请人住所地或者对案件有管辖权的人民法院提出保全申请。这一规定明确了诉前保全的启动时机和管辖法院选择。诉前保全的及时性是其区别于诉中保全的关键特征，它赋予了利害关系人在紧急情况下快速获得司法救济的权利，有效防止了被申请人在诉讼程序启动前转移财产、隐匿证据等行为，保障了后续诉讼的顺利进行和裁判结果的有效执行。

（二）诉前保全的申请条件与程序

1. 紧急情况的判断

在司法实践中，判断是否存在紧急情况是诉前保全申请能否被受理的关键前提。紧急情况的判断需综合考量多方面因素。首先是损害发生的迫近性，即损害是否即将发生，如债务人正准备将名下主要财产转移至境外，且转移行为即将完成；其次是损害的严重性，若不采取保全措施，将

① 邵明华，刘帆. 诉前保全新规解析与应对 [J]. 农业发展与金融，2024（06）：74-76.

给利害关系人造成重大的、难以恢复的经济损失或其他权益损害；最后是保全措施的必要性，即只有通过保全措施才能有效避免损害的发生。例如，在知识产权侵权案件中，侵权方正在大规模生产侵权产品并准备投放市场，一旦产品流入市场，权利人的市场份额将被严重挤压，损失难以估量，此时就构成了紧急情况。法院在判断时，会依据具体案件事实和证据，综合权衡上述因素，审慎作出判断。

2. 提供担保

申请人在申请诉前保全时，必须提供担保，这是诉前保全制度的重要组成部分。担保的目的在于平衡双方当事人的利益，防止申请人滥用诉前保全申请权给被申请人造成不必要的损失。当保全措施错误时，担保财产可用于赔偿被申请人因此遭受的损失。担保形式丰富多样，常见的有现金担保，其具有直接、便于执行的特点；财产抵押担保，如以房产、车辆等不动产或动产作为担保物；第三方保证担保，由具有相应经济实力和信誉的第三方为申请人提供担保。法院在审查担保时，会全面综合考虑保全金额的大小、案件性质的复杂程度以及申请人的经济状况等因素，确保担保的充分性和有效性。例如，对于保全金额较大的案件，法院可能要求申请人提供足额的现金担保或价值相当的优质不动产抵押担保。

3. 申请提交

申请人需向有管辖权的人民法院提交书面申请。申请书是法院了解案件情况和申请人诉求的重要依据，必须明确、具体。应清晰阐述保全请求，如请求冻结被申请人的特定银行账户、查封其名下某房产等；详细陈述事实与理由，包括双方之间的法律关系、争议的产生过程以及紧急情况的具体情形；同时，还需提供相关证据材料，用以支持自己的主张。例如，在合同纠纷中，申请人应提供合同文本、对方违约的证据以及证明紧急情况的材料，如债务人转移财产的银行转账记录等。申请书对紧急情况的阐述应具体、翔实，说明不立即采取保全措施可能导致的严重后果，以便法院准确判断案件的紧迫性和必要性。

4. 法院裁定

人民法院在接受申请后，必须在48小时内做出是否采取保全措施的裁定。这一严格的时间限制充分体现了诉前保全的紧迫性和高效性要求。法院在裁定时，会全面综合考量申请人的请求是否合理、提供的证据是否充分、担保是否有效等多方面因素。法院会对证据的真实性、关联性和合法性进行审查，判断其能否支持申请人的主张，同时评估担保的可靠性，确保在保全错误时被申请人的权益能够得到有效赔偿。只有在各项条件均符合法律规定的情况下，法院才会裁定采取保全措施。

5. 裁定的执行

若法院裁定采取保全措施，应立即启动执行程序，确保保全措施能够迅速、有效地实施。在执行过程中，法院有权依据法律规定采取多种执行措施，如冻结被申请人的银行账户，限制其资金流动；查封其名下的房产、土地等不动产，禁止其转让、抵押；扣押动产，如车辆、设备等。法院执行部门会严格按照法定程序和要求执行裁定，确保保全措施的执行准确无误，切实维护利害关系人的合法权益。例如，在执行冻结银行账户时，法院会向相关银行发出协助执行通知书，要求银行按照规定冻结相应金额的存款。

三、财产保全的解除与变更

（一）财产保全的解除

1. 解除保全的法律依据

在民事诉讼中，财产保全是一项重要的临时性措施，用于确保判决的执行或避免财产损失的扩大，保障了申请人的权益。然而，对于被申请人而言，被保全后其财产受到了限制，被申请人因自身生产生活的需要，可以申请财产保全措施解除。根据《中华人民共和国民事诉讼法》第一百零七条的规定，财产纠纷案件，被申请人提供担保的，人民法院应当裁定解除保全。这一条款体现了法律对当事人合法权益的平衡保护，既保障了申请人的债权实现，也避免了被申请人因采取保全措施而遭受不必要的损失。

2. 实务操作技巧

（1）担保的提供与审查

被申请人在申请解除保全时，必须提供充分有效的担保。担保的形式可以是现金、财产抵押、质押或第三方保证等。人民法院在审查担保时，应综合考虑担保财产的价值、变现能力及申请人的债权数额等因素，确保担保能够覆盖申请人的潜在损失。

（2）解除保全裁定的作出

人民法院在收到被申请人的解除保全申请及担保材料后，应及时进行审查，并在符合法定条件时作出解除保全裁定。裁定应明确解除保全的具体措施，如解除对银行账户的冻结、对财产的查封或扣押等。

（3）解除保全的执行

解除保全裁定作出后，人民法院应立即执行，确保被申请人的财产权益得到及时恢复。对于以登记方式实施的保全措施，如房产、车辆的查封，人民法院应向登记机关发出协助执行通知书，确保解除保全措施的有效执行。

（4）特殊情形的处理

根据《最高人民法院关于适用〈中华人民共和国民事诉讼法〉的解释》第一百六十六条的规定，除作出保全裁定的人民法院自行解除或者其上级人民法院决定解除外，在保全期限内，任何单位不得解除保全措施。但存在保全错误、申请人撤回保全申请、申请人的起诉或诉讼请求被生效裁判驳回等情形时，人民法院应当做出解除保全裁定。

（二）财产保全的变更与替代担保

在财产保全过程中，有时被申请人可能希望以其他等值担保财产替换原被保全的财产，以便更好地利用其财产进行经营活动或避免财产价值的贬损。根据《最高人民法院关于适用〈中华人民共和国民事诉讼法〉的解释》第一百六十七条的规定，财产保全的被保全人提供其他等值担保财产且有利于执行的，人民法院可以裁定变更保全标的物为被保全人提供的担保财产。

1.替代担保的提出与审查

被保全人应向人民法院提出书面申请，明确替代担保的财产种类、价值及变现能力等信息，并提供相关证据材料。人民法院在审查替代担保时，应综合考虑担保财产的价值、变现能力及申请人的债权实现等因素，确保替代担保能够充分保障申请人的债权。

2.变更保全裁定的做出与执行

人民法院在审查确认替代担保符合法定条件后，应做出变更保全裁定，明确原保全措施的解除及新保全措施的实施。

裁定做出后，人民法院应立即执行，确保保全措施的有效变更及被保全人财产权益的合理保护。

（三）财产保全裁定的复议与异议

在财产保全过程中，当事人可能对保全裁定或驳回申请裁定不服，此时他们有权向人民法院申请复议。根据《最高人民法院关于适用〈中华人民共和国民事诉讼法〉的解释》第二十五条的规定，申请保全人、被保全人对保全裁定或者驳回申请裁定不服的，可以自裁定书送达之日起五日内向做出裁定的人民法院申请复议一次。

1.复议申请的提出

当事人应向做出裁定的人民法院提交书面复议申请，明确复议请求、事实与理由，并提供相关证据材料。复议申请应在裁定书送达之日起五日内提出，逾期则视为放弃复议权利。

2.复议申请的审查与处理

人民法院在收到复议申请后，应及时进行审查，并在十日内做出复议裁定。

复议裁定应明确是否撤销或变更原裁定，并说明理由。

3.异议的提出与处理

根据《最高人民法院关于适用〈中华人民共和国民事诉讼法〉的解释》第二十六条和第二十七条的规定，当事人或利害关系人认为保全裁定实施过程中的执行行为违反法律规定，或案外人对保全裁定基于实体权利提出异议时，可以向人民法院提出书面异议。人民法院在收到异议后，应依照

《中华人民共和国民事诉讼法》的相关规定进行审查处理，并做出裁定。

四、保全的实务操作技巧与注意事项

（一）明确财产信息的重要性

当事人申请保全时，提供的被保全财产信息或线索的精确程度，直接影响保全措施的执行效果。根据《最高人民法院关于人民法院办理财产保全案件若干问题的规定》第十条，明确且详尽的被保全财产信息是申请保全的基础。清晰、准确的被保全财产信息能够帮助法院迅速锁定目标财产，精准实施保全措施，避免因信息模糊导致的保全失误或延误。例如，在某起复杂的商业纠纷案件中，原告精准提供了被告名下特定银行账户的详细信息，包括开户行名称、账号等，法院依据这些信息，迅速对该账户内的资金进行了冻结，成功阻止了被告转移资产，有效保障了原告的合法权益。

然而，在司法实践中，当事人有时会因客观条件限制，难以获取明确的财产信息。但即便如此，只要能提供具体可靠的线索，人民法院仍可依法裁定采取保全措施。这就要求当事人在申请前，务必做好充分的财产调查工作。调查途径丰富多样，比如通过工商登记档案查询被申请人的股权持有情况，了解其是否在其他公司拥有股份；借助不动产登记部门的信息系统，查询其名下的房产、土地使用权等不动产；通过追踪银行交易记录，梳理资金流向，挖掘潜在的存款线索等。

（二）利用网络执行查控系统

随着信息技术在司法领域的广泛应用，网络执行查控系统已成为提升保全效率与精准度的有力工具。依据《最高人民法院关于人民法院办理财产保全案件若干问题的规定》第十一条，在保全裁定执行阶段，申请保全人可向已建立网络执行查控系统的执行法院提交书面申请，借助该系统查询被保全人的财产状况。这一系统打破了传统财产查控模式的地域限制和信息壁垒，实现了对被保全人财产的快速、全面检索。

执行法院运用网络执行查控系统，能够在短时间内对裁定保全的财产或保全数额范围内的财产进行高效查询，并及时采取查封、扣押、冻结等措施。例如，在处理某金融借款合同纠纷的保全案件时，法院通过网络执行查控系统，迅速查询到被申请人在多家银行的存款、证券账户资产以及车辆登记信息，随后立即对相关财产采取了保全措施，极大地缩短了保全执行周期，显著提高了执行效率。网络执行查控系统的广泛应用，为保全工作带来了极大的便利，申请保全人应充分利用这一现代化工具，提升保全工作的成效。

（三）担保的提供

担保的核心作用是平衡双方当事人的利益，防止申请人滥用保全申请权，进而避免给被申请人造成不必要的损失。[①] 在申请保全时，人民法院通常会根据案件的具体情况，责令申请人提供相应担保。担保形式丰富多元，涵盖现金担保、财产抵押担保、第三方保证担保以及保险公司出具的保函担保等。现金担保具有直观、便于执行的特点；财产抵押担保要求申请人提供具有一定价值的不动产或动产作为抵押物；第三方保证担保则由具备相应经济实力和良好信誉的第三方为申请人提供担保；保险公司保函担保是近年来新兴的一种担保方式，申请人向保险公司支付一定数额的保费，由保险公司出具保函，承诺在保全错误时承担赔偿责任。

法院在审查担保时，会综合考量诸多因素，包括保全金额的大小、案件的复杂程度、申请人的经济状况以及担保的可靠性等。对于保全金额较大的案件，法院可能要求申请人提供足额的现金担保或价值相当的优质不动产抵押担保；对于案情复杂、风险较高的案件，法院对担保的审查会更加严格细致。申请人在提供担保时，应充分了解法院的审查标准和要求，结合自身的实际情况，选择合适的担保方式，确保担保符合法律规定和法院的相关要求。

（四）注意保全措施的时效性

保全措施具有严格的时间限制，当事人必须时刻关注，以确保其在整个诉讼过程中持续有效。在上诉、再审或执行前等特殊阶段，保全措施的

---

① 肖建国.民事保全制度研究 [M].北京：中国人民大学出版社，2016：35-45.

延续至关重要。例如，在上诉期间，一审阶段采取的保全措施即将到期，若不及时续保，被保全财产极有可能面临被转移的风险，进而导致二审判决难以执行。此时，当事人应依据相关法律规定，及时向人民法院申请续保或采取新的保全措施，以维持对被保全财产的控制。

同时，债权人应严格遵守法律规定的执行期限。根据法律规定，在法律文书指定的履行期间届满后，债权人必须及时申请执行，否则人民法院将依法解除保全措施。当事人应建立完善的时间管理机制，密切关注案件进展，在关键时间节点及时采取正确行动，切实维护自身的合法权益。

（五）平衡利益与风险

当事人在申请保全时，需全面、综合地权衡利益与风险，审慎做出决策。保全措施虽然能够有效保护当事人的合法权益，防止被申请人转移财产、逃避债务，但错误的保全行为同样可能给被申请人造成严重的损失，引发不必要的赔偿纠纷。因此，当事人在申请前，应从多个维度进行深入考量。

首先，要准确评估保全的必要性。需仔细判断案件是否存在因对方当事人的行为或其他客观原因，导致判决难以执行或给自身造成损害的现实风险。若风险较小或不存在，申请保全可能并非必要之举，以免浪费司法资源和自身精力。

其次，要充分考量保全的合理性。保全的范围应与诉讼请求的范围相匹配，严格避免过度保全给被申请人造成不当损害。例如，在债权债务纠纷中，申请人申请保全的财产价值应与债权金额大致相当，不得随意扩大保全范围，损害被申请人的合法权益。

最后，要确保申请保全的合法性。申请保全必须严格符合法律规定的条件和程序，提供充分、确凿的证据和合理、正当的理由。为降低风险，当事人应尽可能提供担保，一旦保全错误，担保财产可用于赔偿被申请人的损失。总之，当事人在申请保全时，应全面综合考虑各种因素，谨慎权衡利弊，在有效保护自身权益的同时，避免给他人造成不必要的损害。

实务模板

财产保全申请书

申请人：

姓名/名称：________

身份证号码/统一社会信用代码：________

住所/注册地址：________

联系电话：________

委托诉讼代理人（如有）：

姓名：________

律师事务所：________

联系电话：________

被申请人（被告/被申请人）信息：

姓名/名称：________

身份证号码/统一社会信用代码：________

住所/注册地址：________

申请事项：

请求贵院依法对被申请人的以下财产采取保全措施：

财产名称及详细情况（如有）：________

（如：银行存款，账号为________，开户行为________；或房产，位于________，产权证号为________等）

保全金额/价值：人民币________元（大写：________）

事实与理由：

申请人与被申请人之间因________纠纷一案（案由），已向贵院提起诉讼/申请仲裁（案号：________）。为防止被申请人转移、隐匿或毁损其财产，导致判决/裁决无法执行或难以执行，申请人特依据《中华人民共和国民事诉讼法》的相关规定，向贵院提出财产保全申请。

恳请贵院依法审查申请人的财产保全申请，并作出准予保全的裁定。

附：证据材料（如有）

此致

________人民法院（具体法院名称）

申请人（签字/盖章）：

____年__月__日

网络查控申请书

申请人（申请执行人/申请人）信息：

姓名/名称：______________

身份证号码/统一社会信用代码：______________

住所/注册地址：______________

联系电话：______________

委托诉讼代理人（如有）：

姓名：______________

律师事务所：______________

联系电话：______________

被申请人（被执行人/被申请人）信息：

姓名/名称：______________

身份证号码/统一社会信用代码：______________

住所/注册地址：______________

申请事项：

请求贵院依法通过网络执行查控系统，对被申请人的以下财产进行查询和控制：

银行账户及存款情况；

不动产（如房产、土地使用权）登记信息；

车辆、船舶等交通工具登记信息；

证券、股票、基金等投资权益；

其他可供执行的财产线索（如网络支付账户、保险、理财产品等）。

事实与理由：

申请人与被申请人之间因________纠纷一案（案由），贵院已作出________（判决书/调解书/裁决书等）且已发生法律效力。然而，被申请人至今未履行生效法律文书确定的义务。为维护申请人的合法权益，确保判决/裁决得以顺利执行，申请人特依据相关法律法规，向贵院提出网络查控申请。恳请贵院依法审查申请人的网络查控申请，并尽快通过网络执行查控系统对被申请人的财产进行查询和控制。

此致

________人民法院（具体法院名称）

申请人（签字/盖章）：

____年__月__日

第四节 执行程序的启动

一、执行申请

（一）执行的基本概念

民事诉讼执行程序是指人民法院依据已经发生法律效力的民事判决、裁定、调解书以及其他依法应由法院执行的法律文书，借助国家强制力，强制义务人履行法律文书所确定的义务。① 这一过程是将纸面的裁判结果转化为现实权益的关键步骤，使当事人通过诉讼所获得的胜诉权益得以切实实现。

执行程序的启动，通常源于权利人的申请。这一机制赋予了权利人自主选择是否开启执行程序的权利，充分尊重了当事人的意思自治。申请人在申请执行时，需遵循严格的法律程序，向有管辖权的人民法院提交执行申请书，并附上生效法律文书副本。执行申请书作为申请执行的关键文

① 胡新月. 民事执行难问题的公共管理分析 [J]. 法制博览，2024（34）：157-159.

件，必须内容翔实、准确。其中，申请执行的理由应当基于法律规定和案件事实，清晰阐述申请执行的必要性；事项应明确具体，包括要求被执行人履行的义务内容；执行标的需精确界定，这是执行活动的核心指向；同时，申请执行人还应尽可能详细地提供其所了解的被执行人的财产状况，为后续执行工作的开展提供有力线索。

关于申请执行的期间，法律有着明确且严格的规定。申请执行的期间为二年，该期间的起算依据法律文书的不同履行规定而有所差异。若法律文书规定了履行期间，从规定履行期间的最后一日起计算；若法律文书规定分期履行，则从每次履行期间的最后一日起计算；若法律文书未规定履行期间，那么从法律文书生效之日起计算。这一规定旨在督促权利人及时行使权利，维护法律关系的稳定性。然而，即便超过申请执行时效期间向人民法院申请执行，人民法院仍应予以受理。不过，若被执行人对申请执行时效期间提出异议，且人民法院经审查认定异议成立，将裁定不予执行。这一规定既保障了被执行人的合法权益，防止其因权利人的懈怠而遭受不合理的执行，又在一定程度上维护了法律的时效制度。

（二）立案审查

人民法院在收到执行申请后，立案审查是确保执行程序合法、有序启动的首要环节。审查工作涵盖多个关键方面，具有全面性和严谨性。

首先，执行申请是否符合法定条件是审查的重点之一。这包括申请人是否具备申请执行的主体资格，即是否为法律文书所确定的权利人或其合法继承人、权利承受人；申请执行的法律文书是否已经生效且具有可执行性；申请执行的内容是否明确、具体，符合法律规定的执行范围等。

其次，执行标的是否明确也至关重要。明确的执行标的是执行工作得以顺利开展的基础，它决定了执行活动的具体指向和范围。若执行标的模糊不清，将导致执行工作无法准确实施，可能引发执行错误或执行争议。

再次，被执行人是否明确同样是审查要点。只有明确的被执行人，执行法院才能准确地向其送达执行通知，要求其履行义务，并在其拒绝履行时采取相应的强制执行措施。

最后，是否属于法院管辖也是审查的必要内容。不同类型的执行案件，依据法律规定，有不同的管辖法院。人民法院需审查执行申请是否向有管辖权的法院提出，以确保执行工作在合法的管辖范围内进行。经审查，若执行申请符合立案条件，人民法院应当依法立案执行，开启执行程序；若不符合立案条件，人民法院应当裁定不予受理，并向申请人说明理由，保障申请人的知情权和救济权。

（三）执行管辖的原则

1. 第一审人民法院执行原则

发生法律效力的民事判决、裁定，原则上由第一审人民法院负责执行。这一原则蕴含着深厚的法理基础和实践考量。从审判与执行相衔接的角度来看，第一审人民法院在审理案件过程中，对案件事实、证据以及当事人的情况有着全面且深入的了解。这种了解有助于执行法院在执行阶段迅速掌握案件关键信息，准确判断执行的难点和重点，从而采取更为有效的执行措施，提高执行效率。同时，由第一审人民法院执行，也便于当事人与执行法院进行沟通，减少因信息不对称导致的执行障碍。

2. 与第一审人民法院同级的被执行的财产所在地人民法院执行原则

为了进一步提升执行效率，增强执行的便利性，法律规定与第一审人民法院同级的被执行的财产所在地人民法院也可以负责执行。当被执行人财产所在地与一审法院所在地不一致时，由被执行的财产所在地人民法院执行，能够避免因地域差异导致的执行不便。执行法院可以更迅速地对被执行人的财产进行调查、控制和处置，减少执行成本，提高执行效果。这一原则充分考虑了执行工作的实际需求，体现了法律对执行效率和当事人权益保护的双重关注。

3. 被执行人住所地或被执行的财产所在地人民法院执行其他法律文书原则

对于法律规定由人民法院执行的其他法律文书，如仲裁裁决书、公证债权文书等，由被执行人住所地或者被执行的财产所在地人民法院执行。这一原则体现了执行的灵活性和便利性。仲裁裁决书和公证债权文书的执行，若统一规定由某一特定法院执行，可能会给当事人带来诸多不便。而依据被执行人住所地或被执行的财产所在地确定执行法院，当事人可以根据实际情况，选择距离较近、便于执行的法院申请执行，降低执行成本，提高执行效率。同时，这也有助于不同地区的法院根据本地实际情况，合理配置执行资源，更好地完成执行工作。

二、执行措施

（一）冻结、划拨银行存款

人民法院基于执行权，有权对被执行人的银行存款实施查询、冻结与划拨操作。这一权力源自法律赋予法院在执行程序中的强制执行力，旨在通过对被执行人资金的控制与处置，实现生效法律文书确定的债权清偿。在执行实务领域，该措施凭借其直接、高效的特点，成为执行程序中极为常见且卓有成效的手段之一。执行人员在实施冻结、划拨银行存款措施时，必须严格遵循法定程序，出具一系列规范的法律文书。执行裁定书作为法院对执行事项做出的权威性判定文书，明确了执行行为的依据与合法性；协助执行通知书则是法院要求银行或其他金融机构协助执行的正式文件，具有法律约束力。银行或其他金融机构在收到这些法律文书后，应当依法协助执行，配合执行人员完成对被执行人银行存款的冻结、划拨手续。此过程不仅体现了法院执行权的权威性，也彰显了金融机构协助执行的法定义务，是公权力与金融机构协作保障债权人权益的重要体现。

（二）查封、扣押、拍卖、变卖财产

对于被执行人所拥有的动产、不动产及其他财产权，人民法院依法具有查封、扣押以及后续依法拍卖、变卖以清偿债务的权力。这一执行措施是对被执行人财产的直接控制与处置，其目的在于通过将被执行人财产转化为货币形式，用以偿还其所负债务，实现债权人的合法权益。

在执行过程中，执行人员应秉持严谨、规范的工作态度，制作详细的财产清单。财产清单需准确记录被查封、扣押财产的名称、数量、规格、质量、所在地等关键信息，确保对被执行人财产状况的全面、准确掌握。同时，执行人员还负有告知被执行人相关权利的义务，包括但不限于对被查封、扣押财产提出异议的权利、参与拍卖变卖程序的权利等。这体现了

执行程序中对被执行人合法权益的保护，保障其在执行过程中的知情权与参与权。

拍卖、变卖财产作为执行程序中实现财产变现的关键环节，必须严格遵循公开、公正、公平的原则。公开原则要求拍卖、变卖程序的相关信息，如拍卖公告、变卖通知等，应向社会公众或相关利益主体广泛公开，确保各方有平等获取信息的机会；公正原则强调在拍卖、变卖过程中，执行人员应秉持中立立场，不偏袒任何一方当事人，严格按照法定程序和市场规则进行操作；公平原则体现在拍卖、变卖价格的确定上，应通过合理的评估、竞价等方式，确保财产以合理价格变现，保障债权人和被执行人的合法权益。

（三）其他执行措施

除了冻结、划拨银行存款以及查封、扣押、拍卖、变卖财产等主要执行措施外，人民法院还可根据案件具体情况，灵活运用多种其他执行措施。冻结银行账户，是对被执行人资金流动的限制，通过限制其账户资金的支取、转账等操作，促使被执行人履行义务。查封财产权益，涵盖对被执行人股权、知识产权等财产性权益的控制，防止其通过转移、处分这些权益逃避债务。限制高消费则是从限制被执行人的生活消费层面入手，对其乘坐交通工具、住宿、旅游、子女就读高收费私立学校等消费行为进行限制，对被执行人形成心理压力，迫使其主动履行义务。

这些执行措施相互配合、相互补充，共同构成了执行措施体系。它们从不同角度、不同层面作用于被执行人，旨在通过综合运用各种手段，迫使义务人履行义务，维护司法权威和社会秩序。司法权威的维护依赖于执行措施的有效实施，只有确保生效法律文书得以执行，法律的尊严和权威性才能得以彰显；而社会秩序的稳定则源于执行程序对当事人合法权益的保护，当债权人的权益得到实现，社会经济秩序才能得以正常运行。

（四）执行中的特殊问题

1.执行异议

在执行过程中，案外人对执行标的提出书面异议是执行程序中可能出现的特殊情况。案外人基于对执行标的的实体权利主张，如所有权、担保物权等，认为执行行为可能损害其合法权益时，有权向人民法院提出书面异议。这一制度设计旨在为案外人提供救济途径，防止执行程序对其合法权益造成不当侵害，体现了执行程序中对案外人权益的保护和对执行行为合法性、公正性的审查。

人民法院在收到书面异议后，应严格按照法定程序进行审查。审查期限为自收到书面异议之日起十五日内，这一期限的设定既保证了法院能够及时对异议进行处理，避免执行程序的过度拖延，又给予法院足够时间对异议理由进行全面、深入审查。若经审查认为异议理由成立，即案外人对执行标的确实享有足以排除强制执行的实体权利，法院应裁定中止对该标的的执行，以保护案外人的合法权益；若异议理由不成立，法院则应裁定驳回。

对于案外人、当事人对裁定不服的后续处理，法律也做出了明确规定。若认为原判决、裁定错误，表明执行异议与原生效裁判存在关联性，此时应依照审判监督程序办理，通过对原判决、裁定的再审审查，纠正可能存在的错误，保障当事人合法权益；若与原判决、裁定无关，案外人、当事人可以自裁定送达之日起十五日内向人民法院提起诉讼，通过诉讼程序对执行异议进行实体审理，解决争议。

2.执行和解

执行和解是执行过程中双方当事人基于意思自治，自行达成和解协议的行为。执行和解制度的设立，体现了民事诉讼对当事人处分权的尊重，为当事人提供了一种灵活、高效解决纠纷的途径。在执行和解过程中，双方当事人可以就履行义务的方式、期限、数额等内容进行协商，达成一致意见后签订和解协议。

和解协议达成后，人民法院应当裁定中止执行。这是因为和解协议的达成意味着双方当事人对原生效法律文书确定的权利义务关系进行了重新协商和调整，在和解协议履行期间，原执行程序的继续进行已无必要。然而，若被执行人不履行和解协议，申请执行人的合法权益仍需得到保障。此时，申请执行人可以申请恢复对原生效法律文书的执行，这一规定既保障了申请执行人的选择权，又对被执行人形成约束，促使其积极履行和解协议。

实务模板

执行和解协议书

甲方（申请执行人）：

姓名/名称：______________________

身份证号/统一社会信用代码：______________________

住所地：______________________

联系方式：______________________

乙方（被执行人）：

姓名/名称：______________________

身份证号/统一社会信用代码：______________________

住所地：______________________

联系方式：______________________

鉴于：

1. 甲方与乙方因__________（案由）纠纷，经__________（法院/仲裁机构）作出（判决/裁定/调解书/仲裁裁决）（文号：__________），已发生法律效力。

2. 甲方已向________法院申请强制执行（执行案号：________）。

3. 现双方本着平等自愿、协商一致的原则，就本案执行事项达成如下和解协议。

第一条　和解内容

1. 乙方自愿向甲方支付/履行__________（具体标的物、金额或行为），合计人民币__________元（大写：__________）。

2. 本案执行费用由__________方承担。

3. 履行方式：

☐ 一次性支付：乙方应于____年____月____日前支付完毕。

☐ 分期支付：共分____期，每期支付人民币__________元，首期于____年____月____日前支付，后续每期于每月____日前支付。

☐ 其他方式：______________________

第二条　权利义务

1. 甲方同意在乙方按本协议约定履行全部义务后，向法院申请终结本案执行程序。

2. 乙方承诺严格按照本协议约定履行义务，若未按期足额履行，甲方有权立即申请恢复原生效法律文书的强制执行，并要求乙方承担逾期履行违约金__________元/日。

第三条　担保条款（可选）

乙方提供__________（担保人/抵押物/质押物）作为履行本协议的担保，担保范围包括本金、违约金及实现债权的费用。

第四条　其他约定

1. 本协议履行完毕后，双方就本案再无其他争议。

2. 本协议经双方签字/盖章后生效，一式____份，甲乙双方各执一份，提交执行法院一份。

第五条　不可抗力

因不可抗力导致本协议无法履行的，双方可协商延期或终止协议，互不承担违约责任。

甲方（签字/盖章）：________　　乙方（签字/盖章）：________

日期：____年____月____日　　日期：____年____月____日

三、执行中止与终结

（一）执行中止的法定情形

1. 申请人表示可以延期执行

在民事执行程序中，申请执行人享有对执行进程的掌控权，这体现在其可以申请延期执行。当申请执行人因某种原因暂时不希望继续执行时，可以向人民法院提出延期执行的申请。实务中，执行法官在收到申请执行人的延期执行申请后，应首先核实申请的真实性。这通常要求申请执行人以书面形式提出申请，并说明延期执行的具体原因。执行法官需审查这些原因是否合理、合法。例如，申请执行人可能因需要进一步收集证据、与被执行人进行和解谈判或等待其他相关案件的处理结果等原因而请求延期执行。一旦确认申请执行人的延期执行申请符合法定条件，人民法院应当裁定中止执行。裁定书中应明确中止执行的期限，以及恢复执行的条件和程序。同时，裁定书需送达双方当事人，确保双方对执行程序的进展有清晰的了解。

2.案外人对执行标的提出确有理由的异议

在执行过程中，案外人可能对执行标的提出异议，认为执行标的属于其所有或享有其他合法权益。当这种异议确有理由时，人民法院应当裁定中止执行，以保护案外人的合法权益。实务中，案外人提出异议时，应提交书面异议书，并附上相关证据材料。执行法官在收到异议书后，应仔细审查异议的理由和证据，必要时可以组织听证会进行调查核实。如果异议确有理由，执行法官应依法裁定中止执行，并告知当事人有权通过诉讼或其他途径解决争议。需要注意的是，案外人提出异议并不一定会导致执行中止。只有当异议确有理由，且可能影响执行标的的归属或权益时，人民法院才会裁定中止执行。

3.作为一方当事人的公民死亡，需要等待继承人继承权利或者承担义务

在执行过程中，如果一方当事人是公民且死亡，那么其权利义务将由继承人继承。在继承人确定之前，执行程序无法继续进行，因此人民法院应当裁定中止执行。实务中，执行法官在得知一方当事人死亡后，应及时通知其继承人或相关利害关系人，并要求其提供继承权证明或其他相关文件。在继承人确定并办理完相关手续后，执行法官应依法恢复执行程序。

4.作为一方当事人的法人或者其他组织终止，尚未确定权利义务承受人

与公民死亡类似，当一方当事人是法人或其他组织且中止时，其权利义务将由权利义务承受人承接。在权利义务承受人确定之前，执行程序同样无法继续进行。实务中，执行法官在得知一方当事人中止后，应及时查询其注销登记或相关公告，并通知其权利义务承受人或相关利害关系人。在权利义务承受人确定并办理完相关手续后，执行法官应依法恢复执行程序。

5.人民法院认为应当中止执行的其他情形

除了上述四种法定情形外，《中华人民共和国民事诉讼法》还规定了一个兜底条款，即人民法院认为应当中止执行的其他情形。这赋予了人民法院一定的裁量权，以应对执行过程中可能出现的各种复杂情况。实务中，执行法官在行使这一裁量权时，应严格遵循法律原则和程序规定，确保裁定的合法性和合理性。同时，执行法官还应充分考虑当事人的合法权益和执行程序的效率性，避免不必要的延误和损失。

（二）执行终结的法定情形

执行终结作为民事强制执行程序的重要退出机制，承载着平衡执行效率与程序正义的双重价值。《中华人民共和国民事诉讼法》第二百六十八条以类型化立法技术对执行终结情形作出系统性规定，其制度设计体现了对执行法律关系主体权益的动态保护：一方面，通过明确终结事由避免司法资源无效消耗；另一方面，以法定化标准限制执行权的恣意行使。该条款的修正进一步强化了执行程序与实体权利实现的实质关联，凸显了现代民事执行制度从“形式化执行”向“实质正义实现”的转型特征。

1. 申请执行人意思自治

《中华人民共和国民事诉讼法》第二百六十八条第一款规定的“申请人撤销申请”，从本质上而言，是对当事人处分权在程序法层面的确认。当事人处分权是民事诉讼的核心原则之一，它赋予当事人在法律规定的范围内自主决定诉讼行为的权利。在执行程序中，申请执行人撤销申请的权利是其处分权的具体体现。然而，在实务操作中，为防止当事人的意思表示受到胁迫、欺诈等因素的干扰，必须严格审查撤销申请的意思表示真实性。

2. 执行依据的效力灭失

《中华人民共和国民事诉讼法》第二百六十八条第二款规定的“据以执行的法律文书被撤销”情形，直接触及执行程序的正当性基础。执行依据是执行程序启动与推进的前提，当执行依据被撤销时，执行程序便失去了合法的依据。在此情形下，需深入探讨溯及力问题。原执行行为在文书撤销前已完成的财产处置，原则上不因执行依据嗣后无效而自动撤销。这是基于维护交易秩序稳定性和保护善意第三人利益的考量。财产处置行为往往涉及复杂的法律关系和交易流转，若轻易撤销已完成的财产处置，可能引发一系列连锁反应，损害交易安全。

然而，2023 年修正案增设“恶意串通取得执行依据”的例外情形，明确此类情形下应启动执行回转程序并追究相关人员责任。恶意串通取得执行依据的行为严重违背了诚实信用原则和司法公正，损害了当事人的合法权益和司法公信力。通过启动执行回转程序，能够恢复被恶意侵害的权利状态；追究相关人员责任，则体现了法律对虚假诉讼行为的严厉规制，维护了法律的尊严和司法秩序。

3. 被执行人主体资格消灭

《中华人民共和国民事诉讼法》第二百六十八条第三款规定的自然人被执行人死亡情形，需严格把握“无遗产可供执行”与“无义务承担人”的双重构成要件。在实务中，这一规定引发了诸多争议。

首先，遗产范围认定应采用“形式审查”标准，仅以登记公示财产为限。这一标准具有明确性和可操作性，能够避免因遗产范围的模糊界定而导致执行程序的拖延。以登记公示财产为限进行审查，符合物权公示公信原则，有助于保障交易安全和执行程序的效率。

其次，义务承担人的认定需以继承关系或连带责任为基础，不得任意扩大解释。《中华人民共和国民法典》第一千一百六十一条限定继承原则的适用，明确继承人以所得遗产实际价值为限清偿被继承人依法应当缴纳的税款和债务。这一规定体现了法律对继承人合法权益的保护，防止继承人因被继承人的债务而承担过重的负担。在执行程序中，应严格依据法律规定认定义务承担人，确保执行行为的合法性和公正性。

最后，遗产执行与终结裁定的衔接程序，应保障继承人异议权的行使。参照《中华人民共和国民事诉讼法》第二百三十二条执行异议制度，继承人对遗产执行有异议时，有权提出书面异议。法院应依法对异议进行审查，保障继承人的合法权益，确保执行程序在尊重当事人权利的基础上有序进行。

4. 人身专属债权的主体关联性

《中华人民共和国民事诉讼法》第二百六十八条第四款针对赡养费、扶养费、抚养费案件的特殊性，确立权利人死亡即终结执行的规则。这一规则基于人身专属债权不可继承性的法理。赡养费、扶养费、抚养费是基于特定的身份关系而产生的债权，其目的在于保障权利人的基本生活需求，具有强烈的人身依附性。当权利人死亡时，这种基于特定身份关系的债权便失去了存在的基础，执行程序也应随之终结。

5. 生存权与债权的价值权衡

《中华人民共和国民事诉讼法》第二百六十八条第五款体现了法律对基本生存权的优先保护。生存权是人的最基本权利，是其他权利得以实现的前提和基础。在执行程序中，当被执行人生活困难，且无其他收入来源维持生活时，若继续执行可能导致被执行人基本生存无法保障。此时，法律规定终结执行，以保障被执行人的基本生存权。其适用需满足三项严格条件：一是生活困难认定，参照被执行人所在地最低生活保障标准。这一标准具有客观性和可操作性，能够准确判断被执行人是否处于生活困难状态。二是收入来源审查，包括劳动收入、投资收益、社会保障等全部经济来源。全面审查被执行人的收入来源，有助于准确评估其生活状况，避免因遗漏收入来源而导致错误终结执行。三是劳动能力鉴定，需经省级人民政府指定的医疗机构的专业评估。专业的劳动能力鉴定能够科学判断被执行人的劳动能力状况，为是否终结执行提供科学依据。

值得注意的是，2023 年修正案新增“但债权人提供基本生活保障的除外”条款，为平衡双方权益提供了弹性空间。这一规定在保障被执行人基本生存权的同时，也考虑到了债权人的合法权益。当债权人愿意提供基本生活保障时，执行程序可以继续进行，实现了生存权与债权之间的合理平衡。

6. 兜底条款的司法适用

《中华人民共和国民事诉讼法》第二百六十八条第六款“其他应当终

结情形”作为开放性条款，为司法实践应对复杂多变的现实情况提供了灵活性。然而，为防止司法裁量权的滥用，其适用须遵循严格的原则。一是应遵循比例原则，即执行终结的裁定必须与案件的具体情况相适应，不得过度或不当使用。二是类推禁止原则，要求不得创设新的终结事由类型，必须在法律规定的框架内进行解释和适用。

高级人民法院通过指导性案例确立了三项适用标准：一是须存在与法定情形相当的终结必要性。这要求法院在判断时，必须对案件的具体情况进行全面、深入的分析，确保终结执行是解决案件的必要手段。二是不得创设新的终结事由类型。指导性案例明确了兜底条款的适用边界，防止法院随意扩大解释，维护了法律的稳定性和权威性。三是须经审判委员会讨论决定。审判委员会作为法院内部的最高审判组织，其讨论决定能够确保兜底条款的适用经过充分的论证和审慎的判断，提高司法裁判的公正性和权威性。

第四章　民事案件实务技巧

第一节　证据概述与收集运用技巧

证据在诉讼中占据着极为关键的地位，它是司法公正的重要基石，素有“诉讼的灵魂”之称。在民事诉讼里，证据作为核心要素之一，对案件事实的认定以及最终的判决结果起着决定性作用。妥善地进行证据的收集、保存、展示和解释，能够直接影响裁决者对案件事实的判断。因此，掌握正确的证据收集与运用技巧，对于维护当事人的合法权益至关重要。

一、证据的基本类型及含义

证据是法律程序中用来证明或反驳某一事实主张的材料或信息，是司法机关查明案件事实、正确适用法律、做出公正裁决的基础。证据是指能够证明案件真实情况的一切事实，它不仅包括物理存在的物品（如文件、物体），也包括无形的信息（如证人陈述、电子数据）。

在庭审过程中，不同类型的证据有其特定的应用方式和注意事项，证据类型多样，每一种证据都有其特定的应用规则和要求。因此，在实际操作中，当事人及其代理人应充分了解并正确运用各类证据，以确保案件得到公平公正的审理和判决。

《中华人民共和国民事诉讼法》第六十六条规定：“证据包括：（一）

当事人的陈述；（二）书证；（三）物证；（四）视听资料；（五）电子数据；（六）证人证言；（七）鉴定意见；（八）勘验笔录。证据必须查证属实，才能作为认定事实的根据。”其具体含义分别为：

第一，当事人的陈述。指案件的直接利害关系人向人民法院提出的关于案件事实和证明这些事实情况的陈述。

第二，书证。指以文字、符号所记录或者表示的以证明待证事实的文书，比如书信、文件、票据、合同等。

第三，物证。指用物品的外形、特征、质量等说明待证事实的一部分或者全部的物品，比如质量不合格的家具、被撞坏的汽车等。

第四，视听资料、电子数据。指用录音、录像的方法记录下来的有关案件事实的材料，比如用录音机录制的当事人的谈话、用录像机录制的人物形象及其活动、用电子计算机或其他高科技设备所储存的数据和资料等。

第五，证人证言。指证人以口头或者书面方式向人民法院所做的对案件事实的陈述。证人所作的陈述，既可以是亲自听到、看到的，也可以是从其他人、其他地方间接得知的。

第六，鉴定意见。指人民法院指定的专门机关对刑事案件中出现的专门性问题，通过技术鉴定做出的结论，比如医学鉴定、指纹鉴定、产品质量鉴定、文书鉴定、会计鉴定等。鉴定结论是应用专门知识所做出的鉴别和判断，具有科学性和较强的证明力，往往成为审查和鉴别其他证据的重要手段。

第七，勘验笔录。指人民法院对能够证明案件事实的现场或者不能、不便拿到人民法院的物证，就地进行分析、检验、勘查后做出的记录。它是客观事物的书面反映，是保全原始证据的一种证据形式。

二、证据的特性

证据通常具有真实性、合法性、关联性这三个核心属性。一项证据能否作为认定案件事实的依据，关键在于其是否同时满足这“三性”标准。

《最高人民法院关于适用〈中华人民共和国民事诉讼法〉的解释》第一百零四条规定："人民法院应当组织当事人围绕证据的真实性、合法性以及与待证事实的关联性进行质证，并针对证据有无证明力和证明力大小进行说明和辩论。能够反映案件真实情况、与待证事实相关联、来源和形式符合法律规定的证据，应当作为认定案件事实的根据。"从该规定可以明显看出，在民事诉讼中，围绕证据"三性"进行举证、质证、辩论和说明，是辨明争议事实的最有效途径。因此，准确理解证据"三性"的含义，对于在诉讼过程中去伪存真、最大限度地还原事实真相具有极其重要的意义。

（一）证据的真实性

证据的真实性也称作证据的客观性，是指在诉讼中双方提交的证据，其表达的内容或证据事实必须是客观存在的，而不是主观猜测或虚假伪造的。所以，真实性是证据能够作为有效证据使用的最基本要素和首要特点。在民事诉讼中，证据的真实性主要体现在两个方面。其一，证据是客观存在的，并非诉讼参与人的主观臆测，它必须是在事实发展过程中客观留存下来的证据材料。当然，在实务中，有时证据虽已存在，但可能不符合法律规定的形式，这就需要当事人进行补充完善，还原符合当时客观事实的证据，比如录音、录像等。其二，证据不存在主观伪造和虚假构建的故意，这要求当事人提供的证据必须来源于现实生活，而不能为了达到胜诉目的恶意伪造变造证据材料。伪造的证据既包括符合法律要件但与客观事实相悖的证据，如虚假诉讼中双方恶意串通拟写的借条等；也包括能与案件事实相对应但属于人为伪造的证据，如串通证人做出虽符合案件事实但虚假的证人证言、人为还原的虚假现场等。根据《中华人民共和国民事诉讼法》第一百一十四条第一款规定："当事人有伪造、毁灭重要证据，妨碍人民法院审理案件的行为的，人民法院可以根据情节轻重予以罚款、拘留；构成犯罪的，依法追究刑事责任。"可见，现行法律对于提供任何类型的虚假证据，都规定了明确且严格的法律后果，以此维护程序公正，确保去伪存真。

（二）证据的合法性

证据的合法性是指当事人提交的证据必须符合法律规定，这一方面要求当事人以合法手段收集证据，另一方面要求对证据进行法律层面的选择与审查。合法性具体包含主体合法、形式合法、来源合法。其中，主体合法要求证据本身合法，必须属于民诉法及相关司法解释所列举的法定证据种类，同时要求形成证据的主体符合法律规定，比如出具鉴定结果的机构必须具备相关鉴定资质。形式合法是指当证据形式或证明方法有特定要求时，必须按照法律规定的形式展现，否则证据可能因不符合法律规定而丧失证明力，如没有鉴定人签字盖章的鉴定结论、未经婚姻登记机关登记后取得的结婚证等。来源合法要求证据的形成程序和获取渠道符合法律规定，否则不得作为证据使用，如采取非法方式偷拍的录像、以威胁胁迫他人取得的书证，或者法官依职权调取而未当庭出示且进行质证的证据材料等。

关于证据的合法性，法学理论界存在“两性说”的观点。该观点相对于“三性说”，主张将证据的“合法性”或“法律性”排除在证据属性认定范围之外，认为证据合法性的判断存在价值取向，与证据本身属性无关。但笔者认为，接纳形式不合法的证据，虽从某个角度可能有助于还原案件事实，但其对司法程序和实体结果的破坏性远远大于对个案的推进作用。因此，证据合法性仍然是确保诉讼各环节符合程序规范的必要前提。严格审查证据来源的合法性，不仅能有效避免为达目的不择手段的非法取证行为滋生，还能更好地实现司法审判的程序正义与实体正义。

（三）证据的关联性

证据的关联性又称相关性，是指民事证据必须与证明对象之间存在内在联系，它是实质性与证明性的结合。关联性就如同连接证据与待证事实的纽带和桥梁，如果这条纽带或桥梁断裂，那么无论证明对象是否真实、合法，该证据都无法对其产生证明作用，从而失去自身的证明价值。那么，如何判断关联性是否成立呢？通常来说应从两个方面着手，即证据对于证明对象是否具有实质性、证据对于证明对象是否具有证明性。其一，关联性中的证明性，是指证据本身具有的证明价值，它能够使待证事实主张更有可能存在或更无可能存在，具有强化或弱化这一主张的作用。其二，关联性中的实质性，是指证据与案件之间的关系，重点在于该证据想要证明的主张与案件中的待证事实之间的关系。至于如何确定待证事实，主要由实体法决定，并通过当事人的诉讼主张表现出来。例如，在民间借贷纠纷中，一份通话记录证明材料要判断其是否具有关联性，就需看它能否指向需要裁判的借贷事实，是否有助于还原双方之间客观存在的借贷关系。在诉讼中，关联性既是证据的核心要素之一，也是事实材料成为证据的必要条件。由于其与事实结果之间的内在联系在现实生活中往往具有不稳定性，很大程度上依赖人们的常识与经验判断，容易出现不同看法，比如证据是否在当事人之间形成、证据形成时间与事实发生时间是否矛盾、提供的证据是否偏离案件争议焦点等。这也是在大多数举证质证环节中，关联性常成为质证与辩论焦点的原因。

三、证据的收集整理技巧

证据的收集整理是系统性提交证据的基本要求，是代理工作的重要组成部分。证据经整理后，就可以成为一个有机的整体，系统地向裁判人员传递对本方有利的信息，从而达到让证据自身说话的目的，充分发挥证据在案件中的证明作用。

（一）整理证据的作用

在撰写法律文书的同时，应当同步整理证据。整理证据是一项程序性很强的工作，可由团队分工协作完成。整理证据主要有以下三个方面作用：其一，满足系统性提交证据的要求。提交证据时，系统性原则非常重要，而对证据进行专业科学的整理是实现系统性提交证据的前提。若未对证据进行整理，就难以做到系统性提交。其二，方便举证。整理证据后，不仅能使证据在形式上更加规范，还便于对本方证据进行检索和引述，有利于在庭审中进行举证和阐述。如果缺乏证据整理，庭审中的举证工作将很难做好。其三，更好地发挥证据的作用。举证的目的是使裁判人员形成对本方有利的心证。整理证据后，裁判人员能更方便地阅看证据，了解证据对案件事实的证明作用，进而使证据在诉讼过程中更好地发挥作用。

（二）整理证据的步骤分解

我们将证据整理进一步细化为十个小步骤，即证据取舍、证据组织、形式规范、辅助说明、证据编号、证据页码、证据清单、与当事人交流、证据装订、证据标注等十个小步骤。下面逐一进行探讨。

1.证据取舍

在完成主要的证据收集工作后，应整理出材料清单。但材料清单中的材料并非都能作为案件证据，需本着攻防兼备以及完成举证责任、达到证明标准的原则对材料进行筛选。第一，对于每一份材料，都要从有利和不利两个方面进行考量，仔细审查提交该份证据是否会对本方不利，以及有利之处是否大于不利之处。对本方不利的材料不应作为证据提交。第二，依据证据的关联性要求，与案件事实无关的材料不应作为证据提交。第三，不真实的材料不能作为证据提交。对于真实性存疑的材料，要与当事人仔细核对，并向其说明如实举证的重要性。只有在当事人书面确认的情况下，若确有提交必要，才可作为证据提交。第四，只要是对本方有利的证据，应尽可能提交，以实现充分举证。这不仅能满足完成举证责任、达到证明标准的基本要求，还能在证据方面提高胜诉的可能性。第五，在确保充分举证后，对于一些次要材料、关联性不强的材料或作用相同的材料，可以作为备用材料，不再作为正式证据提交。对证据的取舍，尤其是本着攻防兼备原则进行取舍，是证据整理的首要步骤，至关重要，绝不能省略或忽视。

2.证据组织

证据组织是证据整理的重要内容，也是保证系统性提交证据的关键措施。证据组织要求所有提交的证据之间具有严格的逻辑顺序，即提交的证据顺序不能杂乱无章或随意安排，而应按照一定的逻辑顺序进行排列，使其在证明案件事实性方面形成一个有序的整体。常见的组织证据的逻辑顺序是法律关系顺序、时间顺序和主次顺序，其中最主要的是法律关系顺序，其次是时间顺序和主次顺序。在合同纠纷案件中，证据顺序一般依据合同法律关系的基本事实来确定，通常为合同主体证据、合同签订背景的证据、合同签订的证据、合同约定证据、本方履行合同的证据、对方违约的证据、本方的损失证据、本方主张权利的证据等。侵权纠纷案件的证据顺序一般按侵权法律关系基本事实的顺序确定，即权属方面的证据、侵权方面的证据、损失方面的证据、权利主张方面的证据。由于证据组织顺序主要是法律关系顺序，所以证据组织的顺序基本上与民事起诉状中的事实陈述顺序一致，也与法庭调查中的事实陈述顺序基本相同。在证明同一法律关系相同案件事实的证据中，如果存在时间先后顺序，一般会按照时间先后进行排序；若时间因素不突出，则可考虑按主次顺序排序。此外，对于某一主要证据的辅助说明证据或补强证据，也一般按照主次顺序进行排序。依据上述三个逻辑关系对证据进行组织和排序后，证据之间的条理性会更加清晰，相互关系也会更加明确，这不仅方便本方举证，还更容易促使裁判人员形成对本方有利的心证，从而更好地发挥证据的证明作用。依据上述证据组织原则，在一个案件中，不论有多少份证据，每一份证据都有其最佳位置，且该位置不应随意更换。

3.形式规范

使证据形式规范同样是证据整理的重要内容。证据形式规范至少包括以下方面：①书证复印应符合纸张规范要求，统一使用A4纸张，为方便裁判人员阅看，一般只进行单面复印。②书证复印要保证完整性，不能有缺页，不仅要复印封面和首页，还应复印相应附件。③书证复印需保证清晰，对票据复印要确保复印件票据数据清晰，对盖有印鉴的文书复印件要保证印鉴清晰。若原件字迹或印章较浅难以清晰复印，需用签字笔对复印件上不清楚的文字、数据和印鉴进行清晰描写。④对外文书证，应附上准确的中文翻译文本。⑤对于物证，为方便证据整理，可用打印照片代替，并将物证复制品或物证的视频光盘作为附件。⑥对于视听资料证据，如录音或录像资料，应刻录光盘作为附件，同时将录音或录像中的语言表述部分整理成文字版本。文字整理时，应对谈话主体、谈话背景、谈话时间、谈话地点、谈话场合、谈话过程、谈话主题等进行完整介绍，保证内容完整、客观。⑦对于电子数据证据，应打印清晰的纸质版，并保证内容完整。对电子邮件证据，要有完整的发件主体、收件主体、邮件主文内容、邮件附件内容及其他附属信息；对微信聊天记录证据，要有各方微信主体信息、完整的聊天内容，微信中语音部分要有对应的文字整理，且应刻制光盘，微信中的文件或图片要单独打印；对于网页证据，不仅要有完整的网址信息，还要保证网页内容的完整。⑧对证人证言证据，可以将证人庭前书写的书面证言或作证的视频作为证据先行提交，同时申请证人当庭作证。

4.辅助说明

为便于举证，对于一份证据内包含多份材料的情况，如多份票据、工程签证单、材料单等，需要对这些材料进行统计，列出详细统计表格。在表格中注明材料份数、每份材料的时间和金额，并计算出总金额。这样既方便举证，也便于裁判人员审查和认定。此外，为更好地发挥证据的证明作用，还需对证据内部材料之间的关系、证据之间的关系、证据与某一数据之间的关系以及证据在案件中的证明作用进行说明，说明可采用可视化图表的方式。辅助说明的图表或文字本身并非证据，但可放置在证据之前，一并编写页码。

5.证据编号

在对证据进行组织之后，需要对证据进行分组和编号。《最高人民法院关于民事诉讼证据的若干规定》第十九条第一款规定："当事人应当对其提交的证据材料逐一分类编号，对证据材料的来源、证明对象和内容作简要说明，签名盖章，注明提交日期，并依照对方当事人人数提出副本。"该条规定中的逐一分类编号即是对证据分组和编号的要求。

（1）证据的分组

一般来说，将证明同一主要案件事实或证明同一争议焦点的证据分为一组。分组的主要目的是方便举证和质证。庭审调查时，通常是围绕一个争议焦点依次进行举证和质证，按照上述逻辑顺序分组，自然便于举证和质证。在合同纠纷中，一般按"合同约定""合同履行""合同违约""合同损失""权利主张"等内容分组；在侵权案件中，一般按"权属证据""侵权证据""损失证据"等内容分组。当然，分组并非固定不变，可根据案件特点，尤其是根据案件可能争议的事实进行灵活处理。在案情简单、只有一个争议焦点且证据份数不多的案件中，也可不进行证据分组。

（2）证据编号的固定

每一份证据都应有独立的编号。该份证据的编号一旦确定，编号就不应再变更。一审中是这一编号，二审中、申请再审中还应当是这一相同的编号。

（3）一份证据及多份证据的区分

给证据进行编号的一个前提是区分该部分材料是一份证据还是多份证据。一般来说，一份独立完整的文件就应当单独成为一份证据。一般来说，不宜将一份完整的材料拆分为几份证据予以提交，也不宜将多份独立的材料合并作为一份证据提交。

在国外形成的书证，如果有当地公证机构或公证人员公证、使领馆认证、境内翻译及公证的相关材料，则这些材料可以作为一份证据提交。因为当地公证、使领馆认证、翻译、境内公证只是完善和满足该份书证的形式要件，它们本身是该份书证的一部分。因此比较适合以一份证据进行编号和提交。

对我国台湾地区形成的书证，在台湾地区的公证、两岸文书的递送和核对证明也同样只是完善和满足该份书证的形式要件，同样适合以一份证据进行编号和提交。

如果一份公证书对几项内容进行了公证，如一份公证书对数份微信聊天记录进行了公证，对数份电子邮件进行了公证，则该份公证书只能作为一份证据提交。当然，每一份单独的微信聊天记录、每一份电子邮件都可以根据需要，单独打印，单独作为一份证据提交。这样提交可以方便对每一份微信聊天记录、每一份电子邮件进行单独描述，进行单独阐释，进行单独举证和质证。在这种情况下，公证书作为另一份独立的证据，只是对这些证据的补证。

一般情况下，合同和合同的附件应当作为一份证据进行编号和提交，但如果合同的某一附件具有相对的独立性，而且是案件事实所依据的主要材料之一，将该附件单独作为一份证据更方便对该附件进行阐释和引用，在这种情况下，也可以将该附件单独作为一份证据进行编号和提交。比如在设备买卖合同纠纷中，虽然技术协议是设备买卖合同的附件，但也可以将技术协议作为一份单独的证据提交和编号。

合同和多份补充协议一般应分别作为单独的证据提交和编号。因为合同和补充协议一般都是案件的重要证据，它们形成的时间不同，反映和证明的案件事实并不完全相同，一般都需要分别加以阐释和说明，所以一般应当分别作为证据提交和编号。

对证明律师费损失的委托代理合同、律师费发票、律师费付款凭证可以归类到一组证据中，但一般也应当分别作为证据提交和编号。这样方便对证据进行描述和阐释。

证明损失赔偿标准的同类型的几份判决书，也适合分别作为证据提交。证明市场价格的同类型的几份买卖合同，也同样适合分别作为证据提交。

有些材料虽然是相互独立的材料，但这些材料性质相同，证明目的也相同，而且数量较多，这时，也不宜将这些材料分别作为证据提交和编号，可以将它们作为一份证据进行提交和编号。例如，证明某一时段内一系列相同买卖行为的多份或数十份买卖合同，这些买卖合同可以作为一个整体，作为一份证据予以提交。提交这些合同即这一份证据时，在这些合同的前面列表进行统计说明。又如，证明某一时段内出具发票行为的一系列发票，这些发票也可以作为一个整体，作为一份证据予以提交。同样在提交这些发票及这一份证据时，在这些发票的前面列表进行统计说明。再如，在工程纠纷案件中，工程的一系列现场签证单，这些签证单往往数量较多、内容庞杂，它们有可能共同成为工程鉴定的材料，因此也比较适合于汇总起来作为一份证据提交。当然，在将这些材料作为一份证据提交时，同样应当在这份证据前列表说明。

对双方当事人之间的往来函件，包括电子邮件，一般应当分别作为证据提交。分别提交的原因同样是基于它们反映了不同的案件事实。但如果不是要强调它们反映了不同的案件事实，而是强调它们作为一个整体来证明相同的案件事实，且它们数量较多时，也可以将它们作为一份证据提交。作为一份证据提交时，同样应在这份证据的前面列表说明。

（4）证据编号的方法

我们对证据有两种编号方法。第一种方法是用方块序数对证据进行编号，如证据一、证据二、证据三，以此类推。证据的编号不受分组的影响，依次进行。这样编号的好处是可以直观地看出本方有多少份证据，方便表述。不便之处是，证据编号中没有同时体现出证据组别。补充提交证据时，虽然补充的证据应当归类到前面的证据组别，但只能按原序号接续编号，最终导致一个证据组别中的证据编号不连续。这种方法比较适合于证据数量相对较少，或证据基本上一次性可以提交完毕的案件。第二种方法是证据编号中同时有两个序号，前一序号是证据组别，后一序号是该份证据在该组证据中的序号，上述序号均用阿拉伯数字表示，中间用短横线分隔号连接，如证据1–1、证据3–5、证据6–2。这种编号的好处是在证据编号中同时可以看出证据组别和证据在证据组别内的编号，补充提交证据时，能保证同一组内部证据编号的连续性。不便之处是，不能直接看出案件中证据的总数。这种方法比较适合案情复杂、需要强调证据的分组且分次提交证据的情况。

6. 证据页码

证据一定要编写页码，这样一方面方便举证和质证，另一方面也方便代理词等法律文书对证据内容进行引述。在司法实践中，现在仍然有相当部分当事人或代理人对提交的证据没有统一编写页码。证据页码使用阿拉伯数字，一般编写在页面的右上角。证据页码应在空白处，不能与证据本身的文字重叠或混在一起难以辨认。

证据页码要连续编号，包括证据本身的编号，也包括附在证据前对证据的辅助说明图表的编号。如果在一个诉讼程序中分多次提交了证据，下一次提交的证据的页码要接续上一次提交的证据页码，保证全案中本方证据页码的连续性。当然，二审中的新证据、申请再审中的新证据应当单独编写页码。

7. 证据清单

证据清单的撰写是证据整理的重要内容。证据清单不仅要书面阐释每一份证据在案件中的证明作用，而且也要体现前面证据取舍、证据组织、证据编号等工作的成果。

考虑到证据清单的重要性，也考虑到证据清单在案件流程管理中和法律文书模板化工作中的作用，我们将证据清单单独设定为一个流程步骤，证据清单的具体内容我们将在其他文章中详细探讨。

8.与当事人交流

编写好证据页码并撰写完证据清单后，还有一项重要的工作，即需要将拟提交给人民法院的证据与当事人再次讨论交流。这一工作非常重要，尤其对重大且复杂的案件、对当事人或当事人法务部门共同参与的案件，这一工作更显得重要。

遗憾的是，在相当部分案件代理中，代理人往往忽略了这一项工作，从而可能给案件的举证质证工作，甚至给全案的代理工作带来风险或不利影响。

这一步骤中的证据交流是代理人团队对证据进行系统整理后的交流，不同于之前的收集证据阶段的交流。系统整理后的证据能清晰地反映出案件的证据思路。代理人将整理好的证据和证据清单反馈给当事人，不仅方便当事人进一步了解证据思路，方便当事人在证据思路上和代理人保持同步，而且可以在此基础上进一步征询当事人的意见，核实和确认当事人对全案证据是否有进一步的补充和完善。

作为代理人，在上述证据的交流讨论中重点需要核实如下问题：第一，当事人在了解全案证据思路后，在阅看整理后的证据后，对本案的证据有无新的补充，是否还有其他证据或证据线索。第二，对方当事人对本方拟提交的证据可能提出何种异议，对方可能提出何种反驳证据，对这些异议如何进行应对。第三，这些证据有无瑕疵、有无原件，在与当事人充分交流后，在得到当事人确认后，作为代理人才能对拟提交的证据最终定稿。

9.证据装订

在与当事人交流确认后，需要对证据进行装订。证据装订时一般要注意如下事项。

①不同的人民法院或仲裁机构对证据的装订可能有不同的要求，要注意它们之间可能存在的细微差异，按照受理案件的人民法院或仲裁机构的习惯或要求装订证据。

②除部分人民法院要求证据不装订外或证据比较简单没有装订的必要外，一般情况下应当将证据装订成册。一般来说，仲裁案件更强调将证据装订成册。对提交给人民法院或仲裁机构的证据即使不装订成册，也应当整理好，用燕尾夹夹好。不管是否装订成册，都不宜在证据上打孔。

③如果证据较多，宜分册装订，每册证据的厚度不宜过大。

④应当将证据清单和证据装订或整理在一起。如果装订成多册证据，也可以在每册证据的前面分别配置证据清单。

⑤装订成册的证据应当有封面。封面上应当写明案件的名称、哪一方提交的证据、证据册数序号、提交的时间等内容。证据册的侧面最好也标明案件的名称及哪一方提交的证据及证据册序号。为方便区分，一般原告、被告、第三人分别选用不同的封面颜色。

⑥证据应准备合理的份数。除提交给人民法院或仲裁机构的份数外，一般应当给当事人预留一份，代理人应自备一份。

10. 证据标注

在证据装订之后，还有一项重要的工作是对证据进行标注，即依据证据清单中对证据的阐述，对证据的相关部分进行标注。

证据标注主要有三个方面的作用：第一，方便本方的举证。对证据进行标注后，方便举证时对证据的重要部分进行宣读，方便对证据进行阐释。第二，方便裁判人员对证据进行审阅。证据的内容可能比较多，但与案件争议焦点相关的内容可能只有几条或一条，对该部分进行标注，方便裁判人员阅读。第三，凸显证据关键部分的证明作用。对证据的重要部分或关键内容进行标注以后，在视觉效果上进行了强化，自然能更加凸显该部分的证明作用。

证据标注时应当使用彩色笔，不应当对证据的文字部分进行改动，应当使标注部分和原文明显地区分开来。必要时，也可以用标签条对证据制作索引。

第二节　民事证据实务运用技巧

一、民事案件证据的举证技巧

（一）民事诉讼举证责任的通常准则

民事诉讼证据制度的核心之一便是举证责任，即指当事人对自己提出的主张有收集或提供证据的义务，并有运用该证据证明主张的案件事实成立或有利于自己的主张的责任。简而言之，即通俗常用的说法“谁主张，谁举证”。如果当事人没有举证或者虽然提出了证据却未能使法官的心证达到证明标准，特别是当诉讼到了最终阶段案件事实处于“真伪不明”状态时，将会承受对其不利的事实认定甚至败诉的后果。

“当事人对自己提出的主张，有责任提供证据”是我国《中华人民共和国民事诉讼法》第六十七条第一款规定确立的基本原则。同时《最高人民法院关于适用〈中华人民共和国民事诉讼法〉的解释》第九十条对这一规定进行了细化，该条第一款规定：“当事人对自己提出的诉讼请求所依据的事实或者反驳对方诉讼请求所依据的事实，应当提供证据加以证明，但法律另有规定的除外。”第二款规定：“在作出判决前，当事人未能提供证据或者证据不足以证明其事实主张的，由负有举证证明责任的当事人承担不利的后果。”该条第一款体现了行为意义上的举证责任，强调由哪一方当事人提供证据，侧重“提供”这一行为；第二款突出了结果意义上的举证责任，也即如果一个待证事实真伪不明时，由哪一方当事人承担不利后果，强调“不利后果”这一结果。《最高人民法院关于适用〈中华人民共和国民事诉讼法〉的解释》第九十一条对于举证责任如何分配作了进一步规定，即主张法律关系存在的当事人，应当对产生该法律关系的基本事实承担举证证明责任。主张法律关系变更、消灭或者权利受到妨害的当事人，应当对该法律关系变更、消灭或者权利受到妨害的基本事实承担举证证明责任。[①]

从概念层面而言，举证责任可分为两个维度：一是结果意义上的客观举证责任，即事实不明时由法定主体承担败诉风险，该责任由实体法预先确定；二是行为意义上的主观举证责任，即当事人为避免不利后果而积极收集、提出证据的义务，该责任可随诉讼进程在当事人间转移。客观举证责任的核心功能在于解决事实真伪不明时的裁判依据问题，并引导当事人的诉讼行为。前者由哪一方承担，一般根据民事法的实体规范在诉讼前就已经被"客观"地确定下来，因此又被称为客观举证责任；后者则随着诉讼程序的展开有可能在当事人之间转移，且此种转移主要根据当事人对举证必要性的主观认知而发生，故而又被称为主观举证责任。实践中，多数案件通过当事人履行主观举证责任查明事实，仅在穷尽证明手段仍无法认定事实时，才需适用客观举证责任规则。

客观举证责任的概念意味着举证的风险

负担必须具体分配给某一方当事人，而法律事先确定由哪一方当事人承担这种不利后果，就是所谓的举证责任分配。该种分配的基本功能在于：在当事人主张的事实真伪不明时，可以适用该举证责任规则，避免出现法官无法或拒绝作出裁判的情况。此外，该种分配也可以指引当事人的民事行为和诉讼行为。

客观举证责任是举证责任的本质，但绝大多数民事诉讼不会用到客观举证责任，这是因为大多数案件中，当事人会通过积极履行主观举证责任使案件事实得到证明。只有在待证事实真伪不明时（即"在诉讼结束时，当所有能够释明事实真相的措施都已经采用过了，但争议事实仍然不清楚的最终状态"），客观举证责任才能发挥作用。

（二）举证责任的转移

证明责任的转移，是指肯定某项事实的一方所提供证据具有表面上的证明效力，便可假定该事实成立，即证明程度具有高度盖然性标准时，对方若反驳该主张，需承担反驳证明责任，此即举证责任的转移。这一过程

---

① 段文波.民事证明责任分配规范的法教义学新释[J].政法论坛，2020，38（03）.

可能在当事人间多次往复，直至事实查清。举证责任转移的通常存在如下规则。

1.依据证明标准的递进性

《最高人民法院关于适用〈中华人民共和国民事诉讼法〉的解释》第一百零八条规定，对负有举证证明责任的当事人提供的证据，人民法院经审查并结合相关事实，确信待证事实的存在具有高度可能性的，应当认定该事实存在。民事诉讼中，一方当事人首先需要对自己主张的事实提出证据并达到一定的证明标准，使法官形成初步的心证。这个标准通常是使法官相信该事实存在的可能性大于不存在的可能性。例如在合同纠纷中，原告主张合同成立并生效，需出示合同文本等证据。当一方完成初步举证后，如果对方提出反驳主张，反驳方需要提出证据使法官对原主张产生合理怀疑。这一阶段，原主张方的证据优势受到冲击。如在上述合同纠纷中，被告若主张合同存在欺诈而无效，需提出诸如欺诈行为的证据线索或初步证据。

随着诉讼程序进展，如果原主张方针对反驳再次举证加强自己的主张，反驳方可能需要进一步提高证据强度来维持其反驳主张的可信度，从而推动举证责任不断在双方之间转移。

2.基于法律和司法解释的规定

《中华人民共和国民事诉讼法》第六十七条规定，当事人对自己提出的主张，有责任提供证据。当事人及其诉讼代理人因客观原因不能自行收集的证据，或者人民法院认为审理案件需要的证据，人民法院应当调查收集。同时，相关证据规则和司法解释对举证责任有明确规定。在一些法定情形下，举证责任会发生转移。例如在特殊侵权案件中，根据法律规定某些类型侵权的举证责任倒置，如《中华人民共和国民法典》第一千二百二十九条规定，因污染环境、破坏生态造成他人损害的，侵权人应当承担侵权责任。在环境污染侵权中污染者需对免责事由和因果关系不存在举证，当污染者完成初步举证后，如果受害者有新证据反驳，举证责任可能再次转移到受害者一方，要求其进一步证明污染者的证据存在问题或有新的损害事实与污染相关。

对于一些法律明确规定需要证明的事项，当事人完成相应举证后，对方若质疑需承担反驳的举证责任。比如在继承纠纷中，主张遗嘱有效的一方需证明遗嘱符合《中华人民共和国民法典》关于遗嘱形式等规定，若另一方质疑遗嘱真实性，需对其质疑提供证据。

（三）关于举证责任倒置的规定

证明责任的“倒置”，是相对于谁主张谁举证的“正置”证明责任分配原则而言的，将通常应由提出事实主张的当事人所负担的举证责任，由法律规定分配给对方，如果该方当事人不能就对立要件加以证明，则推定主张事实成立的一种证明责任分配制度。由于其对证明分配原则的补充后，实质上免除本应由己方承担的证明责任，因此证明责任倒置必须由法律明确规定，不可任意加以倒置。需要强调的是，证明责任倒置是针对特殊案件中，结合证明责任分配公平性、合理性的原则，考虑双方当事人之间证明的难易程度、权利保护目的、证据掌控等因素，由实体法将部分要件倒置由对方承担，而并非一概将提出主张一方所依据的要件事实全部倒置由对方承担。

1.劳动争议纠纷中的举证责任倒置规定

①因用人单位作出开除、辞退、减少劳动报酬等决定发生的劳动争议，以及用人单位的工资支付记录等证据，由用人单位负举证责任。

《最高人民法院关于审理劳动争议案件适用法律问题的解释（一）》第四十四条规定：“因用人单位作出的开除、除名、辞退、解除劳动合同、减少劳动报酬、计算劳动者工作年限等决定而发生的劳动争议，用人单位负举证责任。”此外，原劳动部《关于确立劳动关系有关事项的通知》第二条也规定了由用人单位负举证责任的“凭证”范围。

值得注意的是，上述规定不应被视为完全的举证责任倒置，否则意味着在相关纠纷中，劳动者完全无需提交任何证据，而应当考虑个案的实际情况、各方举证难度等进行综合判断。例如就开除这一问题，劳动者主张解雇补偿金请求权时，仅需要就解除劳动关系本身承担证明责任，而基于何种原因解除劳动关系则在所不论。用人单位如果提出抗辩，则需要证明劳动合同解除的合法性，此处即适用了举证责任倒置规则。

②工伤纠纷案件中，用人单位就不是工伤承担举证责任。

《工伤保险条例》第十九条第二款、《工伤认定办法》第十七条第一款规定：“职工或者其近亲属认为是工伤，用人单位不认为是工伤的，由用人单位承担举证责任。”

2.侵权纠纷中的举证责任倒置规定

按照民事实体法有关侵权的一般理论，构成侵权的四种要件事实是：加害行为、损害后果、行为与后果之间的因果关系、主观过错。原则上上述四要件均应由受害方承担举证责任。但侵权法中存在诸多举证责任倒置的规定：

①环境污染纠纷中，加害方就不存在因果关系承担举证责任。

《中华人民共和国民法典》第一千二百三十条规定：“因污染环境、破坏生态发生纠纷，行为人应当就法律规定的不承担责任或者减轻责任的情形及其行为与损害之间不存在因果关系承担举证责任。”

②建筑悬挂物坠落、高空坠物、堆放物倒塌、林木折断、窨井等地下设施等情形致他人损害的，加害方就不存在加害行为承担举证责任。

下列规定属于举证责任倒置的情形，同时也可视作过错推定的规定。

③新产品制造方法发明专利纠纷中，加害方就不存在加害行为承担举证责任。

《中华人民共和国专利法》第六十六条第一款规定：“专利侵权纠纷涉及新产品制造方法的发明专利的，制造同样产品的单位或者个人应当提供其产品制造方法不同于专利方法的证明。”

3.其他纠纷中的举证责任倒置规定

①一人有限责任公司债务纠纷中，一人公司股东就公司财产的独立性承担举证责任。

《中华人民共和国公司法》第二十三条规定：“一人有限责任公司的股东不能证明公司财产独立于股东自己的财产的，应当对公司债务承担连带责任。”

②耐用商品、装饰装修服务消费纠纷中，经营者就瑕疵不是由其造成承担举证责任。

《中华人民共和国消费者权益保护法》第二十三条第三款规定："经营者提供的机动车、计算机、电视机、电冰箱、空调器、洗衣机等耐用商品或者装饰装修等服务，消费者自接受商品或者服务之日起六个月内发现瑕疵，发生争议的，由经营者承担有关瑕疵的举证责任。"

（四）举证责任分配的特殊规则

在上述规则的基础上，民事诉讼中还有针对类型行为的特殊规则，主要包括：

①诉讼上的自认，即对方当事人对于己不利的事实进行自认的情况下，免除主张方的举证责任。

②免证事实，即当事人对主张中不需要当事人承担举证责任即可以认定的事实不需承担举证责任。《最高人民法院关于民事诉讼证据的若干规定》第九条规定："下列事实，当事人无需举证证明：

（一）众所周知的事实；

（二）自然规律及定理；

（三）根据法律规定或者已知事实和日常生活经验法则，能推定出的另一事实；

（四）已为人民法院发生法律效力的裁判所确认的事实；

（五）已为仲裁机构的生效裁决所确认的事实；

（六）已为有效公证文书所证明的事实。"

（五）关于举证责任减轻的规定

有关举证责任分配的调整并不限于倒置或转移，还包括一系列层次不同或程度不等的调整方法。在这一方面，侵权法上的过错是一个较为典型的领域。由于加害方的过错的主观性质，被害方一般较难对此进行成功举证，于是经由司法实践而后通过立法而发展出了旨在减轻受害人举证负担的一系列方法。①

1.关于无过错责任的规定

对于某些特殊领域的侵权行为，法律规定加害方承担"无过错责

---

① 王亚新.民事诉讼中的举证责任[J].证据科学，2014，22（01）.

任”，即受害方无需对加害方是否存在主观过错进行举证，彻底解除了受害方对加害方主观过错的举证责任。《中华人民共和国民法典》第一千一百六十六条对此作出一般规定，具体规定包括：

①机动车与行人的交通事故纠纷中，机动车一方没有过错的，对保险公司赔偿后仍有不足的部分，在不超过10%的范围内承担无过错赔偿责任；（《中华人民共和国道路交通安全法》第七十六条）

②无、限制民事行为能力人致人损害的，监护人承担无过错责任；（《中华人民共和国民法典》第一千一百八十八条）

③用人单位的工作人员执行工作任务致人损害的，用人单位承担无过错责任；（《中华人民共和国民法典》第一千一百九十一条）

④（适用于个人之间的劳务关系）提供劳务致他人损害的，接受劳务一方承担无过错责任；（《中华人民共和国民法典》第一千一百九十二条）

⑤产品缺陷致人损害的，生产者承担无过错责任；（《中华人民共和国民法典》第一千二百零二条）

⑥环境污染致人损害的，污染者承担无过错责任；（《中华人民共和国民法典》第一千二百二十九条）

⑦高度危险责任纠纷中，“高度危险”相关人员承担无过错责任；（《中华人民共和国民法典》第一千二百三十六条）

⑧饲养动物致人损害的，饲养人或管理人承担无过错责任（但动物园承担过错推定责任）；（《中华人民共和国民法典》第一千二百四十五条）

⑨建筑物倒塌致人损害的，建设单位与施工单位承担无过错责任；（《中华人民共和国民法典》第一千二百五十二条）

2.关于过错推定的规定

在客观举证责任仍由受害方承担的前提下，还有一种减轻其举证负担的方法，就是法律上的推定。这种方法是指用某个比较容易提供证据证明的间接事实来代替一个很难证明的要件事实，如果该间接事实得到证明就暂时认定要件事实为真，不过这种认定可以因对方的反证而遭到动摇。具体规定包括：

①无民事行为能力人在教育机构遭受人身损害的，推定教育机构具有

过错；（《中华人民共和国民法典》第一千一百九十九条）

②医疗机构存在违规、隐匿、销毁病例资料等情形且患者遭受损害的，推定医疗机构具有过错；（《中华人民共和国民法典》第一千二百二十二条）

③非法占有高度危险物的所有人、管理人的过错推定责任；（《中华人民共和国民法典》第一千二百四十二条）

④动物园的动物致人损害的，推定动物园具有过错；（《中华人民共和国民法典》第一千二百四十八条）

⑤建筑悬挂物坠落、高空坠物、堆放物倒塌、林木折断、窨井等地下设施等情形致他人损害的，加害方就不存在过错承担举证责任。（《中华人民共和国民法典》第一千二百五十三条、第一千二百五十五条、第一千二百五十七条、第一千二百五十八条）

3.司法实务中减轻当事人举证负担的做法

司法实务中，裁判者会尽量避免出现真伪不明的状态，但部分案件不可避免地出现无法查明真相的情形。此种情况下，裁判者往往以公平和诚实信用为原则，通过各种方式实质上减轻当事人举证的责任及负担。

目前我国司法实践中采取最多的方式，理论上称为“证明妨碍”，其基本含义是负有客观举证责任的一方当事人虽然已经尽到最大努力收集并提出证据，但由于对方当事人故意或过失地损毁、隐匿相关证据等妨碍行为，最终导致真伪不明的结果。实践中裁判者往往根据证据取得的难易程度等情况，对具体情形作出裁量。典型例子如婚姻家庭案件中的亲子关系鉴定问题，实践中如果一方申请鉴定、对方不同意或不配合，裁判者往往直接承认申请鉴定一方的主张，以此来制裁另一方当事人妨碍证明的行为。

（六）举证方法与实务技巧

古罗马法谚：“举证之所在，败诉之所在。”在民事诉讼实务中，举证往往是决定案件走向、结果最重要的因素。如前所述，我国民事诉讼证据制度的原则是“谁主张，谁举证”，即，主张积极事实的一方对该积极事实负有相应的举证责任，否则将承担举证不能的不利后果。由此可见，举证不仅要做到“举过证”，更要实现举证目的。

1.证据需在合理期限内提交

当事人对自己提出的主张应当及时提供证据。人民法院根据当事人的主张和案件审理情况，确定当事人应当提供的证据及其期限。举证期限可以由当事人协商，并经人民法院准许。人民法院确定举证期限，第一审普通程序案件不得少于十五日，当事人提供新的证据的第二审案件不得少于十日。适用简易程序审理的案件不得超过十五日，小额诉讼案件的举证期限一般不得超过七日。

当事人在该期限内提供证据确有困难的，可以向人民法院申请延长期限，人民法院根据当事人的申请适当延长。当事人逾期提供证据的，人民法院应当责令其说明理由；拒不说明理由或者理由不成立的，人民法院根据不同情形可以不予采纳该证据，或者采纳该证据但予以训诫、罚款。

值得注意的是，申请证人出庭作证的，应当在举证期限届满前提交申请书，申请书应载明证人的姓名、职业、住所、联系方式，作证的主要内容，作证内容与待证事实的关联性，以及证人出庭作证的必要性。

2.提交证据时应一并提供证据目录

当事人应当对其提交的证据材料逐一分类编号，对证据材料的来源、证明对象和内容作简要说明，签名盖章，注明提交日期，并依照对方当事人人数提出副本。当然，如果是网上立案，电子诉讼证据无需再提供副本。

3.提交的证据应紧紧围绕待证事实

当事人对自己提出的诉讼请求所依据的事实或者反驳对方诉讼请求所依据的事实，有责任提供证据加以证明。当事人要围绕自己主张进行举证，并向法庭陈述说明待证明的法律事实。

4.提交证据时应当提供原件或者原物

书证应当提交原件。物证应当提交原物。提交原件或者原物确有困难的，可以提交复制品、照片、副本、节录本等。提交外文书证，必须附有中文译本。需要注意的是，当事人在举证时虽然可以提供复制品或复印件，但必须由人民法院依法与原件进行核对，核对无异的才能与原件等同。如无法与原件核对，则不能单独作为定案的依据，当事人需承担相应的不利后果。

5.实务中常见的举证方式

（1）证据排列

一般来说，证据排列按照下列顺序：

先程序，后实体。如居民身份证、营业执照等证据应该放在前面用以证明案件管辖。案件的实体性证据应该放在后面。

证明同一个事实的证据，应当组合归类，形成证据块。

按照争议焦点组织证据——提前预判争议焦点，按照焦点举证。例如在侵权诉讼中，一般体现为构成要件。

（2）分类管理原则

每一类证据可以分为目录内证据、不提交证据、储备性证据。

目录内证据，即主动提交给法庭的，在证据目录上体现的证据。

不提交证据，即非法庭强制要求，否则不提交的。比如财务资料、内部纪要等。

储备性证据，观察对方提供的证据情况，判断其手上的证据储备情况。尤其是第一次开庭时，如果对方看到我们没有某部分证据，而误以为这部分证据我们并不掌握，若此时对方进行虚假陈述，我方即可在庭后马上提交反驳证据用以证明其虚假陈述，并要求法庭依法对其进行处罚。这不仅可以提高庭审效果，也有助于法官在心证上倾向我方，并认为对方是不诚实的。这在一定程度上可打乱对方的诉讼节奏。需要注意的是，本文并非提倡“证据突袭”，遇到态度强硬反对“证据突袭”的法官时会适得其反。若某证据属于本案重要的定案依据，不建议作为储备性证据。

（3）证明力优先原则

在使用上，可以按照以下规则重点突出使用：

a.含有对方自认内容的证据；

b.法庭依职权独立调取的证据；

c.法院的生效判决；

d.国家机关持有或出具的证据；

e.公证机关公证的证据；

f.案件当事人共同确认的，无三性异议的证据；

g.普通第三方持有或出具的证据；

h.案件一方当事人单方制作的证据。

（4）可视化举证方法

庭审过程的本质是信息的处理与传递，若你所传递的信息——案情、证据、观点等，让法官感觉复杂难解，那案件的走向大多不容乐观。在实务中，“可视化”是办理案件常用的工具，一言以蔽之，“可视化”在诉讼中的用途即用最直观的方式提升法官的办案体验。例如，当案情大量涉及多个时间点和区间时，我们需要利用时间轴梳理不同时间段的事实，仅靠文字或口头表达很难在受众脑海中形成直观印象，这时我们可以绘制出时间图来进行详细的说明解释。

a.时间图

案件涉及多个时间节点，可以通过绘制时间图，利用时间轴梳理不同时间节点发生的事实，来对案件进行详细的说明解释。

b.关系图

诉讼过程中，也可将案件中的人物关系、事实关系进行梳理，制作关系图，进一步说明案件情况。

例如，在某分家析产结合拆迁补偿安置案件中，由于家庭关系复杂，在为法官厘清案件事实，交代背景时可如图制作相应的关系图予以说明。

利用可视化方法，对案件的法律关系和事实关系梳理举证，将其核心内容按逻辑提炼归纳，采用案情发展时间图、人物关系图等等将案情清晰明了地展示出来，使受众“一目了然”。对律师来说，采用可视化方式可以更好地熟悉案情，有利于后续诉讼思路的形成；对委托人来说，可视化图亦能帮助委托人理清案件逻辑，让其对律师产生更高的信赖度；对法官来说，通过制作可视化的图表可以提高向法官传递信息的效率，便于案件审理，以尽可能影响法官心证向我方诠释的事实倾斜。

c.对比图（对照图）

例如在乔丹商标争议行政纠纷再审案件中，再审申请人迈克尔·乔丹的代理律师向法庭展示的PPT中，以时间轴分为上下方，其中上方为迈克尔·乔丹先生的运动生涯轨迹，下方为被申请人乔丹体育股份有限公司的商标申请轨迹，以时间点来一一对应，想要传递的信息一目了然。

同时，再审申请人代理律师现场将第三人乔丹体育注册的形象商标与迈克尔·乔丹先生在1997年12月10日NBA常规赛的上篮瞬间通过放大图片进行对比，具有强烈的视觉冲击效果。

因此，“举证”并不只是某个庭审程序之一，而是贯穿办理诉讼案件始终的一个过程，掌握举证方法和举证逻辑有利于构建诉讼框架，理清法律关系。通过合理的举证思路，运用合理的举证方法，可在诉讼过程中达到事半功倍的效果。

二、民事案件实务中的质证技巧

（一）质证的法律规范和意义

1.质证的法律规范

《中华人民共和国民事诉讼法》第七十一条规定：证据应当在法庭上出示，并由当事人互相质证。对涉及国家秘密、商业秘密和个人隐私的证据应当保密，需要在法庭出示的，不得在公开开庭时出示。

《最高人民法院关于适用〈中华人民共和国民事诉讼法〉的解释》第一百零三条规定：证据应当在法庭上出示，由当事人互相质证。未经当事人质证的证据，不得作为认定案件事实的根据。

因此，质证环节是整个庭审的核心环节，对于证据发表意见亦主要是在质证环节，通过质证程序进一步阐释，司法机关也将主要结合质证阶段原告或被告的质证意见进行综合评判后作出认定，并根据查清的事实适用法律。

2.质证在民事诉讼中的意义

（1）民事诉讼的程序要求：证据未经质证不得作为定案依据

《最高人民法院关于适用〈中华人民共和国民事诉讼法〉的解释》第一百零三条明确规定：“未经当事人质证的证据，不得作为认定案件事实的根据。”案件的审理过程即事实的发现过程，案件真相的查明依托于双方提供的证据，而未经质证的证据不得作为认定事实的根据，因此，从程序上说，质证是案件真相查明的必要条件。

（2）民事诉讼的实体需要：影响法官自由心证，帮助法官对证据进行认证

证据的质证可以影响法官对诉讼当事人及证据的整体印象。法官对证据的采纳和证据证明力的认定，取决于质证的质量与结果。逻辑缜密的质证不仅会让法官对己方印象有利，发现对方证据中的问题，也有助于法官理清案件要点。

（二）质证的程序和内容

1.质证的程序规定

《最高人民法院关于民事诉讼证据的若干规定》第六十二条对法庭调查中质证的顺序进行了规定："质证按下列顺序进行：（一）原告出示证据，被告、第三人与原告进行质证；（二）被告出示证据，原告、第三人与被告进行质证；（三）第三人出示证据，原告、被告与第三人进行质证。人民法院依照当事人申请调查收集的证据，作为提出申请的一方当事人提供的证据。人民法院依照职权调查收集的证据应当在庭审时出示，听取当事人意见，并可就调查收集该证据的情况予以说明。"

依照上述规定，质证分为两个环节，出示证据和质证。

（1）出示证据

即有举证责任的当事人应将证据展示给法官和对方当事人。出示证据应当以出示原物、原件为原则，根据《最高人民法院关于民事诉讼证据的若干规定》第六十一条的规定，只有在出示原件确有困难且法院允许以及原件已不存在且有证据证明复印件与原件一致的情况下，才可以出示复制品。

关于证人证言的出示，一般法院应当要求证人出庭作证。鉴定人的出庭作证是根据《中华人民共和国民事诉讼法》第七十八条的规定，只有在当事人有异议或者法院认为有必要的情况下，鉴定人才应当出庭作证。

（2）质证

在一方当事人出示证据后，另一方当事人对其出示的证据进行质证，

没有异议的可以作为定案的根据，有异议的则进行进一步的具体质证。需要注意的是，当事人对于证据的质证允许对方当事人予以回应，在司法实践中，法官对于复杂案件的关键证据，往往会组织当事人双方进行多轮的质疑和反驳，直至法官自身认为对于该证据形成了正确的自由心证为止。质证既可以一证一质，也可以分组将多个证据综合起来一并质证。

2. 质证的内容

根据《最高人民法院关于适用〈中华人民共和国民事诉讼法〉的解释》第一百零四条的规定，人民法院应当组织当事人围绕证据的真实性、合法性以及与待证事实的关联性进行质证，并针对证据有无证明力和证明力大小进行说明和辩论。能够反映案件真实情况、与待证事实相关联、来源和形式符合法律规定的证据，应当作为认定案件事实的根据。

因此，从最基本的诉讼逻辑上来看，原告的诉讼主张要得到法院支持主要依据是原告方提供的证据，而被告如果能推翻原告提供的证据，显然原告的诉请最后将无证据或证据不足，相应地其诉讼请求自然也不会得到法院支持。而要推翻原告证据，无非是认为原告的证据不真实、不合法或与本案无关，换言之，被告对原告举证主要是围绕原告提供证据的“三性”发表质证意见。质证的内容一般为对于证据的合法性、真实性、关联性三性进行质证，其实质在于质疑对方以证据想要证明的具体事实主张。

具体而言，首先要针对证据的合法性、真实性进行质证，因为二者是证据能够作为定案依据的前提，如果证据没有合法形式或者并非真实，即便与案件具有关联性，也不应该作为定案的根据。

合法性、真实性是对证据的“证据能力”的要求，而具备“证据能力”还要考虑证据“证明力”的大小，即关联性。只有同时具备证据能力和证明力，证据才可以作为案件事实的组成基础，但这并不意味着只要证据满足了三性要求，法院就会支持当事人该证据对应的事实主张，法官依然会根据自己的自由心证，对证据的证明力进行综合判断，再确定当事人的事实主张是否能够成立。

（1）对证据真实性的质证

《最高人民法院关于民事诉讼证据的若干规定》第八十七条规定：“审

判人员对单一证据可以从下列方面进行审核认定：（一）证据是否为原件、原物，复制件、复制品与原件、原物是否相符；……（四）证据的内容是否真实……"

可见，证据的真实性包括形式真实性和内容真实性两个方面，质证时均需予以关注。形式真实性指证据载体的可靠性，主要体现为证据是否为原件、原物，复制件、复制品与原件、原物是否相符；内容真实性可以理解为《最高人民法院关于适用〈中华人民共和国民事诉讼法〉的解释》第一百零四条所称"能够反映案件真实情况"。

形式是否真实是指证据的载体是否真实，例如当事人手写的文件，只要确实系当事人手写，并非伪造，那么无论所述内容如何，该证据的形式即为真实的；而证据的内容是否真实指证据所载明的内容是否真实，即是否与案件事实情况一致。

一般而言，对证据真实性的质证意见包括：①认可真实性；②不认可真实性；③认可形式真实性但不认可内容真实性（或反之）；④无法确认或无法核实证据真实性。

不认可形式真实性的情形，如未提供原件、原物，复印件、复制品与原件、原物不相符，未提供存储视听资料的原始载体，存在伪造、变造情况。不认可内容真实性，如证据材料记载的内容片面、不完整，与客观事实存在偏差。无法确认或无法核实证据真实性的情形，一般发生于当事人对证据材料的形成不知情，如证据材料是由案外人出具的。

（2）对证据合法性的质证

《最高人民法院关于民事诉讼证据的若干规定》第八十七条规定："审判人员对单一证据可以从下列方面进行审核认定：……（三）证据的形式、来源是否符合法律规定……"

①证据的合法性，包括来源合法性和形式合法性两方面。具体而言，可作如下解释。

来源合法性指证据的取得符合法律规定，涵盖主体合法、取得方式合法和程序合法三个层面。主体合法指出具证据的主体和取得证据的主体须合法，前者如证人须能够正确表达意志、鉴定人员及鉴定机构须具有鉴定资质；后者如外出公证人员至少二人、法院收集证据应由二人以上进行。取得方式合法，不存在《最高人民法院关于适用〈中华人民共和国民事诉讼法〉的解释》第一百零六条“以严重侵害他人合法权益、违反法律禁止性规定或者严重违背公序良俗的方法形成或者获取”证据的情形。程序合法，如鉴定机构应按照鉴定程序出具鉴定意见。

形式合法性是指证据符合形式上的要件。一是证据类型属于《中华人民共和国民事诉讼法》第六十六条规定的八种法定证据；二是形式要件合法，如根据《民事诉讼法解释》第一百一十五条，单位提交的证据应当由单位的负责人及制作人签名并加盖单位印章。

②在对证据的合法性进行质证时，一般从以下几个角度进行。

a.证据是否符合证据的法定形式。《中华人民共和国民事诉讼法》第六十六条规定的证据形式有八种：当事人的陈述、书证、物证、视听资料、电子数据、证人证言、鉴定意见和勘验笔录。

b.证据是否符合特定的形式要求。即证据的形式要件是否得到满足。例如，《最高人民法院关于适用〈中华人民共和国民事诉讼法〉的解释》第一百一十五条规定就对单位出具的证明材料规定了特殊的形式要件。

c.证据的来源是否合法。《最高人民法院关于适用〈中华人民共和国民事诉讼法〉的解释》第一百零六条规定：“对以严重侵害他人合法权益、违反法律禁止性规定或者严重违背公序良俗的方法形成或者获取的证据，不得作为认定案件事实的根据。”依此规定，侵犯个人隐私的偷拍、拍摄等证据，均会因违法获取而不能作为定案根据。

（3）对证据关联性的质证

《最高人民法院关于民事诉讼证据的若干规定》第八十七条规定，“审判人员对单一证据可以从下列方面进行审核认定：……（二）证据与本案事实是否相关”；而从《最高人民法院关于适用〈中华人民共和国民事诉讼法〉的解释》第一百零四条规定来看，证据不仅应“与本案事实相关”，还应“与待证事实相关联”。

对证据关联性进行质证时，应着重针对证据材料与待证事实之间有无关联性展开。因此首先需对待证事实进行判断，在请求 — 抗辩体系下明确举证一方需要证明的要件事实为何。

例如，原告方诉请主张合同因欺诈而可撤销，其需举证证明的要件事实是合同订立时存在欺诈行为，如果其提交的证据仅反映合同签订后无法履行，则缺乏与待证事实的关联性。关联性是指证据与待证事实之间内在的联系，关联性的大小直接关系到证据的证明力的强弱。证据关联性包括两个要素：第一，证据对待证事实具有证明性，即证据与待证事实有相关性；第二，证据本身可以增加或减少待证事实的可能性。

因此，对于关联性的质证一般从以上两个角度进行，即运用逻辑法则和经验法则，质疑证据与待证事实没有关系，或者即便有关系，也很难增加或减少待证事实本身的存在可能性。

实务中，一般是按照以下模式发表质证意见。

a.该证据“三性”不予认可，即不认可其真实性、合法性和关联性；

b.就算是该证据系真实的，但该证据与本案无关或者无法达到原告要证明的目的；

c.该份证据不仅不能证明原告要证明的目的，反而证明了被告方的观点；

d.原告提供证据与原告自己提供的其他证据或原告的陈述相矛盾；

e.该份证据所显示的内容有违常理；

f.该份说明（原告方书写的说明）本质上系原告的单方陈述，该单方陈述不能作为定案依据。

（4）针对证明力进行说明和辩论

所谓“证明力”，即指证据对于待证事实的证明效力。没有完美的证据，也没有完美的事实，证据大体都只是承载了案件部分事实的片段。民事诉讼中，待证事实真伪不明时，法官对正反证据的采信遵循“证据优势原则”，即通过对双方提供正反证据的证明力大小进行比较，最终作出对待证事实的判断。因而，指出对方证据存在的瑕疵和矛盾之处从而降低其证明力，或提出反驳证据削弱对方证据的证明力，尤为重要。在对“三性”发表意见之外，还须对证据的证明力大小、证据材料“承载事实”与举证方“主张事实”是否存在偏差、证据能否证明“待证事实”等进行说明和辩论。

虽然《最高人民法院关于适用〈中华人民共和国民事诉讼法〉的解释》第一百零四条表述为对“证据有无证明力和证明力大小”进行说明和辩论，但实践中，由于举证方往往会阐述其“证明目的”，质证方也普遍习惯于对“证明目的”而非“证明力”发表辩驳意见。笔者认为，对证据能否证明对方的证明目的进行论理，本质上也属于对证明力进行辩论的一部分。

针对证明力进行说明和辩论，可以考虑如下方向：①证据的性质，如属于公文书证还是私文书证，公文书证是否经过档案部门或者制作部门的证明，私文书证是否有增添涂改等瑕疵；②出具证据的主体，如证人是否与案件存在利害关系；③证据的形式，如复制件、复制品能否与原件、原物核对；④证据属于单一证据，还是串联的、可以互相印证的证据。

质证工作是多维度、多层次的，需围绕证据“三性”和证明力四个方面展开，对证据“三性”和证明力不加区分、一概否认的方式并不可取。比如，对方提交一份政府部门内部会议纪要，可以从会议纪要并非政府对外公示文件的角度，表示“对形式真实性、证据来源的合法性无法核实、确认”；并从会议纪要的作出时间、针对事项、是否最终落地实施等角度，就其内容真实性、与待证事实的关联性和证明力发表看法。而囫囵吞枣地“否定四连”，不仅可能会向法庭传递出不诚信的印象、降低自身言语的可信度，还可能丧失就证据内容和证明效力充分发表意见的机会。

（三）各类证据的质证实务要点

依据《中华人民共和国民事诉讼法》规定的八种证据形式，笔者结合实务要点分类提示如下。

1. 书证、物证

要求出示原件：依据相关法律规定，除非存在特殊情形，当事人有权要求对方出示书证、物证的原件或原物。在质证时，务必首先要求对方提交原件，只有见到原件，才能对证据的真实性进行有效判断。对于无法提供原件的证据，原则上不应轻易质证。比如在借贷纠纷中，借条作为关键书证，若出借方仅提供借条复印件，而无法出示原件，借款方有权对其真实性提出质疑，拒绝在无原件的情况下进行质证。因为复印件容易被篡改，无法确定其与原件是否一致，难以作为认定事实的可靠依据。

特殊情况处理：若对方确实无法提供原件，且法庭要求附条件发表质证意见，此时一定要在笔录中明确所发表质证意见的前提条件。例如在房屋买卖纠纷中，卖方因原件丢失，只能提供购房合同复印件，法庭要求买方质证。买方在质证时应明确表示，其质证意见是基于复印件，且不认可复印件的真实性，仅在法庭要求的情况下进行形式上的质证，以防后续笔录出现对己方不利的误解。

2. 当事人陈述

当事人对案件事实的陈述往往包含多个方面，在质证时需格外留意，防止遗漏关键事实。首先，应针对整体事实表明明确的质证态度，随后针对对方陈述的具体细节，逐一表明认可或否认的立场。例如在合同纠纷案件中，原告陈述被告未按约定时间交付货物，被告质证时不仅要对该整体陈述表明态度，还需针对原告所提及的交付时间、货物规格等具体内容进行回应，指出其中与事实不符之处。如实际交付时间有相关物流单据可证明，并非原告所述时间；货物规格在合同签订时有特殊约定，原告陈述的规格与约定不符等。

3. 鉴定意见、勘验笔录

鉴定意见质证准备：鉴定意见通常涉及复杂的专业问题，质证的关键在于庭下的充分准备。要仔细研究鉴定结论，查看其中是否存在适用条件或作出结论的前提声明，从逻辑上审查其鉴定方法是否科学合理，检查结论的事实依据和法律依据是否充分。例如在医疗损害责任纠纷案件中，针对医疗过错鉴定意见，患者一方质证时应关注鉴定机构采用的鉴定标准是否符合行业规范，鉴定过程中对病历资料的分析是否全面准确，鉴定结论是否与实际病情及医疗行为相符等。若对鉴定意见存在疑问，可请求鉴定人员出庭，并考虑事先委托相关专业人员协助质证，以弥补自身专业知识的不足，更好地对鉴定意见进行质证。

勘验笔录质证要点：勘验笔录的质证与鉴定意见有相似之处。要重点检查勘验笔录的形成过程是否存在漏洞，如勘验人员是否具备相应资质，勘验程序是否符合规定，勘验时间、地点是否准确等。同时，要核查勘验笔录的内容能否与案件其他证据相互印证。在房屋质量纠纷案件中，对于房屋现场的勘验笔录，业主质证时应查看勘验人员是否按照相关建筑规范进行勘验，勘验笔录中记录的房屋质量问题是否与现场照片、证人证言等其他证据一致。若发现勘验笔录存在与其他证据矛盾之处，可对其真实性和证明力提出质疑，要求法院对该证据进行进一步审查核实。

4.视听资料、电子数据

核查原始载体：近年来，随着信息技术的发展，通过短信、微信、QQ、电子邮件等电子数据证明案件事实的情况日益增多。这类证据通常以打印截图的形式提交给法院，给对方质证带来较大难度。在质证时，首先要核查证据的原始载体，如手机短信、微信聊天记录等需核查原始手机。因为电子数据具有虚拟性，极易被篡改、复制、剪辑，一旦缺失原始介质，其真实性便难以保障。在某网络购物纠纷中，消费者以微信聊天记录作为证据，主张商家承诺的商品质量与实际不符。商家质证时，若消费者无法出示原始手机展示聊天记录，商家可主张对该证据的真实性不予认可，因为无法确定截图是否经过剪辑，聊天内容是否完整真实。

核查主体真实性：在民事诉讼中，电子数据涉及的主体身份认定至关重要。短信、微信、电子邮件等证据中的主体往往仅体现为账号或图像，需仔细核实该账号或图像是否确为所主张的主体。若证据中的主体身份无法查实，该证据很可能是伪造的，不具备真实性，不能作为定案依据。比如在名誉权纠纷案件中，一方以微博私信聊天记录作为证据，证明对方存在侵权言论。但私信账号并非实名认证，且无法通过其他方式确定账号使用者身份，那么该证据的真实性就存在重大疑问，对方可以此为由对证据真实性提出质疑。

核查内容完整性：即使电子数据中的往来是真实的，举证方也可能通过有选择地提交部分内容，达到虚假的证明效果。因此，审查证据内容的完整性十分必要。以电子邮件为例，若对方提交的邮件内容看似对其有利，但存在前后邮件缺失的情况，质证方可要求对方提供完整的前后邮件内容。在有充分证据证明对方恶意删除关键邮件的情况下，甚至可要求进行 IT 技术恢复。对于录音、录像类证据，要确保其完整、未经剪辑，对于经过技术剪辑、拼接的证据，不应予以认可。例如在劳动纠纷案件中，员工提交与老板的电话录音作为证据，主张老板承诺的加薪未兑现。但老板质证时发现录音存在明显的剪辑痕迹，部分关键对话缺失，那么该录音证据的证明力将大打折扣，老板可据此对证据的完整性和真实性提出有力质疑。

经公证的电子证据质证：根据《最高人民法院关于民事诉讼证据的若干规定》，已为有效公证文书所证明的事实，一般无需再证明。对于公证过的电子证据，若无充分证据反驳，不建议直接否认公证内容，但仍可从形式上进行质证。一是审查公证过程是否规范完整，公证文书应详细记录公证证据的形成过程，包括打开往来系统、输入账号密码、查看证据等环节，同时还需证明载体运转正常，如电脑正常联网、手机能正常登录微信等。二是核查公证书记载的操作人员身份是否中立，公证环境是否客观。若操作人员不是公证员，或者操作电脑并非第三方电脑，就可能存在预先编辑软件、设置网络环境或登录虚拟网页的风险。例如在知识产权侵权纠纷中，原告提交经过公证的网页截图作为被告侵权的证据。被告质证时发现，公证过程中操作人员是原告公司员工，且使用的是原告公司内部电脑，那么被告可对公证过程的客观性和公正性提出质疑，削弱该公证证据的证明力。

5.证人证言

利害关系考量：证人与当事人、案件处理结果之间的利害关系是影响证人证言真实性的重要因素。若证人与一方当事人存在密切关系，如系当事人的员工、亲戚、朋友等，其证言可能因利害关系而倾向该方当事人，缺乏客观性。但单纯以利害关系为由质疑证人证言，力度相对较弱。还需结合证人证言与其他证据之间是否存在矛盾、能否相互印证来综合判断。在交通事故赔偿纠纷中，若一方证人是其同事，对方质证时可指出证人与该方当事人存在利害关系，同时对比证人证言与交警部门出具的事故认定书、现场监控视频等其他证据，若发现证人所述事故发生时间、经过与其他证据不符，可有力地削弱该证人证言的可信度。

证言内容审查：证人应当客观陈述其亲身感知的事实，不得使用猜测、推断或评论性语言。审查证人证言内容时，要遵循“亲身感知规则”，判断证人是否只是对自己耳闻目睹的案件情况进行如实陈述，或是夹杂了主观臆断。对于传来证人证言，需明确其来源是否可靠，道听途说的消息不能作为有效证言。此外，证人的年龄、身体状况、感知案件事实时的环境、精神状态等因素，都会影响证言内容的可信度。在未成年人作证的案件中，要考虑其认知水平和表达能力是否与证言内容相符；在证人作证时处于醉酒等精神状态不佳的情况下，其证言的真实性也应受到质疑。若证人证言内容不连贯、缺乏关键细节，或者细节与其他证据矛盾，无法相互印证，那么该证言的可信度将大大降低，可能表明证人并未亲自感知案件情况。

证人品德质证考量：在司法实践中，从证人品德角度对证言进行质证的情况较少，但证人的品德确实会影响其证言的可信度。若有证据证明证人曾在其他案件中作过伪证，那么在本案中其证言的可信度将大打折扣。例如在商业欺诈纠纷案件中，若发现对方证人曾因在另一商业案件中作伪证而受到法律制裁，己方在质证时可提交该相关证据，向法庭说明该证人的诚信存在问题，其证言的可靠性值得怀疑，从而降低该证人证言对法官的影响。

作证资格审查：从作证资格角度，要考虑证人作证时的年龄、认知水平、记忆能力、表达能力以及生理和精神状态等因素是否会影响证言的真实性。不能正确表达意思的人，不具备作证资格。对于自然人证人，若其在作证时表现出明显的认知障碍或无法清晰表达观点，其作证资格应受到质疑。对于单位证人，其作证方式一般是出具书面证明文件，根据《最高人民法院关于适用〈中华人民共和国民事诉讼法〉的解释》规定，单位证明需具备单位负责人签字或盖章、出具人签字或盖章以及单位公章这三个要素，才具备合法的形式要件，具有作为证据的资格。在公司合同纠纷中，若对方提交的单位证人证明文件缺少单位负责人签字，己方可以此为由对该证据的合法性提出质疑，主张该证明文件不具备作为有效证据的资格。

证据来源审查：证人证言的取得程序和方式必须符合法律规定，严禁采用欺诈、胁迫、暴力等非法手段获取证人证言。若发现证人证言存在上述非法取得的情形，该证言不得作为定案依据。在一些民间借贷纠纷案件中，可能存在债权人通过威胁、恐吓等手段迫使证人作出对其有利证言的情况，债务人在质证时若能掌握相关证据，证明证人证言系非法取得，那么该证人证言将被法庭排除，不能作为认定案件事实的依据。同时，若询问笔录反映出在同一时段，同一询问人员询问不同证人等程序瑕疵，且无法补正或作出合理解释的，该证人证言也不得作为定案依据。

第三节　民事案件庭审应对策略

在法律的殿堂中，法庭不仅是正义得以彰显的地方，更是展现其深厚法律功底、精湛辩论技巧与卓越心理素质的最终舞台。每一次开庭，都是对代理人综合能力的一次全面检阅，要求他们不仅精通法律条文，还要具备敏锐的洞察力、严密的逻辑思维以及出色的应变能力。民事案件庭审的核心在于：法庭是你的说服对象，而非对方。鉴于一审案件庭审次数有限，如何高效利用每次庭审机会，精准无误地向法庭传达观点与论据，是赢得诉讼的关键。特别是在一审阶段，把握时机，言简意赅地表达核心诉求与论据至关重要。

一、庭审应对的总体策略

（一）庭前准备

1.深入研究案件材料

仔细查阅原告提交的起诉状、证据清单及相关证据，对其诉讼请求、事实依据和法律依据进行全面梳理和分析，找出其诉讼主张的关键要点和潜在漏洞。

同时，认真审查己方掌握的证据材料，包括合同、文件、证人证言、视听资料等，确定其真实性、合法性和关联性，筛选出能够有力支持己方观点的关键证据，并按照逻辑顺序进行整理编号，制作证据目录，对每份证据的证明目的进行详细说明，以便在庭审中能够快速、准确地出示和阐述。

2. 法律条文检索与分析

根据案件的性质和涉及的法律关系，广泛收集相关的法律法规、司法解释以及权威案例，对可能适用的法律条文进行深入研究和解读，准确把握法律条文的含义、适用条件和法律后果，确保在庭审中能够准确引用法律依据，有力地反驳对方的观点，维护己方的合法权益。

关注法律条文的更新和变化情况，避免因适用旧法而导致不利后果。同时，对于法律条文存在争议或模糊不清的地方，要提前做好应对准备，查找相关的学术观点、权威解读以及类似案例的裁判观点，以便在庭审中能够灵活应对法官的询问和对方的质疑，为己方的法律主张提供充分的理论支持。

3. 制定庭审提纲

在全面掌握案件事实和法律依据的基础上，结合案件的争议焦点，制定详细的庭审提纲。庭审提纲应包括以下主要内容。

（1）开场陈述

简要阐述己方对案件的基本观点和立场，明确诉讼请求的合理性和合法性，引起法官对案件关键问题的关注。

（2）对证据的质证意见

针对对方提交的证据，逐一提出真实性、合法性、关联性方面的质疑，并说明理由。同时，对己方证据的优势和证明力进行强调，为法官采信己方证据奠定基础。

（3）询问证人的问题

如果案件涉及证人出庭作证，提前拟定好询问证人的问题，问题应具有针对性、逻辑性和引导性，旨在揭示案件事实真相，支持己方的诉讼主张。

（4）辩论观点

围绕案件的争议焦点，从事实认定、法律适用、证据采信等方面展开论述，详细阐述己方的观点和理由，反驳对方的观点，预测对方可能提出的反驳意见，并提前准备好应对措施，做到有理有据、条理清晰、逻辑严密。

（5）最后陈述

在庭审即将结束时，对整个庭审过程进行总结，再次强调己方的核心观点和诉讼请求，向法官表达希望得到公正裁决的愿望，给法官留下深刻、清晰的印象。

（二）庭审过程中的应对技巧

1. 保持良好的形象和态度

着装整洁得体，符合法庭的庄重氛围，展现出专业、严谨的形象，给法官和对方当事人留下良好的第一印象。

在庭审过程中，要保持冷静、理智、沉稳的态度，避免情绪激动、言辞过激或与对方当事人发生争吵，以免影响法官对己方的印象和案件的审理结果。尊重法官的权威，遵守法庭纪律，听从法官的指挥和安排，适时、礼貌地表达自己的观点和意见，树立良好的诉讼形象。

2. 清晰准确地表达观点

发言时要声音洪亮、语速适中、语言简洁明了，确保法官和对方当事人能够清晰地听到并理解自己的观点。避免使用模糊、含混、有歧义的词汇和语句，尽量用通俗易懂的语言阐述复杂的法律问题和案件事实，增强表达的效果和说服力。

在陈述观点时，要有条理、有逻辑地展开论述，按照一定的顺序组织语言，如先陈述事实，再引用法律依据，最后得出结论，使整个论证过程清晰、连贯、易于理解。同时，要注意与法官保持眼神交流，关注法官的反应和表情，及时调整自己的表达方式和内容，确保法官能够跟上自己的思路，理解自己的观点。

3. 灵活应对庭审中的突发情况

在庭审过程中，可能会出现各种突发情况，如对方当事人提出新的证据、证人改变证言、法官提出意想不到的问题等。遇到这些情况时，要保持冷静，迅速分析问题的性质和影响，灵活调整自己的应对策略。

如果对方提出新的证据，要仔细审查其真实性、合法性和关联性，及时提出质证意见，要求对方说明证据的来源和证明目的，并结合己方掌握的证据进行反驳。如果证人改变证言，要通过询问证人的方式，找出其改变证言的原因和矛盾之处，揭露其证言的虚假性，维护己方的利益。如果法官提出问题，要认真倾听，准确理解问题的含义，迅速组织语言进行回答，回答要简洁明了、切中要害，避免含糊其词或回避问题。

（三）证据的运用与质证技巧

1. 证据的出示顺序与方式

在庭审中，证据的出示顺序应根据庭审提纲和案件的逻辑结构进行合理安排，一般按照先出示核心证据，再出示辅助证据的顺序进行，以便能够逐步构建起完整、有力的证据体系，支持己方的诉讼主张。

证据的出示方式要多样化，根据证据的类型和特点选择合适的出示方式，如书面证据可以通过提交原件、复印件或电子文档的方式进行出示，并在法庭上进行简要说明；证人证言可以通过证人出庭作证、宣读证人证言笔录或播放证人作证视频的方式进行出示；视听资料可以通过播放原始载体或经过法庭认可的复制件的方式进行出示，并对其来源和制作过程进行说明，确保证据的真实性和合法性得到充分展示。

2. 质证的技巧与要点

质证是庭审中的关键环节，对于对方提交的证据，要进行认真细致的审查和分析，从真实性、合法性、关联性三个方面提出质疑和反驳意见。

对于真实性存疑的证据，可以从证据的来源、形式、内容等方面进行质疑，如证据是否为原件、是否存在伪造或篡改的痕迹、证人是否与案件有利害关系等；对于合法性存疑的证据，可以从证据的收集程序、取证手段是否合法等方面进行质疑，如证据是否通过非法拘禁、威胁、引诱等手段获取；对于关联性存疑的证据，可以从证据与案件事实是否具有直接或间接的联系、证据能否证明对方的诉讼主张等方面进行质疑，指出证据与案件无关或证明力不足，要求法庭不予采信。

在质证过程中，要注意语言表达的技巧和方式，避免使用过于强硬、生硬的措辞，以免引起法官的反感。可以采用委婉、含蓄但又明确有力的表达方式，如“对于这份证据，我们认为其真实性存在一定的疑问，理由如下……”“从证据的关联性来看，这份证据与本案的争议焦点并无直接关联，无法证明对方的观点……”等，通过有理有据的质证，削弱对方证据的证明力，为己方的诉讼主张创造有利条件。

（四）辩论环节的策略与技巧

1.抓住争议焦点进行辩论

在辩论环节，要紧紧围绕案件的争议焦点展开论述，避免偏离主题或陷入无关紧要的细节争论。明确争议焦点后，针对每个焦点问题，分别阐述己方的观点和理由，运用事实证据和法律依据进行充分论证，使自己的观点具有说服力和可信度。

要注意分析对方在争议焦点问题上的观点和论据，找出其漏洞和不足之处，进行有力的反驳。在反驳对方观点时，要避免简单地重复自己的观点，而是要针对对方的论点和论据进行逐一剖析，指出其错误之处，并提出相应的反证，使法官能够清晰地认识到对方观点的不合理性，从而倾向于支持己方的观点。

2.运用逻辑推理和法律论证

辩论过程中要注重运用逻辑推理和法律论证的方法，使自己的观点和主张具有严密的逻辑性和法律依据。逻辑推理要遵循三段论的基本规则，即大前提、小前提和结论的一致性和连贯性，通过合理的推理过程得出令人信服的结论。

在法律论证方面，要准确引用相关的法律法规、司法解释和权威案例，将法律条文与案件事实有机结合起来，说明己方的诉讼请求符合法律规定，对方的行为构成违约或侵权等违法行为，从而为自己的主张提供坚实的法律支撑。同时，要注意对法律条文的解释和适用要准确、恰当，避免断章取义或曲解法律原意，以免引起法官的质疑和对方的反驳。

3.控制辩论节奏和气氛

辩论时要注意控制节奏和气氛，避免过于急促或冗长的发言。发言要有条理、有重点，每个观点的阐述时间不宜过长，以免让法官和对方当事人感到厌烦或疲劳。同时，要注意观察法官的表情和反应，根据法官的关注度和兴趣点适时调整自己的辩论节奏和内容，确保法官能够认真听取自己的观点和意见。

在辩论气氛上，要保持理性、平和的态度，避免与对方当事人发生激烈的争吵或情绪化的对抗。即使对方当事人言辞激烈或存在不当行为，也要保持冷静，通过理性的反驳和辩论来维护自己的权益，展现自己的专业素养和风度，赢得法官的认可和尊重。

（五）庭审后的跟进与总结

1. 及时整理庭审记录

庭审结束后，要尽快获取庭审记录，并对庭审过程中各方的观点、证据、争议焦点以及法官的询问和指示等内容进行仔细梳理和核对，确保记录的准确性和完整性。如果发现庭审记录存在遗漏、错误或模糊不清的地方，要及时向法庭提出申请，要求进行补正或更正，以便为后续的诉讼工作提供准确的依据。

2. 补充提交证据或材料

根据庭审情况，如果发现己方存在证据不足或需要进一步说明的问题，要及时收集相关证据或材料，并在法庭规定的期限内提交给法庭。补充提交的证据或材料要有针对性和关联性，能够对庭审中己方的观点和主张起到有力的支持作用，避免提交无关或重复的证据，以免影响法官的判断和案件的审理进度。

3. 与法官保持沟通（在合法合规的前提下）

在庭审后，可以在合法合规的前提下，通过适当的方式与法官保持沟通，了解案件的审理进度和法官对案件的看法。沟通时，要注意方式方法和语言表达，尊重法官的工作和权威，避免给法官施加不当压力或干扰法官的独立审判。可以就案件中的一些关键问题或法律适用问题向法官请教，表达自己的观点和意见，但要注意不要强行争辩或试图影响法官的判断，而是要以理性、客观的态度与法官进行交流，为法官正确审理案件提供有益的参考。

4. 总结庭审经验教训

无论案件的审理结果如何，庭审结束后都要对整个庭审过程进行全面、深入的总结和反思，分析己方在庭前准备、庭审应对、证据运用、辩论技巧等方面存在的优点和不足之处，总结经验教训，为今后的诉讼工作提供借鉴和参考。针对存在的问题，要制定相应的改进措施和学习计划，不断提高自己的诉讼能力和水平，确保在今后的民事案件庭审中能够更加从容、有效地应对各种情况，维护当事人的合法权益。

（六）庭审参考话术

庭审开场常见话术有“清楚”“不申请”“无异议”。

对起诉状或答辩状的确认：“我方确认与对方提交的起诉状/答辩状一致，或基本一致，并补充×点事实与理由。”

对证据清单的确认：“我方确认与对方提供的证据清单一致，或基本一致，并补充×点内容。”

质证时的常见表述：“我方对对方提交的该组证据的真实性、合法性、关联性及其证明目的均不予认可。”“我方认为对方提供的该组证据与本案无直接关联性。”

对调解方案的回应：“请允许我先与我的委托人进行沟通。”

法庭辩论中的表达：“我方意见与起诉状/证据目录/质证意见/庭审记录中的表述相同，但在此基础上，我补充×点观点。”

最后陈述：“我方恳请法庭支持我方诉讼请求。”“我方请求法庭驳回对方诉请，或依法作出公正判决。”

民事案件庭审应对是一项综合性、系统性的工作，需要代理人或当事人在庭前做好充分的准备工作，在庭审过程中灵活运用各种应对技巧和策略，在庭审后及时跟进和总结，不断提高自己的诉讼能力和水平，这样才能在民事案件庭审中取得良好的效果，实现自己的诉讼目标。

二、法庭调查中的具体应对技巧

（一）法庭调查的程序

法庭调查是人民法院按照法定程序，在法庭上对案件事实和证据予以审查核实的诉讼活动，同时也是开庭审理的核心，是案件进入实体审理的一个重要阶段。通过法庭调查，可以公开调查、公开举证、公开质证、公开认证，使案件事实清晰、责任明确，从而可以公平、公正、快速地结案。法庭调查的主要任务是围绕双方当事人争议的事实，通过证据的举证、质证以及法官发问，查明案件事实、审查核实证据，为正确认定案件事实、准确适用法律提供依据。这是法庭辩论的基础和前提。

法庭调查阶段包括双方当事人陈述各自的诉辩及相应事实和理由、举证和质证、当事人相互发问、事实补充以及法庭发问等环节。各环节前后衔接、相互补充，完整地将案件展现在法官面前，让法官能够查明案件事实、正确适用法律。根据《中华人民共和国民事诉讼法》第一百四十一条的规定，法庭调查按照下列顺序进行："（一）当事人陈述；（二）告知证人的权利义务，证人作证，宣读未到庭的证人证言；（三）出示书证、物证、视听资料和电子数据；（四）宣读鉴定意见；（五）宣读勘验笔录。"

因此"当事人陈述"是庭审调查第一环节，在作为原告时，首先则需要原告陈述诉讼请求、事实和依据。法官会让原告陈述诉讼请求及事实理由。因民事起诉状在原告立案时便会提交，因此庭审中原告只需把起诉状中的"诉讼请求"部分重复一遍，另说明"事实和理由"与之前提交诉状中一致即可。

（二）被告答辩技巧

若作为被告，需要重点注意针对原告的诉讼请求、事实和理由发表答辩意见。答辩状一般应在被告收到举证通知书时即准备好并递交法院，开庭时全文宣读。答辩意见的发表是被告第一次加强法官自由心证的机会，应予重视。当然，答辩不仅体现在被告向法院提供答辩状，还体现在庭审时被告的整个言辞答辩。因此，答辩在庭审中的重要性是毋庸置疑的。从某种程度上讲，被告进行答辩，是庭审程序推进的必然之举，法官可据此确定争议焦点、发现案件事实。不过，法官虽拥有依职权调查的权限，但是能否查明事实一定程度上受制于双方当事人的诉辩能力和技巧，如果没有被告的参与，庭审过程相当于攻防之战中只有矛而没有盾，可能会严重影响民事诉讼的进行和裁判的正确性。

被告应如何进行答辩？有人会说，这不是很简单，就是写个答辩状，辩驳原告就可以了，其实不然。如何才能成功地辩驳原告？在庭审过程中，被告只有针对原告向人民法院提出的诉讼请求以及该诉讼请求所依据的事实和理由提出主张、反驳、辩解、答复及其事实根据等意见，才能赢得主动。根据《中华人民共和国民事诉讼法》第五十四条，“原告可以放弃或者变更诉讼请求。被告可以承认或者反驳诉讼请求，有权提起反诉”，《中华人民共和国民事诉讼法》第一百二十八条规定，“人民法院应当在立案之日起五日内将起诉状副本发送被告，被告应当在收到之日起十五日内提出答辩状 …… 人民法院应当在收到答辩状之日起五日内将答辩状副本发送原告。被告不提出答辩状的，不影响人民法院审理”，《最高人民法院关于民事诉讼证据的若干规定》第四十九条，“被告应当在答辩期届满前提出书面答辩，阐明其对原告诉讼请求及依据的事实和理由的意见”等规定，答辩对于被告而言，既是权利，被告可以承认或者反驳诉讼请求，有权提起反诉，又是义务，被告在答辩期间内应当履行答辩的义务。当然，被告不提交答辩状或者怠于行使答辩的权利，并不必然导致不利后果的发生。但是，如果导致法官不能全面、准确地认定案件事实，也很可能会做出不利于其的裁判。

所以，被告应就原告向人民法院提出的诉讼请求以及该诉讼请求所依据的事实和理由做出积极回应。《中华人民共和国民事诉讼法》中虽规定了答辩的内容和形式，但对于被告如何进行答辩，并没有明确的规定。一般而言，有效的答辩需要遵循三个步骤。

1.识别原告主张的权利

第一个步骤，收到诉状后，作为被告，首先要弄清楚原告依据的法律规范、主张的权利。明确原告向谁主张、依据何种法律规范、主张何种权利，涉及请求权基础的寻找，请求权基础的寻找往往被视为诉讼活动的核心内容。原告想要其请求权得到法院判决的支持，必须在请求权基础的法律效果范围内提出诉讼请求，并就请求权基础的构成要件进行举证。对于被告而言，则需要认真阅看原告诉状，从诉讼请求及诉讼理由中寻找原告主张的法律关系，从而寻找到原告的请求权基础。具体可以分三步走：

第一步，对请求权所依据的实体权利的基本类型进行大方向上的限定。例如，涉及婚姻关系解除的离婚纠纷，则是《中华人民共和国民法典》婚姻家庭编规制的范围；涉及道路交通事故中的人身损害赔偿纠纷，可在《中华人民共和国民法典》侵权责任编中寻找法律依据；涉及追索劳动报酬纠纷，应在《《中华人民共和国劳动法》》《中华人民共和国劳动合同法》中检索基础规范。

第二步，对请求权的具体类型进行清晰的界定，并将原告的主张及理由归属到请求权的具体类型。根据请求权据以产生的基础权利，请求权可分为物权请求权、占有保护请求权、人身权请求权、知识产权请求权以及债权请求权五大类，每一大类请求权下可以细分为若干小类。以债权请求权为例，债权请求权的五种类型中，损害赔偿请求权又可以基于事由的不同至少分为八类，其中基于合同的损害赔偿请求权在合同法上又会有更多的具体类型。

第三步，根据请求权具体类型的指引，寻找有关请求权基础。以基于合同的损害赔偿请求权为展开，《中华人民共和国民法典》第五百七十七条具体规定了合同不履行的损害赔偿请求权，《中华人民共和国民法典》第五百六十六条具体规定了合同解除后的损害赔偿请求权，《中华人民共和国民法典》第一百五十七条具体规定了合同无效后、撤销后的损害赔偿请求权，《中华人民共和国民法典》第五百条具体规定了缔约过失引起的损害赔偿请求权，《中华人民共和国民法典》第五百二十七条、第五百二十八条具体规定了不当不安抗辩的损害赔偿请求权。

原告陈述事实清楚，法律依据明确的，则可以据此确定请求权基础；原告起诉时仅描述基本事实而未明确提出法律依据的情况下，应当将原告主张及理由归入上述步骤，进而对请求权基础进行确定；原告对案件事实的描述含混不清或模棱两可的，可待其明确后，从中梳理出与请求权相关的内容，再结合上述步骤确认请求权基础。

例如，自然人甲与乙签订年利率为24%、为期1年的500万元借款合同。后双方又签订了房屋买卖合同，约定："甲把房屋卖给乙，房款为甲的借款本息之和。甲须在一年内以该房款分4期回购房屋。如甲不回购，乙有权直接取得房屋所有权。"乙交付甲借款后，甲出具收到全部房款的收据。后甲未按照约定回购房屋，也未把房屋过户给乙。现房屋价格上涨至1000万元，乙要求甲将房屋过户给自己。

在上述纠纷中，有借款合同、房屋买卖合同，请求权所依据的实体权利的基本类型涉及债权、物权。现乙以房屋买卖合同为依据要求过户涉案房屋，表面上看是要履行房屋买卖合同，但究其实质，甲乙间系以订立甲将房屋出卖给乙的买卖合同之方式，担保甲对乙借款合同的履行。

在对请求权的具体类型进行界定时，要考虑买卖合同的从属性，房屋买卖合同是从属于借款合同的，甲乙之间根本就是借贷合同关系，并非房屋买卖合同关系。如果甲到期不对乙履行还款义务，乙应当按照借款合同起诉，而不能依照房屋买卖合同起诉。因此，根据请求权具体类型的指引，借款合同才是该案的请求权基础，并非房屋买卖合同。如果原告不变更诉讼请求，坚持以房屋买卖合同起诉，被告可以申请法院驳回起诉。

2.选择适合的抗辩

在识别清楚原告主张的权利后，被告经过分析，可以选择适合的抗辩，这是第二个步骤，也是答辩的关键环节。被告可以根据原告提出的诉讼请求、事实主张、法律关系性质等视情做出有针对性的答辩。

基于程序原因做出的答辩法院会依据程序法的规定，对已经立案受理的案件，审查原告的起诉是否符合民商事案件受理条件。若被告发现原告的起诉不符合法律规定的民商事案件受理条件的，也可以以此为由做出答辩。被告可以原告的诉讼请求不符合受理条件、不属于法院受理范围、原告主体不适格、缺乏诉的利益、重复起诉、没有经过前置程序等理由，请求法院驳回原告的诉讼请求。

基于实体原因做出的答辩被告想要通过抗辩免予承担民事责任，必须针对请求权基础的构成要件与法律效果提出否认、抗辩事由或在请求权基础之外另行主张抗辩权，以对抗原告的请求权。

a.如果被告认可原告的事实陈述，被告可用与原告主张的请求权基础来辩驳原告的诉讼请求无理由。

b.如果被告否认原告的事实陈述，即否定。比如，原告主张合同已经订立，被告则否认该陈述，被告需要陈述已经进行了哪些谈判并且是基于哪些原因没有达成协议；再如，在道路交通事故纠纷当中，被告否定了原告陈述的事故原因，那么被告应当陈述按照他的观点，事故是怎样发生的。

c.被告认可原告的事实陈述，但是提出可以驳倒原告陈述的事实。具体在实践中表现为“是……但是……”。被告的这种陈述便是构成诉讼法意义的抗辩。诉讼法意义的抗辩可以分为三类：其一，权利发生的障碍事实原告陈述所推出的法律后果自始不能发生，其存在受到阻碍。比如当事人在订立合同时处于精神障碍状态，或者合同缺乏法定形式，合同违反公序良俗，其最终结果是合同无效或者合同的请求权不存在。其二，权利的消灭事实涉及从当时起或者从现在起消灭原告已存在的权利效力的事实，比如已经偿付、抵消、免除、撤销、解约等抗辩。其三，权利阻止的事实被告需要行使拒绝给付权，拒绝给付权虽然没有消灭对方民法上的请求权，但是给予了被告拒绝给付的权利。比如时效的抗辩，未履行合同的抗辩。

例如，甲晚上酒后驾车回家，经过丙违章停放在路边的车辆时，行人乙突然从该车旁走出来，甲避让不及撞倒乙，乙因治疗花费3万元。乙要求甲赔偿3万元。甲辩称，乙确实是他撞的，这是认可原告的陈述，但是撞人是由于丙违章停车导致其没有及时发现乙造成的，丙也应当承担赔偿责任，符合“是……但是……”的表现形式，这是甲识别乙主张的权利基础应为无意思联络的共同侵权行为后做出的抗辩。

d.被告的抗辩可以不限于申请驳回原告的诉讼请求，还可以针对原告提起反诉。

3.提供相应的证据

第三个步骤，选择适合的抗辩后，对自己提出的事实主张有责任提供相应的证据加以证明。这是答辩的重要内容。做出诉讼法意义的抗辩，需要提供相应的证据。提供证据旨在证明案件的要件事实。案件的要件事实可以分为权利发生事实、权利发生的障碍事实、暂时阻止权利行使的权利阻止事实以及权利的消灭事实四类。

当原告对其主张的权利发生的事实提出证据并足以证明待证事实的情况下，被告就需要提出权利发生的障碍事实、暂时阻止权利行使的权利阻止事实或者权利的消灭事实予以抗辩，并承担相应的举证责任。如提不出抗辩的要件事实或者虽然提出但没有相关证据予以证明抑或证明力不足时，被告就要承担败诉的风险。

例如，在一起民间借贷纠纷中，原告出具被告签名的借条，该借条载明：被告分别于2015年9月25日、2015年12月25日各向原告借款2万元，现原告要求被告归还借款本金4万元并支付利息。被告辩称，2017年1月23日，经与原告联系、索要银行卡号后，以现金存款的方式归还借款2万元，据此，双方之间的借款已经结清。借条中“2015.12.25贰万元整（20000）”的内容系原告事后添加，被告从未在2015年12月25日向原告借款2万元。在这起请求借款返还诉讼中，原告提出的作为请求原因事实的“交付金钱”以及“约定返还”这两个要件事实，原告提供借条，就是证明原告主张借款返还请求权的权利发生事实。被告对于4万元做了两种不同的抗辩，借了2万元，但2万元已经归还，并提供了银行流水，该事实就是借款返还请求权的消灭事实；还有2万元是虚构的，自始就不存在，这是权利发生的障碍事实。鉴于被告并不能提供2万元虚假的证据，被告可以通过申请鉴定来解决证据的问题。如果被告抗辩借款还未到期，则是权利阻止的事实。

总之，被告可在识别原告权利的基础上，根据请求权基础的构成要件与法律效果，选择做出适合的抗辩，并提供相应的证据。在诉讼过程中，为避免单纯地为答辩而答辩，或者简单反驳对方的观点意见，应当遵循识别原告主张的权利、选择适合的抗辩、提供相应的证据三步骤，体会其中的内在逻辑价值，掌握答辩艺术，进一步提升答辩效果。

三、法庭辩论中的策略与技巧

法庭辩论是在法官的主持下，诉讼双方当事人全面阐释自己主张的法律依据，并针对对方的主张及理由进行争论反驳的过程，是当事人辩论权的充分体现。法庭辩论环节并非各方“畅所欲言”，而是内有玄机。在既定的程序下，沿着“法庭调查小结—争议焦点提炼—法庭辩论核心”这一脉络展开，事实、证据和法律适用才会更加明晰，法庭辩论才会更加简明、高效。

在司法实践中，法庭辩论常被弱化，一些法官和当事人偏重法庭调查，使法庭辩论沦为“形式”，这是庭审中一个极大的误区。实际上，法庭辩论是当事人庭审交锋的最后一环，对案件的最终裁判具有重要意义。通过辩论，当事人可以充分围绕争议焦点及法庭确认的事实和证据，表达维护自己诉讼请求和反对对方主张的辩驳意见，并提出法律依据；法庭亦可以更好地厘清案件事实、明确争议内容、找准适用的法律，最终公正裁判。可以说，法庭辩论是最终判决的重要基础，高效、有序的法庭辩论对法官、当事人都至关重要。

（一）高效开展法庭辩论的前提：法庭调查小结

法庭调查与法庭辩论并非完全独立的环节，其间有着千丝万缕的联系，前者是后者的基础。在法庭调查阶段，当事人依次陈述并进行举证、质证，其中展现的事实和证据可能冗长、复杂，在疑难复杂案件中更是如此，因此，法官需要及时有效地对法庭调查开展总结工作，使庭审过程连贯、有序、层次分明。法庭调查阶段的庭审小结，即是解决上述问题的有效手段。

法庭调查小结，主要是对庭审内容进行总结、归纳，将无争议的事实和证据予以固定，进而缩小争议范围，突出争议焦点，使得法庭辩论更有针对性，从而提高庭审质量，也使庭审节奏更加紧凑高效。由此，除非是当事人引用无争议事实和证据以证明自己对争议焦点的解释，在法庭辩论中，一般而言，当事人可以不再涉及无争议部分，而是重点着眼于争议焦点。

实践中，部分法官怠于进行法庭调查小结，或机械开展总结，如简单重复当事人的诉辩意见等，导致法庭调查小结流于形式，未能发挥作用。法庭调查阶段，一个合格的庭审小结，宜具备如下内容。

1.明确诉讼请求及案由

通过法庭调查阶段的当事人陈述，法官可明确并固定当事人的诉讼请求，确定案由，并为争议焦点的总结打下基础。

2.固定无争议事实和证据

法官通过当事人的举证和质证，并充分进行举证责任分配和认证，可固定无争议的事实和证据，有效缩小争议范围。

3.提炼诉辩双方的核心意见

通过询问、举质证等事实调查环节，提炼出诉辩双方的核心意见，使“攻防”双方的主要观点、所依据的事实及法律规定等一目了然，从而为归纳争议焦点打下基础。

（二）高效开展法庭辩论的核心：围绕争议焦点展开

以争议焦点为主线展开辩论，有利于划清审判脉络，保证法庭辩论更加高效有序。一方面，双方当事人在辩论中能够做到有的放矢，避免抓不住核心，重复或赘述案件事实；另一方面，法官可以有效把握案件审理进程，引导当事人围绕争议焦点进行辩论，进一步提高案件审理效率。由此，准确归纳争议焦点并引导当事人围绕争议焦点展开辩论是高效开展法庭辩论的核心。

1.争议焦点的内容构成

争议焦点包括关于事实的争议焦点和法律的争议焦点。前者指涉案证据的认定、相关法律事实是否存在及真伪的争议，后者系当事人就案件适用的法律法规所产生的争议。争议焦点的归纳应围绕争议事实、关键证据及法律的适用展开。具体包括：

第一，定案事实是否成立。法官根据法庭调查情况，找出具体分歧，确定待证事实，在法庭辩论中，当事人应根据无争议事实及证据，结合举证情况，围绕待证事实发表意见。

第二，关键证据是否有效。证据是认定法律事实做出裁判的重要根据，对于关键证据是否有效，在法庭辩论中可引导当事人围绕证据的“三性”及举证责任的分配展开辩论。

第三，核心观点是否得到法律规定的支撑。通过法庭调查及证据认证情况来认定的法律事实能否适用某些法律规范来支持自己的诉讼主张，决定了案件最后的走向。因此，对于法律规范是否适用于本案以及对于法律条文本身的理解与适用存在的争议等问题也是法庭辩论的重点。

特殊类型的争议焦点如某些案件证据不足，事实模糊，存在一些似是而非的情况，此时立法的目的及价值、纠纷产生的背景、社会通常认知及合理性等亦是争议的焦点之一。

需要注意的是，上述任何一种情形都可以构成争议焦点，有时案件疑难复杂，争议较大，同一案件中亦可能同时具备上述多种情形的争议焦点。

2.争议焦点的提炼思路

庭审活动是一个动态过程，对于争议焦点的提炼，应根据不同案件的审理情况有针对性地作出。关于争议焦点的确定，实践中没有一个统一的公式，最常用、有效的基本思路有三项。

（1）不能偏离原告诉讼请求的请求权基础

所谓请求权基础，就是“谁得向谁，依据何种法律规范，主张何种权力”。在法庭调查小结明确并固定了诉讼请求后，争议焦点的归纳应围绕原告的诉讼请求是否符合对应法律规定展开。案件审理的重点是对原告的诉讼请求是否获得支持做出价值评判，因此，无论诉辩双方争议的是什么，法庭归纳的争议焦点不能偏离请求权基础这条主线，不能本末倒置。

例如，一起侵权纠纷案件，原告在小区散步时被邻居饲养的狗咬伤，遂起诉至法院要求被告赔偿相应的医疗费、误工费等损失。本案中对于争议焦点的提炼，除了要综合诉辩双方的意见外，也要分析请求权基础所适用的法律规定。

首先，本案是饲养动物致损案件，属于特殊侵权纠纷，根据《中华人民共和国民法典》第一千二百四十五条之规定，应适用无过错责任原则，因此一般侵权案件的构成要件中侵权人是否存在过错无须考量，被告的抗辩中是否涉及其自身不存在过错等问题，均不需要作为争议焦点进行审查。

其次，对于饲养动物致损引发的特殊侵权纠纷案件的审查重点是被侵权人的受损程度及损失金额，以及原告自身是否存在过错。

因此，本案争议焦点的归纳不应偏离上述审查重点。

由此，第一，如被告对原告受损害事实及损失额提出异议，则首要的争议焦点就是原告受损事实是否存在、损失是否客观发生。第二，如被告对原告受损及损失额均不持异议，而仅对自身应承担的赔偿责任提出异议，则案件争议焦点只有一个，被告是否存在可以免除或者减轻责任的事由，即原告自身是否存在故意或者重大过失，比如主动挑逗小狗等行为。

（2）根据诉辩双方的“攻防”核心意见凸显的关键点展开

如前所述，法庭调查结束后，应及时进行小结，提炼出诉辩双方的核心意见。因此，争议焦点应围绕双方争议的定案事实、关键证据及相对应的法律规定是否适用展开。争议焦点不在于多，而在于精，可能就是一个“点”，这个“点”，可能是一个重要事实，也可能是一个关键证据，如果这个“点”的争议解决了，本案处理的最终结果也就不言自明了。

例如一起民间借贷纠纷案件的审理，原告依据转账凭证起诉被告，请求按转账凭证的数额归还借款。如果被告抗辩该转账金额并非借款，而是双方间的其他往来款，那么本案争议焦点应围绕钱款的性质展开，即双方是否存在民间借贷法律关系。

双方应围绕该钱款的性质是借款还是其他经济往来款发表辩论意见。如果被告对双方存在民间借贷法律关系没有异议，而仅是对欠款金额持有异议，认为欠款数额没有那么多，之前也已通过本人或他人的账户归还部分欠款。那么本案的争议焦点应聚焦于被告已归还欠款的具体金额认定，包括案外人向原告支付的钱款是否系代被告归还借款，即本案是否存在第三人代为履行的事实。

（3）简单明了又突出重点

这是归纳争议焦点的基本要求。归纳争议焦点的目的是引导当事人有针对性地发表辩论意见，因此突出重点是最基本的要求，忌讳似是而非让当事人无所适从。同时，法庭辩论处于整个庭审活动的末期，长时间处于精神高度紧张下的双方当事人（甚至法官）到了法庭辩论阶段已是相当疲惫，接收信息的能力已有下降。冗长的言语总结并不能起到让双方当事人迅速接受并准备答辩意见的作用，也在一定程度上淹没了需要突出的重点，给人一种思路不清的认识。因此，“用最短的话，说最重要的事”，能够在一定程度上保证当事人有效围绕争议焦点展开辩论，高效地发挥出法庭辩论应有的作用。

法官应充分引导双方当事人围绕争议焦点展开辩论，引导双方当事人围绕争议焦点展开辩论。具体到司法实践中，法官应在辩论开始前提示当事人围绕已经固定的争议焦点展开辩论，排除非焦点问题对庭审的干扰。除非是为了印证争议焦点问题，事实调查阶段已固定或双方无争议的问题可以不涉及。

根据审理需要，法庭辩论可以分几轮进行，法官可根据第一轮辩论情况决定是否需再次浓缩争议焦点，或重新提出争议焦点，让双方继续发表辩论意见。需要说明的是，后续轮次的辩论中，法官亦可以引导当事人对前轮辩论中的未尽事宜或一些细节和要点发表补充意见。值得强调的是，法庭辩论与事实调查阶段不是截然分离的，通过法庭辩论，法官如果发现一些事实问题在法庭调查阶段有所遗漏或没有深入，可以在该轮次双方均发表完辩论意见后，恢复法庭调查，待上述问题调查清楚后，可以继续恢复法庭辩论。

（三）法庭辩论的误区

在司法实践中，法庭辩论阶段存在一些常见错误，无论是法官还是当事人，都应注意避免下述行为。

1.法官的误区

（1）归纳争议焦点“走形式”

在此方面，包括争议焦点归纳简单机械或面面俱到。前者指法官简单以当事人的诉讼请求或上诉请求是否应得到支持作为争议焦点，导致争议焦点归纳沦为“形式”；后者指法官在归纳争议焦点时，没有排除法庭调查中双方已确认一致的事实或证据，进而导致法庭辩论重点不突出，庭审效率低。

（2）争议焦点一成不变

一些法官误认为争议焦点总结后即被固定，实际上并非如此，争议焦点应该是随着案件事实的查明程度而递进或发生改变的。随着法庭辩论的推进，一些争议和事实逐渐清晰，争议焦点只需聚焦于一些细节和要点；同时，在辩论中亦有可能发现新的问题，需要重新启动法庭调查或补充为新的争议焦点。另外，法官归纳争议焦点并不精确的现象也偶有发生，通过听取双方当事人的辩论意见，法官可以及时调整争议焦点，把法庭辩论引导到更准确、更高效的轨道上来。

比如前述的民间借贷纠纷案件审理中，被告在第一轮的辩论意见中提出了原告提起本案诉讼已超出法定诉讼时效的观点，该观点在法庭调查中没有涉及，此时法庭在第一轮法庭辩论结束后，应及时恢复法庭调查，就本案是否存在诉讼时效中断、中止等事实展开调查。事实调查结束后，法庭可以主持双方进行第二轮法庭辩论，并引导双方当事人围绕原告的起诉是否已超出法定诉讼时效期间这一争议焦点问题发表辩论意见。

（3）不合时宜地打断当事人发言

在法庭辩论中，部分法官可能会急于引导当事人围绕争议焦点发表意见，因而提前打断当事人的发言。应注意的是，法官应充分尊重当事人的辩论权，不得不合理地打断当事人发言。出现当事人发言完全偏离争议焦点或发表与本案无关意见等情况时，法官可以适当提醒，引导当事人的发言回到争议焦点上来。

2.当事人的误区

（1）庭前准备不足

随着法庭调查阶段双方当事人举证与质证的展开，最终法庭认定并经当事人确认的争议焦点，可能与当事人事先归纳的争议焦点不一致。但在法庭辩论中，当事人由于庭前准备不足，未对案情脉络有全面的理解，导致不能根据法庭调查的情况灵活调整辩论意见，我行我素，照本宣读庭前准备的稿件。对此，建议双方当事人应根据争议焦点的变动，灵活把握诉辩意见，避免单纯宣读稿件，使法庭辩论沦为形式，当然这也涉及当事人随机应变的能力问题。

（2）怠于对争议焦点的遗漏提出异议

根据《最高人民法院关于适用〈中华人民共和国民事诉讼法〉的解释》的规定，法官应就归纳的争议焦点征求当事人的意见。并非所有的法官都能一次性完整且准确地概括争议焦点，尤其对于一些复杂疑难案件。在实践中，许多当事人在法官就争议焦点征求意见时，怠于提出异议，而是在法庭辩论中再行围绕焦点外的问题讨论，如此便是走了“弯路”，易导致法庭辩论偏离核心，且不利于庭审效率的提升。

（3）发言冗长但重点不突出

部分当事人在一定程度上存在“讲的越多越有道理”的错误认识，从而导致在辩论中发言冗长，没有真正表达出自己的核心观点。少数代理人在当事人在场的情况下有着不恰当的“表演欲”，本着“讲的越多当事人越满意”的错误心态，撇开争议焦点而自行发挥。应当认识到，辩论发言在“精”不在“多”，只有发言重点明确，抓准核心，才能更好地向法庭阐述己方观点。

好的法庭辩论即是法官通过前期的庭审总结归纳确定案件事实、缩小争议范围并总结争议焦点，并引导双方当事人在辩论中围绕争议焦点展开讨论的过程。无论是法官还是当事人，都应把握住每一个细节，关注法庭调查小结、争议焦点归纳与法庭辩论核心，沿主线推进法庭辩论。多方协力，方能使法庭辩论脉络清晰，提升辩论效果和法庭审理实效，为最终公正裁判打下坚实的基础。

第四节　法律文书写作

一、法律文书写作概述

（一）法律文书的概念

“法律文书”的概念有狭义和广义之分，狭义的法律文书是不具有普遍约束力的非规范性法律文件，指国家司法机关、律师及律师事务所、仲裁机关、公证机关和案件当事人依法制作的处理诉讼案件以及非诉讼案件的具有法律效力或法律意义的非规范性文件的总称。[①] 广义的法律文书除包含狭义的法律文书内容外，还包括具有普遍约束力的规范性法律文件，如各种法律、行政法规、地方性法规及规章等。本书所探讨的法律文书，主要指狭义的法律文书中依法制作的处理诉讼案件以及非诉讼案件的具有

① 陈秋玲．法科生法律文书写作能力的现状与反思 [J]. 科教导刊–电子版（上旬），2021（02）.

法律效力或法律意义的非规范性文件。

（二）法律文书写作的重要性

1.法律文书对法官的重要性

在中国当前的司法实践中，一次庭审的时间大约为半个小时至两个小时。庭审中，要分别进行开庭陈述、举证质证、法庭辩论三个轮次的发言，在如此短的时间内，想要充分发表自己的观点和主张是困难的，对代理人水平的要求是较高的。而要有序、有逻辑地发表自己的观点，并且促成法官最大限度地了解、掌握并记住代理人的观点更是难上加难。事实上，绝大多数代理人终其一生都在为了实现这一目标而努力。不依靠其他任何辅助，仅通过法庭表现的方式来彻底征服法官的是凤毛麟角的，如何弥补法庭表现的缺失和不足，法律文书便发挥着举足轻重的作用。这既包括开庭前的起诉状、答辩状、代理意见，也包括庭后提交的补充代理意见、专项说明等，可以说，法律文书是法庭之外的第二语言。

2.法律文书对客户的重要性

如果是作为律师身份，通过法律文书将复杂的法律关系剖析并呈现在客户面前，能有效地减少交流的难度，使客户直观感受到律师的法律素养和执业能力，快速提升客户对律师的信任感，有助于更好地开展委托事项的相关工作。

另外，法律文书还是律师规避职业风险的重要工具。法律服务“唯结果论”在中国当前法律服务市场上属于普遍现象，“唯结果论”经常伴随着律师被投诉的风险，为了规避该风险，形成了“律师工作报告制度”。即从签订委托代理协议起，面对整个法律服务过程中的每一个重要节点和环节，都以书面报告的形式记载下来，并及时反馈给客户。当客户看到书面报告后，便能充分了解工作进度、工作内容、工作问题等内容。代理关系终止时，一般发给客户的工作报告少则五六份，多则几十份。假设委托事项的最终结果并未达到客户的预期，但当客户看到这些工作报告、工作记录、工作痕迹后，一般也不会过于蛮横地指责律师没有尽到工作职责、没有付出努力，这样便极大地减少了客户投诉的概率。

（三）法律文书写作常见问题

1.标题不够简练、空洞无物

我国法官的工作量非常之大，特别是基层法院的法官，他们每天除了开庭审理工作外，还有书写裁判文书、开会、培训等工作。在这样的背景下，法官对于每个案件或每个文书能给予的时间、精力是非常有限的。当法官拿起一篇文书，通常先看标题，如果标题空洞无物，不能吸引他的注意力，那么他极有可能弃之不顾。此时，案件败诉风险将增加。

2.过度引用对方观点或不利判决

过度引用对方观点或者过度引用对己方不利的判决是一种错误，这种错误可能会导致法官产生先入之见。法官在没有了解案件事实，没有了解案件双方观点和主张的情况下，当看到引用原审认定的内容时，他会优先考虑认定的内容是否正确、是否应当予以维持，而不是优先考虑代理人陈述的反对观点是否有道理。在法官先优先考虑原审认定的内容是否应当予以维持的时候，他会不自觉地帮助自己找各种理由去维持原审判决，这是对己方非常不利的影响。

3.说理薄弱，缺乏论证过程

通过罗列大量证据来证明某一结论的形式也是错误的，这里的问题主要在于法官无法将所列举的证据与结论勾连起来。首先，上述内容也强调了法官的精力、时间是有限的，法官看到证据和结论后，不会自己去做分析题，把它们相勾连起来。其次，从一个事实到一个结论，它们之间的论证过程往往是非独一的，通常是多样化的，在没有明确说明论证过程的情况下，法官从保守的角度出发，也不太敢擅自抉择，不太敢替当事人选择某一论证过程。而法官的通常做法是当作你没有提交新的证据，你的结论也就无从得以证明。

4.过度解释学术概念或引用学术观点

的确，中国的法学教育和实务存在鸿沟，有较大脱节。在工作中会发现，由于制定法的不完善性和滞后性，除了严格遵循法教育学来适用法律之外，确实需要从理论中发掘一些观点来支撑我们的实践主张。我们当然也并不反对在法律文书中引用或者提到学术观点、学术概念，但是存在着

“度”的问题。法官也属于法律职业共同体的一部分，分享共同的知识结构和学术基础并无不当。但如果法官看到的材料如同在法律文书中像教科书一样讲概念，一般情况下会引起他的不悦。从当事人的利益出发，不建议在这些非原则问题上冒风险。

5.堆砌法条

堆砌法条不仅会打断法官阅读的流畅性，还可能会遗漏该部分陈述的重要观点。法条的作用是佐证观点或主张，建议引用超过两行的法条尽量不要在原文中体现，可以考虑用附件或脚注的形式列出。

法律文书写作中除上述常见问题外，无视证据和事实，盲目猜测和推断，感情用事；结构松散，长篇大论，思维混乱；排版面目可憎，错字、标点混乱等问题也比比皆是。

（四）法律文书写作的基本要求

1.遵循格式，写全事项

格式虽属法律文书的外在形式，但它对法律文书的内容也常具有规定性。因此，制作法律文书不可忽视法定的文书格式。一旦确定制作某种文书，就必须选定相应的文书格式，按格式的规范要求制作文书；要求写明的各种事项要素，一定要书写齐全。在遵循既定的文书格式体例写作各种文书时，还应按要求写明应提供的事项，诸如当事人的基本情况中的各种身份要素、案情事实中要求写明的各种事实要素、理由阐述应阐明的理由和根据等要素、某种请求中应说明事项要素，都应一一写清。只有做到事项要素完备齐全、准确无误，才算符合遵循格式的根本要求。

2.主旨鲜明，阐述精当

对于法律文书的制作来说，一般在文书制作之前就已经有了明确的写作某种文书的目的和该文书所要表达的中心意思。因为法律文书都是要解决法律的实际问题，而且在解决之前已经开始了法律活动的运作，得出了相应的结论，确定了所要采用的法律文书。所以，首先确立鲜明的法律文书的主旨是制作出有效的法律文书的前提，而且主旨要求必须做到鲜明突出、集中单一。只有这样，才能更好地发挥法律文书的应有作用。

在具体阐述内容时，还必须做到精当恰切。所谓精当恰切，就是要求言简意赅，文义精要，表达确切，要言不烦。因为法律文书是特别讲究发挥实效的文书，所以它应能令人看过之后，可以迅速了解文书的中心意思和明确的要求，以便于其发挥应有的效用。这也就要求在写作法律文书时，必须做到语言简洁，文义赅备，意思准确，一目了然，既反对啰唆重赘，也反对随意苟简。

3.叙事清楚，材料真实

事实是案件的基本依据，没有事实自然也就谈不到案件。而多数重要的法律文书都要求写明案情事实，这就必然会涉及对材料的使用问题。在法律文书中用材料说明一定的事实时，必须绝对真实，来不得半点虚假。因为法律文书要通过对事实的分析，判明是非曲直、有无法律责任或责任的大小。倘若事实有误或被歪曲，就难以得出公正的结论，势必影响案件的公正处理，损害有关人员或组织的利益。众所周知，法律处理案件的根本原则之一是“以事实为根据，以法律为准绳”，任何不以事实为根据的法律文书，最后都是要被法律所否定的。

4.依法说理，说服有力

理由是法律文书中的灵魂，也是主旨的集中体现。但说理必须有事实上和法律上的根据：既要充分透辟，又要切中要害；既要入情入理，又要依法论理。因此，法律文书中的理由有多方面的要求，并受到多方面的制约。第一，法律文书的理由部分应通过对证据的说明和分析，论证事实的确凿性和可靠性。有的必须反映在文书之中，有的可从简或从略。但这一内容是必不可少的。第二，除应论证认定事实的理由外，更应论证适用法律的理由。在一定意义上讲，这是理由部分的核心，是绝大多数法律文书都必须阐明的内容。因为它是做出裁决或提出请求的根本依据。缺少这一部分就使裁决或请求的意见失掉了依据，成为无源之水、无本之木。因此，法律文书的制作者，必须认真写好这部分内容。

5.说明情况，简洁明晰

说明的表达方法主要用于说明介绍客观存在的事物或某种主张、规定等，这在法律文书中经常使用，如对案件当事人的基本情况的客观介绍、对案件当事人的处理决定、对现场情况的如实介绍等都属于说明的表达方式。采用说明表达方法要求做到明确、具体、简洁、完整，排斥模糊、疏漏、烦琐。

6.表意精确，解释单一

法律文书的文字必须做到表意精确、解释单一，以避免给理解和履行带来任何问题。所谓精确，就是精当准确；说明情况、反映事实，做到“如实”二字。如记写当事人的基本情况，姓名、性别、年龄、籍贯、住所都应记写清楚具体、确实无误；叙述案情事实客观真实，一是一，二是二，是则是，非则非，绝对排斥含混不清、虚假不实。理由阐述则应是非正误，泾渭分明；说理中肯，切中要害，力戒陈词滥调、言不及义。所谓单一解释，就是力求避免语言歧义、文义模棱，以防给法律文书的具体实施和有效履行带来不必要的麻烦。在语言运用上，凡属推测、估计甚或联想的思维形式和遣词造句，都应予以排斥。在文书的整体表达方法上，也主要使用直笔，而不用曲笔，直陈其事，直述主旨。

7.文字精练，言简意赅

法律文书的语言运用还应做到文字精练、言简意赅。言简是语言简洁，文字简练；意赅是文义赅备，反对苟简。这也是对语言运用的一种较高要求，一方面要求简洁简练，另一方面要求文义赅备。做到二者的统一，并非易事。应该包容的内容不能漏掉，而文字又必须简洁，若没有高度的概括能力和熟练驾驭语言文字的能力是难以做到的。向执法机关呈递的文书，语言文字必须精练简洁，不能事无巨细、冗长拉杂，但是必须说明的情况和事实、必须阐述的理由和法律依据，又不能讲得过于简略或粗疏，所以必须做到文义赅备。

“冰冻三尺，非一日之寒”，法律文书写作也非一日之功，务必多看、多写、多练。关于法律文书写作的文章或课程举不胜举，也可以通过网络学习，兼收并蓄，博采众长。相信持之以恒者，法律文书写作能力一定有所提高。

二、民事诉讼文书写作具体指引

制作的民事诉讼文书通常有纸质版和电子版两种。纸质版为了让法官等受众查阅方便，在字体、字号、着重强调等部分可以采用灵活美观的方式，不局限于使用多大字号、可视化图表、着重强调等。而为方便法官、书记官制作裁判文书，还可能另行提交给法官电子版法律文书，且一定是严格依照人民法院发布的民事裁判文书制作规范制作而成的。

（一）基本要素

文书主要由标题、正文、落款三部分组成。

①标题是指文书名称。

②正文一般包括诉讼参加人及其委托诉讼代理人基本情况、案件由来，请求事项，事实和理由等。

③落款应包括署名和日期。

（二）基本格式

①正文为仿宋体、三号、一般单倍行距。

②不使用斜体、下划线、底纹和彩色字体等。

③全文不要有加粗表示。

④证据目录电子版不要采用表格样式，为方便复制，应采用正常文档格式，平铺直叙。

⑤法律文书名称要准确，比如民事起诉状（不是起诉状）、民事答辩状、再审申请书等。

⑥为便于法官查找相关文书和律师电话，法律文书电子版名称应标明案号、当事人名称和案由。民事答辩状、代理词等文书，有必要在页眉、页脚的设计中标明案号、当事人名称、律所及律师电话等信息。

⑦提交电子版应以光盘或U盘形式，最好选择为“word 97–2003”格式文档。

（三）当事人的基本情况

①当事人是自然人的，应当写明其姓名、性别、出生年月日、民族、职业或者工作单位和职务、住所。姓名、性别等身份事项以居民身份证、

户籍证明为准。

当事人职业或者工作单位和职务不明确的，可以不表述。

当事人住所以其户籍所在地为准；离开户籍所在地有经常居住地的，以经常居住地为住所。连续两个当事人的住所相同的，应当分别表述，不用“住所同上”的表述。

②有法定代理人或指定代理人的，应当在当事人之后另起一行写明其姓名、性别、职业或工作单位和职务、住所，并在姓名后用括号注明其与当事人的关系。代理人为单位的，写明其名称及其参加诉讼人员的基本信息。

③当事人是法人的，写明名称和住所，并另起一行写明法定代表人的姓名和职务。当事人是其他组织的，写明名称和住所，并另起一行写明主要负责人的姓名和职务。

当事人是个体工商户的，写明经营者的姓名、性别、出生年月日、民族、住所；起有字号的，以营业执照上登记的字号为当事人，并写明该字号经营者的基本信息。

当事人是起字号的个人合伙的，在其姓名之后用括号注明“系……（写明字号）合伙人”。

④法人、其他组织、个体工商户、个人合伙的名称应写全称，相关信息以其注册登记文件记载的内容为准。例如，有些公司名称不带“市”，沈阳市某某公司和沈阳某某公司。

⑤法人或者其他组织的住所是指法人或者其他组织的主要办事机构所在地；主要办事机构所在地不明确的，法人或者其他组织的注册地或者登记地为住所。

⑥当事人为外国人的，应当写明其经过翻译的中文姓名或者名称和住所，并用括号注明其外文姓名或者名称和住所。

外国自然人应当注明其国籍。国籍应当用全称。无国籍人，应当注明无国籍。

港澳台地区的居民在姓名后写明“香港特别行政区居民”“澳门特别行政区居民”或“台湾地区居民”。港澳地区当事人的住所，应当冠以“香港特别行政区”“澳门特别行政区”。台湾地区当事人的住所，应当冠以“台湾地区”。

外国自然人的姓名、性别等基本信息以其护照等身份证明文件记载的内容为准；外国法人或者其他组织的名称、住所等基本信息以其注册登记文件记载的内容为准。

⑦在代表人诉讼中，被代表或者登记权利的当事人人数众多的，可以采取名单附后的方式表述，“原告 ××× 等 × 人（名单附后）”。

⑧当事人诉讼地位在前，其后写当事人姓名或者名称，两者之间用冒号。当事人姓名或者名称之后，用逗号。

⑨当事人有委托诉讼代理人的，应当在当事人之后另起一行写明为“委托诉讼代理人”，并写明委托诉讼代理人的姓名和其他基本情况。有两个委托诉讼代理人的，分行分别写明。

当事人委托近亲属或者本单位工作人员担任委托诉讼代理人的，应当列在第一位，委托外单位的人员或者律师等担任委托诉讼代理人的列在第二位。

委托诉讼代理人后用冒号，再写委托诉讼代理人姓名。委托诉讼代理人姓名后用逗号。

（四）诉讼地位

①一审民事案件当事人的诉讼地位表述为“原告”“被告”“第三人”。

②提出反诉的，需在本诉称谓后用括号注明反诉原告、反诉被告。

③二审民事案件当事人的诉讼地位表述为“上诉人”“被上诉人”“第三人”“原审原告”“原审被告”“原审第三人”。上诉人和被上诉人之后，用括号注明原审诉讼地位。

④再审民事案件当事人的诉讼地位表述为“再审申请人”“被申请人”，其他当事人按照原审诉讼地位表述。例如，一审终审的，列为“原审原告”“原审被告”“原审第三人”；二审终审的，列为“二审上诉人”“二审被上诉人”等。

⑤选民资格案件，当事人的诉讼地位表述为“起诉人”。

⑥执行实施案件，当事人的诉讼地位表述为“申请执行人”“被执行人”。

⑦执行异议案件，提出异议的当事人或者利害关系人的诉讼地位应表述为“异议人”，异议人之后用括号注明案件当事人或利害关系人，其他未提出异议的当事人亦应分别列明。

⑧案外人异议案件，当事人的诉讼地位表述为“案外人”“申请执行人”“被执行人”。

⑨申请检察监督案件，提出检察监督申请的当事人表述为“申请人”，其他当事人统一表述为“其他当事人”，并注明每一个当事人在原诉讼程序中的诉讼地位。

（五）案件由来

①案件由来部分简要写明案件名称与来源。

②案件名称是当事人与案由的概括。民事一审案件名称表述为“原告×××与被告×××……（写明案由）一案”。案由应当准确反映案件所涉及的民事法律关系的性质，按照《最高人民法院关于印发修改后的〈民事案件案由规定〉的通知》（法〔2020〕347号）执行。

③诉讼参加人名称过长的，可以在案件由来部分第一次出现时用括号注明其简称，表述为“（以下简称×××）”。文书中其他单位或组织名称过长的，也可在首次表述时用括号注明其简称。

④当单位名称过长时，第一次出现后用简称。方式为：用原告/被告+当事人全称的方式，并后附括号注明（以下简称×××），全文使用同一简称，以后不要再使用诉讼地位的代称；二审文书所用简称一般应与一审裁判文书保持一致。

⑤正文中，多用当事人的姓名（自然人）或单位简称（法人或其他组织），少用当事人诉讼地位的代称（如原告、上诉人等）；少用代词，少用“其”，特别注意“其”字不应用于句首。

（六）标题序号

①标题序号正常为：“一、”“（一）”“1.”“（1）”四级标题。

②在法律文书中建议：结构层次序数依次按照“（一）”“1.”“（1）”写明，应注意“（一）”和“（1）”之后不加顿号，结构层次序数中的阿拉伯数字右下用圆点，不用逗号或顿号。

③只有一级层次的，结构层次序数写为“（一）”“（二）”“（三）”；有两级层次的，写为“（一）”“1.”；有三级层次的，写为“（一）”“1.”“（1）”。

（七）数字用法

①案号使用阿拉伯数字，如（2016）京0101民初1号。

②五位及五位以上的阿拉伯数字，数字应当连续写，数字中间不加空格或分节号，如123456元；尾数零多的，可以改写为以万、亿为单位的数，如100000元可以写作10万元。一个用阿拉伯数字书写的多位数不能移行。

③其他数字用法按照《中华人民共和国国家标准 GB/T15835—2011 出版物上数字用法》执行。

（八）标点符号用法

①标有引号的并列成分之间、标有书名号的并列成分之间通常不用顿号。若有其他成分插在并列的引号之间或并列的书名号之间，宜用顿号。

②标示时间、地域的起止一般用一字线“—”（占一个字符位置），标示数值范围起止一般用浪纹线“～”。

③分项列举的各项或多项已包含句号时，各项的末尾不能再用分号。

④带括号的汉字数字或阿拉伯数字表示次序语时不加点号，不带括号的阿拉伯数字、拉丁字母做次序语，后面用下圆点“.”。

⑤标示公文发文字号中的发文年份时，应使用六角括号“〔 〕”。

⑥书名号内标示停顿时用空格。

⑦括号内行文末尾需要时可用问号、叹号和省略号。除此之外，句内括号行文末尾通常不用标点符号。

⑧附件名称后不用任何标点符号。

⑨二级标题在换行分段时不使用句号，如使用句号则不需要换行分段。

⑩图或表的短语式说明文字，中间可用逗号，但末尾不用句号。即使有时说明文字较长，前面的语段已出现句号，最后结尾处仍不用句号。

⑪用顿号表示较长、较多或较复杂的并列成分之间的停顿时，最后一

个成分前可用“以及（及）”进行连接，“以及”之前应用逗号。

⑫文章标题的末尾通常不用标点符号。分级标题的末尾是否使用标点可视情况而定，当分级标题为简短词语的组合时，可不使用标点符号；当分级标题为中间含有其他标点的完整长句时，可以句号结尾。

⑬其他符号用法按照《中华人民共和国国家标准 GB/T15834—2011 标点符号用法》执行。

（九）引用规范

①引用法律、法规、司法解释时，应当严格使用《最高人民法院关于裁判文书引用法律、法规等规范性法律文件的规定》，引用法律、法规、司法解释应书写全称并加书名号。

②引用多个法律文件的，顺序如下：法律及法律解释、行政法规、地方性法规、自治条例或者单行条例、司法解释；同时引用两部以上法律的，应当先引用基本法律，后引用其他法律；同时引用实体法和程序法的，先引用实体法，后引用程序法。

③第一次引用法律或司法解释的，应写明全称并注明简称，例如，《中华人民共和国民法典》（以下简称民法典），此后使用该简称不加书名号。引用次数很少的法律或司法解释不必使用简称。

④引用法律、法规和司法解释条文有序号的，书写序号应与法律、法规和司法解释正式文本中的写法一致。引用司法解释，司法解释条文序号使用汉字的，用汉字注明条文序号，例如，《最高人民法院关于适用〈中华人民共和国合同法〉若干问题的解释（二）》第十条；司法解释条文序号使用阿拉伯数字的，用阿拉伯数字注明条文序号，例如，《最高人民法院关于适用〈中华人民共和国民事诉讼法〉若干问题的意见》第1条。引用法律条款中的项的，一律使用汉字不加括号，例如，依据《中华人民共和国民事诉讼法》第二百条第一项的规定……条、项的序号应用汉字注明，项的序号不加括号。

⑤引用公文应先用书名号引标题，后用圆括号引发文字号；引用外文应注明中文译文。

⑥引用最高人民法院的司法解释时，应当按照公告公布的格式书写。

（十）民法典施行后法条引用规范

1. 民法典施行后的法律事实引发纠纷的法条引用

民法典施行后的法律事实引起的民事纠纷案件，直接引用民法典以及根据民法典制定、修改及未作修改的司法解释，无须援引《最高人民法院关于适用〈中华人民共和国民法典〉时间效力的若干规定》（以下简称时间效力规定）。

示例：依照《中华人民共和国民法典》第×条。

2. 民法典施行前的法律事实引发纠纷的法条引用

民法典施行前的法律事实引起的民事纠纷案件，根据时间效力规定第一条第二款的规定适用当时的法律、司法解释的，应当同时引用民法典施行前的法律、司法解释和时间效力规定第一条第二款的规定，无论该法律和司法解释是否已被废止、修改。

示例：依照《最高人民法院关于适用〈中华人民共和国民法典〉时间效力的若干规定》第一条第二款、《中华人民共和国合同法》第×条规定。

3. 跨法持续法律事实引发纠纷的法条引用

民法典施行前的法律事实持续至民法典施行后，该法律事实引起的民事纠纷案件，根据时间效力规定第一条第三款的规定应当适用民法典的，应当引用民法典及根据民法典制定、修改、未作修改的司法解释的规定，并同时引用时间效力规定第一条第三款的规定。

示例：依照《最高人民法院关于适用〈中华人民共和国民法典〉时间效力的若干规定》第一条第三款、《中华人民共和国民法典》第×条规定。

4. 符合溯及适用具体规定情形的法条引用

民事纠纷案件符合时间效力规定第二部分“溯及适用的具体规定”情形的，应当同时引用时间效力规定第二部分的相关具体条文及该具体条文指向的民法典的相关条文，无须再引用时间效力规定第一部分“一般规定”的相关条文。

示例：依照《最高人民法院关于适用〈中华人民共和国民法典〉时间效力的若干规定》第七条、《中华人民共和国民法典》第四百零一条、《最高人民法院关于适用〈中华人民共和国民法典〉有关担保制度的解释》第×条。

5. 符合衔接适用具体规定情形的法条引用

民事纠纷案件符合时间效力规定第三部分“衔接适用的具体规定”情形的，应当同时引用时间效力规定第三部分的相关具体条文及该具体条文指向的民法典或其他法律、司法解释的相关条文，无须再引用时间效力规定第一部分“一般规定”的相关条文。

示例：依照《最高人民法院关于适用〈中华人民共和国民法典〉时间效力的若干规定》第二十三条、《中华人民共和国民法典》第一千一百四十二条第三款规定。

6. 司法解释的引用规范

①适用根据民法典废止的司法解释的，应当在相应名称后以括号形式注明司法解释文号。

示例：依照《最高人民法院关于适用〈中华人民共和国民法典〉时间效力的若干规定》第四条、《最高人民法院关于审理建设工程施工合同纠纷案件适用法律问题的解释》（法释〔2004〕14号）第×条规定。

②适用根据民法典修改的司法解释，引用修改后司法解释的，应当在相应名称后以括号形式注明修改后的司法解释文号；引用修改前司法解释的，应当在相应名称后以括号形式注明修改前的司法解释文号。

示例：依照《最高人民法院关于适用〈中华人民共和国民法典〉时间效力的若干规定》第一条第二款、《最高人民法院关于审理民间借贷案件适用法律若干问题的规定》（法释〔2020〕6号）第×条。

③适用根据民法典新制定或未作修改的司法解释的，无须注明司法解释文号。

示例：依照《最高人民法院关于适用〈中华人民共和国民法典〉时间效力的若干规定》第一条第二款、《最高人民法院关于审理侵犯商业秘密民事案件适用法律若干问题的规定》第×条。

（十一）文书落款

诉讼文书落款处应当由当事人亲笔签字并捺印（法人加盖公章），有必要时，应逐页签字。律师不能代签。

上述指引内容包括民事诉讼文书写作的技术规范标准，法律文书引用法律、法规等规范性法律文件的规范标准，以及民法典施行后法条引用的规范标准。①

三、起诉状、答辩状等法律文书的写作规范与技巧

（一）民事起诉状的写作规范与技巧

民事起诉状是开启民事诉讼不可或缺的材料。一份格式规范、信息完备、诉讼请求合理、事实与理由表述到位的民事起诉状既是赢得法官青睐的一小步，也是案件争取赢得胜诉的第一步。民事起诉状包含标题、首部、诉讼请求、事实与理由、落款五部分。根据《中华人民共和国民事诉讼法》第一百二十一条的规定，起诉状应当记明下列事项：当事人的姓名、性别、年龄、民族、职业、工作单位、住所、联系方式，法人或者其他组织的名称、住所和法定代表人或者主要负责人的姓名、职务、联系方式；诉讼请求和所根据的事实与理由；证据和证据来源，证人姓名和住所。具体来讲包括以下三个部分。

1. 首部

（1）文书名称

在首页正上方居中写明“民事起诉状”。标题注意不能写成起诉状、上诉状，起诉状专指检察机关提起公诉的文书、上诉状系二审诉讼使用。

（2）当事人的基本情况

分别写明原告、被告的姓名、性别、出生日期、民族、工作单位和职务或职业、联系方式、住址。如果原告或被告为无民事诉讼行为能力人、限制民事行为能力人的，应在原告或被告事项之后写明其法定代理人的基本情况以及与原告或被告的关系；无民事行为能力人、限制民事行为能力人造成他人损害的，无民事行为能力人、限制民事行为能力人及其监护人应当作为共同被告列明。当事人是法人或其他组织的，应写明其全称、法定代表人或主要负责人姓名、职务、联系方式等项内容。原告或者其法定代理人委托了诉

① 最高人民法院. 人民法院民事裁判文书制作规范：法〔2016〕221 号 [EB/OL].http：//www.court.gov.cn/fabu-xiangqing-77922.html.

讼代理人的，应在委托人之后写明诉讼代理人的姓名等基本情况。诉讼代理人为律师的，应当写明律师的姓名和其所在的律师事务所名称。如果有第三人的，还应当写明第三人的基本情况。如果有数个原告、被告、第三人的，则依据他们在案件中的地位和作用，由重到轻分别依次排列。

因此，确定诉讼主体作为诉状中的开头，无疑很重要。在拟诉状时，原则还是根据自身的请求权基础（法律依据），明晰法律关系确定诉讼主体，确保没遗漏、没多列。在出现多个被告主体时，则需要考虑各个被告主体是否适格，是否有的被告需要列为第三人；各被告应承担何种法律责任，是连带责任或是补充责任，还是某种行为上的配合义务。例如，在房屋租赁合同纠纷中，可能依据的请求权基础包括但不限于房屋租赁合同关系、中介合同关系、基于侵权行为提出财产损害赔偿的权利等。

2.正文

（1）诉讼请求

诉讼请求是民事纠纷当事人通过人民法院向对方当事人所主张的具体权利，是原告针对被告提出的、请求法院予以裁判的权利主张，通俗理解，就是原告通过诉讼希望达到的目的。请求的事项要明确、具体、合法、具有可操作性，使法院能够确认审理对象和裁判范围，且裁判胜诉后能得到实际执行，不可空洞、含糊、笼统。因此，明确诉讼请求是诉状的核心，形式上多项诉讼请求应当分清主次，尽可能分开列明；内容上诉讼请求必须是明确的且具有可执行性。

我国民事诉讼一般分为确认之诉、给付之诉、形成之诉。

①确认之诉，确认×××与×××之间存在亲子关系、确认位于××××的房产归原告所有、确认原被告于××××年×月×日签订的买卖合同无效、确认原被告签订的房屋租赁合同解除。例如：涉及合同解除的，应明确系要求确认合同于某个具体日期解除还是要求法院判令原、被告间的合同解除。

②给付之诉，判令被告返还原告借款1万元、判令被告赔偿原告损失1万元、判令被告停止侵害原告名誉权的行为。例如，涉及金钱义务的，应当列明欠付起止期间、计算方式以及具体金额。部分金钱债务因计算截

止之日尚不确定，无法计算得出具体金额的，需明确具体的计算方式。

③形成之诉，判令撤销被告×××与第三人×××签订的股权转让协议、判令解除原被告之间的收养关系。例如，涉及恢复原状的，应明确恢复原状的具体内容，如拆除隔墙、恢复至毛坯状态等；请求判令被告偿还借款本金××元（明确金额）及利息（明确金额或计算方式）；请求判令被告赔偿医疗费××元、护理费××元、误工费××元等（明确各项赔偿款的种类、金额）。

诉讼请求主要表现为被告所应当承担的具体民事责任。承担民事责任的方式主要有：①停止侵害；②排除妨碍；③消除危险；④返还财产；⑤恢复原状；⑥修理、重作、更换；⑦赔偿损失；⑧支付违约金；⑨消除影响、恢复名誉；⑩赔礼道歉。以上承担民事责任的方式，可以单独使用，也可以合并使用。在起诉状中，原告向法院提出的诉讼请求应当结合纠纷的实际情况，将被告应承担的上述责任或其他民事责任明确化、具体化，如“1. 停止侵权行为；2. 向原告公开赔礼道歉；3. 赔偿原告经济损失××元”等。

（2）事实和理由

这是民事起诉状的核心部分，在这一部分应写明请求人民法院裁决纠纷和争议的事实依据和法律依据。首先，应针对诉讼请求，客观、准确地阐明当事人双方争议的事实或被告侵权的事实；当事人之间发生纠纷的原因和民事权益争执的具体内容，与案件有直接关联的客观事实以及双方对问题处理的实质性分歧意见。其次，依据事实，分析出双方纠纷的性质，在此基础上指出被告的行为给自己造成的危害结果、危害程度，被告因此所获得的利益以及原告因此所遭受的损失等。再次，运用相关的法律规定和法学原理，阐述诉讼请求的正当性与合法性以及被告所应承担的责任。最后，以相关法律的具体规定为依据，请求人民法院依法判决。在叙述事实时，应抓住重点并围绕着诉讼请求这一主题展开叙述和分析论证，并注意详略得当、层次分明；引用的法律条文必须准确、全面。总之，事实与理由的撰写原则为尊重事实，书写内容应围绕诉讼请求，不必事无巨细，但求言简意赅、完整、客观。例如，在离婚诉讼中，撰写起诉状的事实与理由，不必把“相爱相杀”的过程全部细节都写出来，有针对性地描述基本事实即可，切忌流水账式记录。

（3）证据和证据来源，证人的姓名和住址

写明向人民法院提供的能够证明案情的证据的名称、件数或证据线索，并写明证据来源。有证人的，则应写明证人的姓名和住址。原告提供的证据必须具有真实性、合法性、与解决本案纠纷具有关联性，而且应尽量充分，能够从多角度证实其阐述的事实，从而对其诉讼请求提供有力的证据支持。

3.尾部

（1）致送人民法院的名称

写明致送人民法院的名称的同时，案涉的管辖法院也必须明确，对于一般非涉外、重大的民事纠纷，确定管辖大体需遵循“地域管辖到级别管辖”的顺序。首先确定应由哪个地区的法院管辖，但要注意考虑是否有协议管辖的约定、案件是否属于专属管辖的范围。其次根据诉讼标的数额，结合各地规定确定管辖法院的级别。

（2）起诉人签名

起诉状应由起诉人签名，若起诉人是法人或其他组织的应加盖公章，并由法定代表人或主要负责人签名。

（3）起诉时间

注明提起诉讼的年、月、日。

（二）民事答辩状的写作规范与技巧

1.民事答辩状的基础介绍

（1）答辩状的概念

民事答辩状（以下简称“答辩状”）是被告提出各种事实、主张、理由和证据来回应答辩原告民事诉讼的请求，以维护自身合法权益的一种民事诉讼法律文书。答辩状的概念并没有明确规定，对其的相关定义是从被告的诉讼权利和功能的角度而提出的。

（2）答辩状的功能

从诉争双方对立的角度来看，答辩状是与原告起诉状相对应的一类诉讼法律文书，主要是被告针对原告各项诉讼请求的回应态度，以及对原告各项诉讼请求所依据的事实与理由的意见，强调“答”和“辩”的作用，如原告主体适格与否、被告主体适格与否、原告的各项诉讼请求是否有法律依据和事实依据，等等。

（3）答辩状的格式

与答辩状的概念一样，《中华人民共和国民事诉讼法》也未对答辩状的格式和内容要件做出明确规定，但根据2023年修正的《中华人民共和国民事诉讼法》所规定的起诉状的要件，似乎不难得出答辩状所应列明的内容。关于答辩状的格式要点，可分为形式和内容两部分。

A.形式规范

①形式，既是与起诉状相对应的法律文书，在形式上可针对起诉状的格式，主要可分为文书名称、答辩人基本信息、序言信息、答辩意见主文、尾部；

②份数，与起诉状一致，按照对方当事人数量+1提交；

③排版，总体排版应简洁明了，段落清晰，正确使用标点符号。

B.具体内容

①文书名称，即民事答辩状。

②答辩人基本信息，即依照民诉法第一百二十八条第一款的规定，“答辩状应当记明被告的姓名、性别、年龄、民族、职业、工作单位、住所、联系方式；法人或者其他组织的名称、住所和法定代表人或者主要负责人的姓名、职务、联系方式”。

③序言信息，一般为对案件情况的介绍，引出答辩正文，参考“贵院受理的原告××诉被告××××纠纷一案中，现被告就原告的起诉答辩如下，供法庭参考”。

④正文板块，即针对原告的诉讼请求及事实和理由，被告方的答辩意见，具体包含被告的观点、被告的事实依据和法律依据。

⑤尾部信息，包含此致××法院、答辩人签名或盖章、日期。

2.如何撰写民事答辩状

答辩状是被告抗辩应诉思路和材料的凝练，针对原告的起诉，发挥着引领作用。起草答辩状的过程，也是审视全案的过程，答辩状的完成一定是建立在调查了解案件事实的基础上。

（1）准备工作

在起草答辩状前，需要对案件情况充分掌握，全面审查案件证据和事实，判断原告起诉的符合性要件，以最终形成被告的最终应诉思路，结合实际工作总结如下步骤以供参考。

①与当事人就起诉状和证据进行充分的沟通和讨论，了解案件的背景情况。

当事人才是亲历案件过程的人，因此任何一个诉讼案件在受理委托之后，必须与当事人进行充分沟通，了解案件背后的来龙去脉。

当事人的陈述时常具有偏向性，在与之沟通前有必要进行材料的初步梳理，针对原告的主张，列举需要了解案件事实的问题清单，听取被告陈述后，初步归纳争议焦点。

同时，对原告主张的事实和证据材料的真实性、来源，需要与当事人进行核实。比如合同中的签名、盖章是否真实，微信聊天记录对象及职务、权限等，并提示被告整理与事实相关的证据，此阶段的证据搜集，强调全面性，最理想的标准是足以还原案件完整面貌的“完美证据”。

②全面审查案件双方的证据，梳理事实，准备反驳证据。

此时，对案件情况已经有了一定程度的了解，应该再回到案件证据中来，分析原告的诉讼请求和被告反驳是否具有依据、理由是否充分，结合双方的（书面）陈述和证据材料，能否拼凑出一个完整的故事。

通过审查证据的能力、完整性、逻辑性，根据时间线或者事件发展进程，将故事情节分级为如下三个部分，即事实清楚的部分、真伪不明的部分、没有证据支撑的部分，以便后续进行有针对性的答辩。

（2）答辩要点

根据全案的审查情况，针对原告起诉的程序和实体方面，逐一识别答辩要点。

①程序方面。

a.原告是否具有起诉权。主要为前置程序案件，如劳动争议案件，未经劳动仲裁前置程序，法院不应直接受理。

b.起诉条件是否具备。认为原告起诉不符合法定条件或者是否构成重复起诉，常见如《中华人民共和国民事诉讼法》第一百二十七条第七款规定的离婚诉讼，或者《最高人民法院关于适用〈中华人民共和国民事诉讼法〉的解释》第三百三十六条第二款规定的原审原告在第二审程序中撤回起诉后重复起诉的等情形。

c.管辖法院是否准确。依照《中华人民共和国民事诉讼法》及其司法解释关于管辖的相关规定进行判断。如果认为案件不应由本院管辖（地域），甚至是不应由本级法院管辖（级别）的，应当通过管辖权异议解决。

②实体方面。

a.诉讼主体是否适格。从诉讼程序方面来说，起诉必须具备《中华人民共和国民事诉讼法》第一百二十二条规定的条件，主体方面需要符合《中华人民共和国民事诉讼法》第五十一条中的“当事人”及相关司法解释所规定的资格标准。

但在当前法院受理案件的实践中，基于程序性主体不适格的案件少之又少，实践中主要体现为实体法方面的诉讼主体是否适格，比如基于合同相对性、被告抗辩主体不适格等。

b.诉讼时效是否经过。被告抗辩诉讼时效经过不需要提供任何证据，因此作为被告最简单的抗辩方式之一，应当主动审查，需要结合诉争标的（法律关系）来判断是否适用诉讼时效。

c.除斥期间是否届满。与诉讼时效不同，除斥期间应用于形成权，概念自不用赘述，实践中主要争议为起算时间的确定。

d.原告主张的法律关系是否正确。当事人之间是何种法律关系，将直接影响原告的诉讼请求权基础，不同的法律关系所要求的构成要件不同，也影响当事人乃至法院分析确定要件事实，甚至决定案件是否适用诉讼时效。

e.事实性的答辩意见。事实性的答辩意见包括否定性答辩和预备性答辩。否定性答辩的目的，在于断开原告要件构成链条中的其中一环，使其不满足请求权要件。比如，不认可原告的全部或者部分主张，质疑事实的成立、权利来源，对于设立、履行、变更、终止的事实不认可；或者认为存在免责事由、有责任减免的约定，原告主张没有依据等。在否定性答辩的基础上，也不排斥预备性答辩。预备性答辩与刑事案件“骑墙式”辩护类似，民事案件也可以提出相同效果的答辩，如不认可己方构成违约，但如果法庭认为己方构成违约，则提出请求调整违约金的意见。

（3）复盘检查

①避免自认，包括自认和认诺。如果是对客观事实的自认，不一定会导致败诉或者出现不利后果，是诚信的体现。但如果在诉讼中明确承诺，则一定会导致部分或者全部败诉。

②避免遗漏答辩要点。尤其是遗漏程序性答辩要点，比如管辖权异议。《中华人民共和国民事诉讼法》第一百三十条第二款规定：“当事人未提出管辖异议，并应诉答辩的，视为受诉人民法院有管辖权，但违反级别管辖和专属管辖规定的除外。”

③避免基础性错误。基础性错误常见于案号错误、日期错误、证据名称错误、标点符号错误、所引用的法律法规失效等，同时注意民事答辩状中的主体信息，只需要答辩人及其代理人身份信息，无须其他涉诉主体信息，且并无被答辩人这种说法，原告的身份就是原告，原告并非被答辩人。

3. 民事答辩状之补充说明

（1）是否需要在开庭前提交书面答辩状

《中华人民共和国民事诉讼法》并未规定所有案件必须提交答辩状，被告不提交答辩状不影响案件的审理，故而事实清楚、无可争议的案件，亦可不提交书面答辩状，被告可以口头答辩。

如果被告没有到庭参加诉讼，又没有向法庭提交书面答辩状的，法律后果是视为放弃答辩等一系列诉讼权利，法院可以缺席审理并做出缺席判决。需要强调的是，不准备书面答辩状，不代表不需要准备答辩思路。

（2）答辩期限的相关规定

根据《中华人民共和国民事诉讼法》及其相关司法解释的规定，原则上被告应当在答辩期内提出答辩状。

①一般时间要求为自收到起诉状副本之日起15日内提交。

②例外时间要求，此分为两种情况：一是小于15日，即当事人协商

并经法庭同意，或者当事人双方均表示不需要答辩期间的案件；二是大于15日的案件多为涉外案件，法律规定为30日。

③原告变更、增加、减少诉讼请求时，是否需要重新指定答辩期限。若原告减少诉讼请求，一般无须重新指定答辩期限；如果变更或者增加诉讼请求仅是涉及量的变化，变化的诉讼请求并非基于新事实或者新证据，而是在既有证据基础上对诉讼请求进一步明确或者扩充，则并非一律均需重新指定举证期限和答辩期限；如果变更或者增加诉讼请求涉及质的变化，变化是基于新事实或者新证据，原则上应给被告指定新的答辩期限。

④原告追加当事人或者第三人参加诉讼，新参加诉讼的当事人或者第三人获得的答辩期，一般需要适用于其他当事人。

⑤管辖权异议裁定生效后，一般是重新确定答辩期。

（3）答辩、抵消与反诉

主张抵消的，可以不提反诉。但如果需要反向索赔的，需要提起反诉解决，答辩状起不到反诉的作用，反诉是一个独立的诉。

答辩状作为总领被告应诉的旗帜作用，既是被告的诉讼权利，也是被告的一项诉讼义务，法律对被告提出答辩状的表述也是“应当”。如果诉争主体都能按规定提交答辩状，法庭通过诉辩意见，可以在审理案件前归纳出案件的争议焦点，提高庭审效率，有利于审判的有效进行，有效地解决争议。

（三）民事起诉状及答辩状示范文本

2024年3月4日，最高人民法院、司法部、中华全国律师协会联合发布了《最高人民法院司法部中华全国律师协会关于印发部分案件民事起诉状、答辩状示范文本（试行）的通知》（法〔2024〕46号），该司法文件为便利群众诉讼、提升司法质效，针对司法实践中多发的金融借款、民间借贷、劳动争议等11类多发民事案件，首次推出了标准化起诉状、答辩状示范文本。

以下简要展示民间借贷、离婚纠纷类案件示范文本，具体详尽内容可参见文件全文。

民事起诉状
（民间借贷纠纷）

<table>
<tr><td colspan="2">说明：
为了方便您参加诉讼，保护您的合法权利，请填写本表。
1.起诉时需向人民法院提交证明您身份的材料，如身份证复印件、营业执照复印件等。
2.本表所列内容是您提起诉讼以及人民法院查明案件事实所需，请务必如实填写。
3.本表所涉内容系针对民间借贷纠纷案件，有些内容可能与您的案件无关，您认为与案件无关的项目可以填“无”或不填；对于本表中勾选项可以在对应项打“√”；您认为另有重要内容需要列明的，可以在本表尾部或者另附页填写。
★特别提示★
《中华人民共和国民事诉讼法》第十三条第一款规定：“民事诉讼应当遵循诚信原则。”
如果诉讼参与人违反上述规定，进行虚假诉讼、恶意诉讼，人民法院将视违法情形依法追究责任。</td></tr>
<tr><td colspan="2">当事人信息</td></tr>
<tr><td>原告（自然人）</td><td>姓名：
性别：男□　女□
出生日期：　年　月　日　　民族：
工作单位：　　职务：　　联系电话：
住所地（户籍所在地）：
经常居住地：
证件类型：
证件号码：</td></tr>
<tr><td>原告（法人、非法人组织）</td><td>名称：
住所地（主要办事机构所在地）：
注册地/登记地：
法定代表人/主要负责人：　职务：　联系电话：
统一社会信用代码
类型：有限责任公司□　股份有限公司□　上市公司□　其他企业法人□　事业单位□ 社会团体□　基金会□ 社会服务机构□　机关法人□　农村集体经济组织法人□　城镇农村的合作经济组织法人□　基层群众性自治组织法人□　个人独资企业□合伙企业□　不具有法人资格的专业服务机构□
国有□　（控股□　参股□）　民营□</td></tr>
<tr><td>委托诉讼代理人</td><td>有□
姓名：
单位：　　职务：　　联系电话：
代理权限：一般授权□　特别授权□
无□</td></tr>
<tr><td>送达地址（所填信息除书面特别声明更改外，适用于案件一审、二审、再审所有后续程序）及收件人、电话</td><td>地址：
收件人：
联系电话：</td></tr>
</table>

续表

是否接受电子送达	是□ 方式：短信_____微信_____传真_____邮箱_____ 其他_____ 否□
被告（自然人）	姓名： 性别：男□　女□ 出生日期：　年　月　日　　民族： 工作单位：　　职务：　　联系电话： 住所地（户籍所在地）： 经常居住地：
被告（法人、非法人组织）	名称： 住所地（主要办事机构所在地）： 注册地/登记地： 法定代表人/主要负责人：　职务：　联系电话： 统一社会信用代码： 类型：有限责任公司□　股份有限公司□　上市公司□　其他企业法人□　事业单位□　社会团体□　基金会□　社会服务机构□　机关法人□　农村集体经济组织法人□　城镇农村的合作经济组织法人□　基层群众性自治组织法人□　个人独资企业□　合伙企业□　不具有法人资格的专业服务机构□　国有□　（控股□　参股□）民营□
第三人（自然人）	姓名： 性别：男□　女□ 出生日期：　年　月　日　　民族： 工作单位：　　职务：　　联系电话： 住所地（户籍所在地）： 经常居住地：
第三人（法人、非法人组织）	名称： 住所地（主要办事机构所在地）： 注册地/登记地： 法定代表人/主要负责人：　职务：　联系电话： 统一社会信用代码： 类型：有限责任公司□　股份有限公司□　上市公司□　其他企业法人□　事业单位□　社会团体□　基金会□社会服务机构□　机关法人□　农村集体经济组织法人□　城镇农村的合作经济组织法人□　基层群众性自治组织法人□　个人独资企业□　合伙企业□　不具有法人资格的专业服务机构□　国有□（控股□　参股□）民营□

续表

诉讼请求和依据	
1.本金	截至　年　月　日，尚欠本金　　元（人民币，下同；如外币需特别注明）
2.利息	截至　年　月　日，欠利息　元；计算方式： 是否请求支付至实际清偿之日止：是□　否□
3.是否要求提前还款或解除合同	是□　提前还款（加速到期）□/解除合同□ 否□
4.是否主张担保权利	是□　内容： 否□
5.是否主张实现债权的费用	是□　明细： 否□
6.其他请求	
7.标的总额	
8.请求依据	合同约定： 法律规定：
约定管辖和诉讼保全	
1.有无仲裁、法院管辖约定	有□　合同条款及内容： 无□
2.是否申请财产保全措施	已经诉前保全：是□ 否□　　保全法院：　　保全时间： 申请诉讼保全：是□ 否□
事实和理由	
1.合同签订情况（名称、编号、签订时间、地点等）	
2.签订主体	贷款人： 借款人：
3.借款金额	约定： 实际提供：
4.借款期限	是否到期：　是□　否□ 约定期限：　　年　月　日起至　年　月　日止
5.借款利率	利率□ %/年（季/月）（合同条款：第　条）
6.借款提供时间	年　月　日，　元

续表

7.还款方式	等额本息□ 等额本金□ 到期一次性还本付息□ 按月计息，到期一次性还本□ 按季计息，到期一次性还本□ 按年计息，到期一次性还本□ 其他□
8.还款情况	已还本金：　元 已还利息：　元，还息至　年　月　日
9.是否存在逾期还款	是□ 逾期时间：　至今已逾期 否□
10.是否签订物的担保（抵押、质押）合同	是□　签订时间： 否□
11.担保人、担保物	担保人： 担保物：
12.是否提供最高额担保（抵押、质押）	是□ 否□ 担保债权的确定时间： 担保额度：
13.是否办理抵押、质押登记	是□ 正式登记□ 　　预告登记□ 否□
14.是否签订保证合同	是□ 签订时间：　保证人： 主要内容： 否□
15.保证方式	一般保证　□ 连带责任保证□
16.其他担保方式	是□ 形式：　签订时间： 否□
17.其他需要说明的内容（可另附页）	
18.证据清单（可另附页）	

具状人（签字、盖章）：
日期：

民事起诉状
（离婚纠纷）

<table>
<tr><td colspan="2">说明：
为了方便您更好地参加诉讼，保护您的合法权利，请填写本表。
1.起诉时需向人民法院提交证明您身份的材料，如身份证复印件、营业执照复印件等。
2.本表所列内容是您提起诉讼以及人民法院查明案件事实所需，请务必如实填写。
3.本表所涉内容系针对一般离婚纠纷案件，有些内容可能与您的案件无关，您认为与案件无关的项目可以填“无”或不填；对于本表中勾选项可以在对应项打“√”；您认为另有重要内容需要列明的，可以在本表尾部或者另附页填写。
★特别提示★
《中华人民共和国民事诉讼法》第十三条第一款规定：“民事诉讼应当遵循诚信原则。”
如果诉讼参与人违反上述规定，进行虚假诉讼、恶意诉讼，人民法院将视违法情形依法追究责任。</td></tr>
<tr><td colspan="2">当事人信息</td></tr>
<tr><td>原告</td><td>姓名：
性别：男□　女□
出生日期：　年　月　日
民族：
工作单位：　　职务：　　联系电话：
住所地（户籍所在地）：
经常居住地：</td></tr>
<tr><td>委托诉讼代理人</td><td>有□
姓名：
单位：　　职务：　　联系电话
代理权限：一般授权□ 特别授权□
无□</td></tr>
<tr><td>送达地址（所填信息除书面特别声明更改外，适用于案件一审、二审、再审所有后续程序）及收件人、电话</td><td>地址：
收件人：
联系电话：</td></tr>
<tr><td>是否接受电子送达</td><td>是□方式：短信___微信___传真___邮箱___其他___
否□</td></tr>
<tr><td>被告</td><td>姓名：
性别：男□　女□
出生日期：　年　月　日
民族：
工作单位：　　职务：　　联系电话：
住所地（户籍所在地）：
经常居住地：</td></tr>
</table>

续表

<table>
<tr><th colspan="2">诉讼请求和依据</th></tr>
<tr><td>1.解除婚姻关系</td><td>（具体主张）</td></tr>
<tr><td>2.夫妻共同财产</td><td>无财产□
有财产□：
（1）房屋明细：
归属：原告□/被告□/其他□（）；
（2）汽车明细：
归属：原告□/被告□/其他□（）；
（3）存款明细：
归属：原告□/被告□/其他□（）；
（4）其他（按照上述样式列明）
……</td></tr>
<tr><td>3.夫妻共同债务</td><td>无债务□
有债务□
（1）债务1：
承担主体：原告□/被告□/其他□（）；
（2）债务2：
承担主体：原告□/被告□/其他□（）；
……</td></tr>
<tr><td>4.子女直接抚养</td><td>无此问题□
有此问题□
子女1：
归属：原告□/被告□
子女2：
归属：原告□/被告□
……</td></tr>
<tr><td>5.子女抚养费</td><td>无此问题□
有此问题□
抚养费承担主体：原告□/被告□
金额及明细：
支付方式：</td></tr>
<tr><td>6.探望权</td><td>无此问题□
有此问题□
探望权行使主体：原告□/被告□
行使方式：</td></tr>
<tr><td>7.离婚损害赔偿/离婚经济补偿/离婚经济帮助</td><td>无此问题□
离婚损害赔偿□
金额：
离婚经济补偿□
金额：
离婚经济帮助□
金额：</td></tr>
<tr><td>8.诉讼费用</td><td>（金额明细）</td></tr>
<tr><td>9.本表未列明的其他请求</td><td></td></tr>
</table>

续表

约定管辖和诉讼保全	
1.有无仲裁、法院管辖约定	有□ 合同条款及内容： 无□
2.是否申请财产保全措施	已经诉前保全：是□ 否□ 保全法院： 保全时间： 申请诉讼保全：是□ 否□
事实和理由	
1.婚姻关系基本情况	结婚时间： 生育子女情况： 双方生活情况： 离婚事由： 之前有无提起过离婚诉讼：
2.夫妻共同财产情况	事实和理由
3.夫妻共同债务情况	事实和理由
4.子女直接抚养情况	子女应归原告或者被告直接抚养的事由
5.子女抚养费情况	原告或者被告应支付抚养费及相应金额、支付方式的事由
6.子女探望权情况	不直接抚养子女一方应否享有探望权以及具体行使方式的事由
7.赔偿/补偿/经济帮助相关情况	符合离婚损害赔偿、离婚经济补偿或离婚经济帮助的相关事实等
8.其他	
9.诉请依据	法律及司法解释的规定，要写明具体条文
10.证据清单（可另附页）	附页

具状人（签字、盖章）：
日期：

民事答辩状
（民间借贷纠纷）

说明： 为了方便您参加诉讼，保护您的合法权利，请填写本表。 1.应诉时需向人民法院提交证明您身份的材料，如身份证复印件、营业执照复印件等。 2.本表所列内容是您参加诉讼以及人民法院查明案件事实所需，请务必如实填写。 3.本表所涉内容系针对一般民间借贷纠纷案件，有些内容可能与您的案件无关，您认为与案件无关的项目可以填“无”或不填；对于本表中勾选项可以在对应项打“√”；您认为另有重要内容需要列明的，可以在本表尾部或者另附页填写。 ★特别提示★ 《中华人民共和国民事诉讼法》第十三条第一款规定：“民事诉讼应当遵循诚信原则。” 如果诉讼参与人违反上述规定，进行虚假诉讼、恶意诉讼，人民法院将视违法情形依法追究责任。			
案号		案由	
当事人信息			
答辩人（自然人）	姓名： 性别：男□　女□ 出生日期：　年　月　日　　民族： 工作单位：　　职务：　　联系电话： 住所地（户籍所在地）： 经常居住地：		
答辩人（法人、非法人组织）	名称： 住所地（主要办事机构所在地）： 注册地/登记地： 法定代表人/主要负责人：　　职务：　　联系电话： 统一社会信用代码： 类型：有限责任公司□　股份有限公司□　上市公司□　其他企业法人□　事业单位□　社会团体□　基金会□　社会服务机构□　机关法人□　农村集体经济组织法人□　城镇农村的合作经济组织法人□　基层群众性自治组织法人□　个人独资企业□　合伙企业□　不具有法人资格的专业服务机构□　国有□（控股□　参股□）　民营□		
委托诉讼代理人	有□ 姓名： 单位：　　职务：　　联系电话： 代理权限：一般授权□　特别授权□ 无□		
送达地址（所填信息除书面特别声明更改外，适用于案件一审、二审、再审所有后续程序）及收件人、联系电话	地址： 收件人： 联系电话：		

续表

是否接受电子送达	是□ 方式：短信_____微信_____传真_____邮箱_____ 其他_____ 否□
答辩事项和依据 （对原告诉讼请求的确认或者异议）	
1.对本金有无异议	无□ 有□ 事实和理由：
2.对利息有无异议	无□ 有□ 事实和理由：
3.对提前还款或解除合同有无异议	无□ 有□ 事实和理由：
4.对担保权利诉请有无异议	无□ 有□ 事实和理由：
5.对实现债权的费用有无异议	无□ 有□ 事实和理由：
6.对其他请求有无异议	无□ 有□ 事实和理由：
7.对标的总额有无异议	无□ 有□ 事实和理由：
8.答辩依据	合同约定： 法律规定：
事实和理由 （对起诉状事实和理由的确认或者异议）	
1.对合同签订情况（名称、编号、签订时间、地点等）有无异议	无□ 有□ 事实和理由：
2.对签订主体有无异议	无□ 有□ 事实和理由：
3.对借款金额有无异议	无□ 有□ 事实和理由：
4.对借款期限有无异议	无□ 有□ 事实和理由：
5.对借款利率有无异议	无□ 有□ 事实和理由：

续表

6.对借款提供时间有无异议	无□ 有□ 事实和理由：
7.对还款方式有无异议	无□ 有□ 事实和理由：
8.对还款情况有无异议	无□ 有□ 事实和理由：
9.对是否逾期还款有无异议	无□ 有□ 事实和理由：
10.对是否签订物的担保合同有无异议	无□ 有□ 事实和理由：
11.对担保人、担保物有无异议	无□ 有□ 事实和理由：
12.对最高额抵押担保有无异议	无□ 有□ 事实和理由：
13.对是否办理抵押/质押登记有无异议	无□ 有□ 事实和理由：
14.对是否签订保证合同有无异议	无□ 有□ 事实和理由：
15.对保证方式有无异议	无□ 有□ 事实和理由：
16.对其他担保方式有无异议	无□ 有□ 事实和理由：
17.有无其他免责/减责事由	无□ 有□ 事实和理由：
18.其他需要说明的内容（可另附页）	无□ 有□ 内容：
19.证据清单（可另附页）	

答辩人（签字、盖章）：
日期：

民事答辩状
（离婚纠纷）

<table>
<tr><td colspan="4">说明：
为了方便您更好地参加诉讼，保护您的合法权利，请填写本表。
1.应诉时需向人民法院提交证明您身份的材料，如身份证复印件、营业执照复印件等。
2.本表所列内容是您参加诉讼以及人民法院查明案件事实所需，请务必如实填写。
3.本表所涉内容系针对一般离婚纠纷案件，有些内容可能与您的案件无关，您认为与案件无关的项目可以填“无”或不填；对于本表中勾选项可以在对应项打“√”；您认为另有重要内容需要列明的，可以在本表尾部或者另附页填写。
★特别提示★
《中华人民共和国民事诉讼法》第十三条第一款规定：“民事诉讼应当遵循诚信原则。”
如果诉讼参加人违反上述规定，进行虚假诉讼、恶意诉讼，人民法院将视违法情形依法追究责任。</td></tr>
<tr><td>案号</td><td></td><td>案由</td><td></td></tr>
<tr><td colspan="4">当事人信息</td></tr>
<tr><td colspan="2">答辩人</td><td colspan="2">姓名：
性别：男□　女□
出生日期：　　年　月　日
民族：
工作单位：　　职务：　　联系电话：
住所地（户籍所在地）：
经常居住地：</td></tr>
<tr><td colspan="2">委托诉讼代理人</td><td colspan="2">有□
姓名：
单位：　　职务：　　联系电话：
代理权限：一般授权□　特别授权□
无□</td></tr>
<tr><td colspan="2">送达地址（所填信息除书面特别声明更改外，适用于案件一审、二审、再审所有后续程序）及收件人、电话</td><td colspan="2">地址：
收件人：
联系电话：</td></tr>
<tr><td colspan="2">是否接受电子送达</td><td colspan="2">是□ 方式：短信____微信____传真____邮箱____其他____
否□</td></tr>
</table>

续表

答辩事项和依据 （对原告诉讼请求的确认或者异议）	
1.对解除婚姻关系的确认和异议	确认□　　异议□ 事由：
2.对夫妻共同财产诉请的确认和异议	确认□　　异议□ 事由：
3.对夫妻共同债务诉请的确认和异议	确认□　　异议□ 事由：
4.对子女直接抚养诉请的确认和异议	确认□　　异议□ 事由：
5.对子女抚养费诉请的确认和异议	确认□　　异议□ 事由：
6.对子女探望权诉请的确认和异议	确认□　　异议□ 事由：
7.对赔偿/补偿/经济帮助的确认和异议	确认□　　异议□ 事由：
8.其他事由	
9.答辩的依据	法律及司法解释的规定，要写明具体条文
10.证据清单（可另附页）	附页

答辩人（签字、盖章）：
日期：

第五章　民事裁判文书及实务案例分析

第一节　裁判文书的阅读与理解

一、裁判文书的概述

（一）裁判文书的定义

裁判文书是指人民法院在审理案件过程中制作的法律文书，包括判决书、裁定书、调解书等。它是法院对案件的审理结果和处理意见的书面记录，具有法律效力。

裁判文书不仅是当事人享有权利和负担义务的凭证，也是上级法院监督下级法院审判活动的重要依据。[①] 因此，正确阅读和理解裁判文书的重要性不言而喻。在一审程序中，理解裁判文书也是理解一审法官的裁判思路和论证逻辑，若不能正确理解则很难准确判断一审裁判所存在的问题，当然也就无法在二审程序中制定最佳的诉讼策略进而实现诉讼逆转，因为民事二审程序实际上是对一审裁判的再评价。而一审判决书是一审法官裁判思路和论证逻辑的主要载体，因此，要想在二审程序中对于己方不利的案件进行权利救济，首要的工作便是读懂并解构一审判决书。至于具体的方式方法，仁者见仁，各人有各人的研读习惯、解构方法。

需要说明的是，一审结果大部分以判决书的方式呈现，但也有部分审

① 刘宇晖，李雷. 论我国裁判文书的释法明理性 [J]. 法制与经济，2016（03）.

理结果系以裁定书的方式呈现，比如不予受理、驳回起诉、管辖权异议等。只是，判决书较之裁定书内容更为丰富，分析更具价值，故本节以判决书为分析对象。

（二）裁判文书的格式规范

随着此前《关于人民法院在互联网公开裁判文书的规定》的落实，中国裁判文书网自2013年7月启动以来，已成为全球最大、最有影响力的裁判文书网站。截至2018年1月2日，中国裁判文书网的访问量达到近125亿次，上传的裁判文书超过4131万篇。裁判文书的公开使得正义和公平可见可感，对于传播法治故事、促进社会主义核心价值观、加强法治宣传和树立法治信仰具有重要作用。即便2023年11月21日中华人民共和国最高人民法院办公厅下发了《关于建设全国法院裁判文书库的通知》，由最高人民法院主导建设“全国法院裁判文书库”，并于2024年1月上线运行，仅供法院人士在内部专网检索裁判文书，律师、法学研究者以及更广泛的社会公众暂无法查阅，但市面上仍有诸多法律工具可以查询此前的裁判文书，很多有诉讼需求人士可能会自行搜索类似的裁判文书，研判对自身事务是否适合诉讼做出初步的判断，或者是对法律感兴趣的非法律从业者也会通过查阅裁判文书学习一些法律知识。但是一份判决书动辄几千字，对于非专业法律从业者来说，大量生僻拗口的名词、略显死板的措辞，让人读过之后一头雾水，不得要领。因此，简单梳理、快速了解一份判决书的重点具有一定意义。

民事判决书的格式是有系统规范的，各地的判决书可能在细节和风格上有所不同，但是内容和结构是大致相同的，主要内容包括八个部分：①诉讼参与人身份信息；②诉讼情况概述；③原告的诉讼请求；④被告及其他诉讼参与人的答辩意见；⑤案件证据情况；⑥法院认定的事实；⑦法院的审理意见及法律依据；⑧判决结果。下面介绍一下各部分的具体内容。

1.诉讼参与人身份信息

这一部分列明各方诉讼参与人身份情况，确保各诉讼参与方的身份准确。

2.诉讼情况概述

本部分描述本案的诉讼过程、所采用的诉讼程序、案件重要节点时间等信息，确保案件的审理程序合法。

3.原告的诉讼请求

该部分引述原告的诉讼请求，从而确定该案的审理范围，防止审理范围超出或遗漏。

4.被告及其他诉讼参与人的答辩意见

这部分是被告和其他诉讼参与人对于原告的诉讼请求是什么意见，针对原告的诉讼请求持同意、反对或是其他意见，以及坚持该意见的理由。

5.案件证据情况

该部分列明各诉讼参与人向法庭提交证据的情况，包括证据由谁提交、证据的名称、证明形式和证明目的等内容。

6.法院认定的事实

这一部分是判决书的核心内容之一，在此部分中，法院对各方提交的证据进行论证，叙述法院最终采信了哪些证据。之后根据所采信的证据对案件事实进行论证和还原，作为法院最终做出判决的事实依据。

7.法院的审理意见及法律依据

这是判决书的另一个核心，是法院根据上一节中所认定的事实，根据法律、法规及司法解释，对案件进行分解和论证。结合事实与法理，对于审理过程中有事实和法律依据的意见予以支持，缺乏事实和法律依据的意见予以驳回，从而做出判决。

8.判决结果

判决结果也是判决书的核心之一，对于支持还是驳回原告的诉讼请求做出明确的结论，这也是所有诉讼参与人最关心的部分。如果是一审判决，还会告知各方如何提出上诉以及提出上诉的期限。

以上便是判决书内容的大致说明。简单总结一下，判决书中对各方诉讼参与人来说，最重要的一般来说是判决结果部分；其次是法院认定的事实和法院对事实的认定以及做出判决的论证和依据，其中可以学习法院是如何把具体的事实和抽象的法学理论相结合做出判决的；再次是原告的诉讼请求和被告及其他诉讼参与人的答辩意见，以及案件的证据情况，通过三者与判决结果及论证的综合比对，可以得知什么样的意见可以得到法院的支持，以及何种证据可以作为依据来证实自己的主张。

二、解读一审判决书

（一）“中立研读+依次解构”

基于可能存在上诉的定位，有的代理人很着急，一上来就基于批判的立场，拿着显微镜去照一审判决书，生怕遗漏了任何一个小瑕疵。这样的心态，固然可以找出判决书存在的一些问题，但是，往往不能很好地理解一审裁判的逻辑、背后的原因，影响了正确、全面理解一审裁判，以致不能基于全局提起上诉。相反，采取中立、不带偏见的态度，有利于在整体上理解一审裁判。但是，始终中立，显然和代理人的角色定位截然不符，而且不容易发掘一审存在的问题。可见，带着立场，抑或始终中立，都不是研读一审判决书的恰当方式。笔者认为，恰当的姿势是先中立、不带偏见地去理解一审判决书的内容，在充分掌握一审判决书的内容、逻辑后，再去解构一审裁判。

（二）中立研读：倒着看

一审民事判决书一般由首部、主文、判决结果、尾部四部分组成。其中首部写明民事案件的当事人、诉讼代理人的基本情况以及案由；主文是民事判决书的核心，包括原告诉称、被告辩称、双方举证质证、法院认证、事实认定、本院认为等部分；判决结果，即法院对于原告诉讼请求的态度；尾部，写明合议庭的组成、人民法院名称等内容。

如果按照上述顺序顺着读，只能获得大概的认识，对文书的理解不深刻。如果按照下列顺序从后向前地阅读判决，并逐步拆解，效果比较好。

先看判项和诉辩主张，这样就会对哪些诉讼请求获得支持、哪些诉讼请求没有获得支持一目了然，同时也能发现原审判决有无遗漏或超出诉讼请求。

再查“本院认为”部分，了解法院做出裁判的理由是什么。在观看的过程中，力求将法官的论证过程完整呈现，并对其做出分析，找出疑点、问题，以及相关线索。

最后依次查看“本院查明”部分、“双方证据”部分、“诉辩主张”部分，逐一核对并解决案件中出现的问题和疑问。

（三）依次解构：事无巨细

研读的目的不仅仅在于读懂一审判决书，更重要的是为接下去解构一审判决书打下基础。至于如何解构，笔者主张结合《中华人民共和国民事诉讼法》及其相关司法解释对二审改判、发回重审的相关规定，按照事无巨细的原则，依次进行对照解构。

1.审查有无违反法定程序

按照《中华人民共和国民事诉讼法》及其司法解释的规定，重点审查一审有无存在以下事项：①遗漏当事人；②违法缺席判决；③审判组织组成不合法；④应当回避的审判人员未回避；⑤无民事行为能力人未经法定代理人代为诉讼；⑥违法剥夺当事人辩论权利；⑦原判决超出或遗漏原告诉请；⑧一审法院不应受理或受理案件违反专属管辖规定；⑨一审代理律师违反禁业规定。

2.对照一审双方诉辩主张和裁判结果

除了了解一审判决有无超出或遗漏原告诉请，还需要了解：①是否存在原审原告需在二审中增加独立的诉讼请求的情形；②原审被告辩称内容中哪些是否认，哪些是抗辩；③原审原被告诉辩主张内容中哪些属于自认。

3.解构请求权

①原告请求权基础法律规范与法院认定的请求权基础规范两者之间是否存在矛盾和区别；②被告抗辩（权）法律规范与法院认定的抗辩法律规范两者之间是否存在矛盾和区别。

4.审查案件事实和证据

逐字逐句审阅法院认定事实，找到并标注基本事实。如果案件事实复杂，可以绘制图表，通过可视化方式表达法院认定的事实。再把事实和双方证据进行对照，分析事实和证据之间是否存在矛盾或遗漏，重点审查有无存在以下问题：①认定的基本事实缺乏证据证明；②认定事实的主要证据系伪造；③认定事实的主要证据未经质证；④对案件审理的主要证据，当事人因客观原因不能自行收集，书面申请法院调查收集，法院未调查收集；⑤相关证据是否采信在判决书中遗漏；⑥金额计算错误。

5.解析“本院认为”部分

通常情况下“本院认为”部分的每个结论，都会有一个论证过程，并且有论据，即事实或法律依据等。通过断句的方法，将每个结论及其所对应的论证、论据，划分至一个模块。在断句时，应注意每个模块之间的联系，领会法官的推理过程。在此基础上，罗列法院归纳的每一个争议焦点，再通过图表对法院每一个争议焦点的认定过程和结果进行分析。对“本院认为”部分的解析，还需要关注以下几项：①一些判决书中的“本院认为”部分除了说理外，还会涉及对事实的认定问题。因此，审查一审是否存在证据和事实方面的问题，需要结合“事实认定”部分和“本院认为”部分才能得出结论。②根据“本院认为”部分所呈现的内容，抽取本案的关键词，为之后的调查或研究打好基础，并做有效链接。③鉴于裁判安全的考量，在某些情况下“本院认为”部分的内容并非法官真实且具体的心证表述。对此，应当越过“本院认为”内容，去了解该地区的类似判例、双方当事人身份、是否涉及当地重大工程项目、有无信访等案外信息，去发现一审裁判的底层逻辑。

对一审判决书的解读，实际上是围绕着程序和实体两部分展开。就司法实践看，法定程序方面如果存在错误，无疑是硬伤。实体方面主要涉及事实认定和本院认为这两部分。事实认定部分主要包括对证据的认定和对事实的认定，也是比较容易出现硬伤的，比如认定的证据未经质证、二审期间出现新证据、数额计算错误等；而本院认为部分主要涉及对法律、法律关系的理解，相对而言出现硬伤的机会低一点，当然也有可能出现硬伤，比如对法律关系理解明显错误。由于硬伤的事项往往构成二审法院做出改判或发回重审的理由，故对于容易出现硬伤的事项，需要格外关注。

三、实务判决书示例与解读

（一）实务判决书示例

本小节以吴某强、东莞市某某礼品有限公司等股东出资纠纷民事二审民事判决书[①]为例进行展示。

广东省高级人民法院
民事判决书

（2023）粤民终5743号

上诉人（原审被告）：吴某强，男，汉族，1982年2月14日出生，住山东省曹县。

委托诉讼代理人：周某，广东SL律师事务所律师。

被上诉人（原审原告）：东莞市某某礼品有限公司。住所地：广东省东莞市。

诉讼代表人：东莞市某某礼品有限公司管理人。

委托诉讼代理人：卢某美，广东MD律师事务所律师。

委托诉讼代理人：黄某琪，广东MD律师事务所实习人员。

原审被告：谭某菊，女，汉族，1985年4月10日出生，住湖北省秭归县。

委托诉讼代理人：侯某彩，广东QY律师事务所律师。

委托诉讼代理人：王某婷，广东QY律师事务所律师。

上诉人吴某强因与被上诉人东莞市某某礼品有限公司（以下简称某乙公司）、原审被告谭某菊追收未缴出资纠纷一案，不服广东省东莞市中级人民法院（2023）粤19民初70号民事判决，向本院提起上诉。本院受理后，依法组成合议庭审理了本案。吴某强委托诉讼代理人周某，某乙公司

① 最高人民法院．人民法院民事裁判文书制作规范：法〔2016〕221号[EB/OL].http://www.court.gov.cn/fabu-xiangqing-77922.html.

委托诉讼代理人卢某美、黄某琪，谭某菊委托诉讼代理人侯某彩、王某婷到庭参加法庭调查。本案现已审理终结。

吴某强提出上诉请求：依法撤销一审第一项、第三项；并依法改判吴某强无须向某乙公司支付33.5万元的出资款项及利息。事实与理由：一、吴某强系代案外人东莞市某某制品有限公司（以下简称“某甲公司”）持有某乙公司67%的股权份额；某甲公司以购买机器设备的方式履行了出资义务即代表着吴某强已履行出资义务。对此，吴某强在一审阶段已经提交了证据《合作协议》，该《合作协议》内容显示：某甲公司与谭某菊合作合计共向某乙公司投资200万元。其中某甲公司以吴某强名义向某乙公司出资134万元，占股67%，该股权份额由吴某强帮某甲公司代持；谭某菊则出资66万元，占股33%。根据上述内容，可知该《合作协议》其本质实际上是股东之间针对出资以及股权份额等进行约定的股东出资协议，就某乙公司股东内部而言，应当以《合作协议》》约定的内容为准，因此履行《合作协议》所约定的出资义务，实际上就代表着股东之间履行对某乙公司的出资义务，原审法院一刀切地认为履行《合作协议》并不代表履行了出资义务，明显没有加以区分该案的实际情况。在该《合作协议》签订后，吴某强与谭某菊于2019年11月27日依据上述《合作协议》内容办理了某乙公司的股权工商登记的变更手续。显然，通过该《合作协议》内容也明显可以看出：无论是某乙公司，还是某乙公司的股东谭某菊，均已明确确认了某甲公司的隐名股东身份，而吴某强则仅仅是代某甲公司持有67%的股权；现阶段，某乙公司追究的是股东有无履行某乙公司内部的出资义务问题。在此基础上，吴某强认为：既然某乙公司及股东谭某菊在《合作协议》中均确认了某甲公司的隐名股东身份，则无论是吴某强作为名义股东出资，还是某甲公司以隐名股东的身份出资，只要出资到位，原则上均应视为持有某乙公司67%股权的一方已经履行了出资义务。而原审法院在认定时并未考虑该情况，而是简单地一刀切地认定某甲公司履行合作协议内容的行为并不能等同于吴某强的出资行为，其同样并未考虑到该案的一些实际情况，故其认定是明显存在错误的。

某甲公司依据《合作协议》内容已经足额且超额履行了33.5万元的出

资义务，现再次判决吴某强履行应出资义务明显存在错误。1.在上述《合作协议》签订前后，某甲公司基于与某乙公司股东谭某菊的协商内容，就已经开始采购某乙公司生产经营所需的“硫化机”等机器设备。其中：在2019年10月5日某甲公司与东莞市某某机械有限公司签订订购单，向运丰机械公司订购了编号为YF-L015A，产品名称为带顶模单头硫化机10台，单价57800元每台，合计金额578000元；该批机器设备某甲公司在2019年10月7日向运丰公司支付了10万元定金，后在2020年1月9日支付了剩余的全部尾款478000元。后，某甲公司又于2019年10月26日再次向东莞市某某机械有限公司订购了编号为YF-L015A，产品名称为带顶模单头硫化机10台，单价57800元每台，合计金额578000元，并在2019年10月26日向运丰公司支付定金10万元，于2020年4月1日向运丰公司支付了该批机器设备的尾款478000元。以上两次订购均有相应的订购单据、付款凭证，且付款记录在某甲公司谭某强发送给某乙公司股东谭某菊的账目表中也已经予以体现。在这期间，某乙公司也正是使用某甲公司投入的上述机器设备进行生产经营，并产生盈利，且各股东针对上述机器设备的投入并未提出过任何的异议，也足以说明某乙公司以及股东之间对某甲公司以实物方式出资的认可。另，根据《中华人民共和国公司法（2018修订）》第二十七条规定，“股东可以用货币出资，也可以用实物、知识产权、土地使用权等可以用货币估价并可以依法转让的非货币财产作价出资”；而上述机器设备正是某甲公司根据某乙公司的生产经营需要以购买机器设备的方式进行的投资入股，故应视为其已经以实物出资的方式履行了出资义务。2.某乙公司破产管理人清点且已经变卖的钰昕的机器设备正是某甲公司投资入股的机器设备，足以说明某甲公司已经实际履行出资义务的事实；根据某乙公司一审提交的证据内容显示，某乙公司破产管理人当时在清点某乙公司尚存的一些固定资产时，所列表格中注明的序号12为成型机【规格型号为YF-L015，生产厂家为运丰，数量为20台】，该批机器设备的生产厂家、机器型号、数量等与吴某强一审所提交的证据序号2形成一一对应的关系，也足以说明某乙公司破产管理人已经确认收到该批机器设备的事实以及该批机器设备正是某甲公司出资不下于1156000元向运丰公司等购买的20台带顶模单头硫化机机器并以吴某强名义投资入股某乙公司的事实。同时，在该案一审庭审时，某乙公司代理人也明确表述：某乙公司确有收到了某甲公司投入的上述20台机器设备。该句话在一审庭审笔录中也有明确的体现，足以说明某甲公司已经以实物完成出资的事实。3.针对某甲公司投入的上述机器设备的价值问题，根据吴某强一审提交的证据【粤正量资评SA（2022）****号资产评估报告（源自某乙公司破产管理人）】内容显示：某乙公司破产管理人在对某乙公司现有资产进行委托评估机构评估时，其中针对涉及某甲公司购买的上述20台机器设备的价值显示，在上述20台机器设备使用三年左右并折旧的情况下，其价值依然为384000元，依然远大于吴某强应当履行的出资金额33.5万元部分。由此也足以说明某甲公司以及吴某强已经实际完成了出资义务的事实。综上，吴某强认为：原审法院就《合作协议》的性质未能查明，《合作协议》实际上就是股东之间的出资协议，履行该《合作协议》约定的出资内容实际上就代表着履行了出资；同时，吴某强所述的上述证据内容可以形成一条完整的证据链条，足以说明某甲公司和谭某菊、某乙公司协商签订《合作协议》共同出资经营某乙公司，某甲公司由吴某强名义代持67%的股权份额；在此期间，某甲公司实际上也已被确认了隐名股东的身份，在此情况下某甲公司依据股东之间的出资协议（即合作协议）以隐名股东身份代吴某强实际出资不下于1156000元向运丰公司购买机器设备的方式，将机器设备出资投入某乙公司的生产经营，且该批机器设备合计投入的价值在使用三年左右依然大于33.5万元，远远大于吴某强应出资的金额。且某乙公司也已确认收到格某恩投入的上述设备，现该机器设备已经钰昕公司管理人盘点、评估而且已经拍卖完毕，明显应视为吴某强已经完成了出资的事实，故管理人再以吴某强未履行出资为由要求吴某强继续出资义务明显存在错误，吴某强也不具备再次承担出资责任的事实基础。

某乙公司答辩称：一、某甲公司基于《合作协议》向某乙公司投入机器设备，与吴某强作为某乙公司股东应当以货币方式实缴出资33.5万元，是两个层面的法律关系，前者因当事人之间的合同行为形成，后者则因合法的投资行为而形成，吴某强所主张的某甲公司以购买机器设备的方式履行了出资义务即代表吴某强履行了出资义务没有法律依据。在法律层面上，吴某强才是某乙公司的股东，享有股东权利并承担出资等股东义务。某甲公司与吴某强是不同的主体，即使某甲公司按照《合作协议》向某乙公司投入了机器设备，该行为也并不等同于吴某强向某乙公司投入了机器设备。至于《合作协议》中某甲公司与某乙公司之间如何约定投资属于其内部关系，不得对抗某乙公司登记备案的章程规定。根据某乙公司于2019年11月27日最新登记备案的章程规定：吴某强以货币出资33.5万元，总认缴出资33.5万元，在2049年12月31日前缴足。根据《中华人民共和国公司法（2018修订）》第二十八条："股东应当按期足额缴纳公司章程中规定的各自所认缴的出资额。股东以货币出资的，应当将货币出资足额存入有限责任公司在银行开设的账户。"吴某强作为某乙公司的股东，应当按照章程的规定，以货币形式将认缴的出资额33.5万元存入某乙公司的银行账户。但根据管理人所调取的某乙公司的银行账户流水明细，吴某强没有向某乙公司的银行账户存入出资款，在某乙公司进入破产程序之后也没有向管理人缴纳出资，故吴某强并未实际履行出资义务，其主张以购买机器设备的方式履行了出资义务没有事实和法律依据。

某甲公司未就机器设备向管理人主张任何权利，视为某甲公司对其权利的放弃，与吴某强没有任何关系。关于吴某强所主张的某甲公司向某乙公司投入了20台机器设备并用于生产经营，在某乙公司进入破产程序后，应当由某甲公司就该20台机器设备向管理人主张取回或申报债权。现某乙公司破产财产已分配完毕，东莞市中级人民法院于2023年12月6日裁定终结某乙公司破产程序，某甲公司未在破产财产已分配完毕前向管理人主张任何权利，视为某甲公司对其权利的放弃，与吴某强无关。吴某强应当按照章程规定以货币出资，而不能以评估机构对前述机器设备的估值冲抵吴某强的出资义务，更不存在吴某强已足额或超额履行出资义务的情况。

谭某菊答辩称：一、谭某菊已通过银行转账26万元的方式足额且超额履行了16.5万元的出资义务，在合作协议签订后，周某伟代表谭某菊与吴某强签订股权转让协议，之后，谭某菊实际持有公司23%的股份，实际应认缴11.5万元。谭某菊依据协议约定支付了投资款26万元，该款项应认定为谭某菊的出资。二、吴某强侵占公司机器设备的行为严重损害公司利益，应当依法予以返还。在我方提交的某乙公司车间监控视频中可清晰看出公司原存放众多机器设备，但2020年12月29日，吴某强、东莞市某制品有限公司股东谭某强以及他们带来的工作人员私自将公司机器设备及生产模具运走，共转移设备12台总价69.6万元生产模具，此后也大多出现在某甲公司。吴某强与某甲公司股东联手指挥工作人员私自转移公司财物的行为严重侵害某乙公司利益，故应当予以返还。在公司进入破产清算的现阶段，更应当列入固定资产中进行变现以清偿公司债务。三、对于吴某强主张的通过某甲公司购买机器设备的方式履行了出资义务及代表其本人已履行出资义务的说法，我方不予认可。吴某强主张的该批设备，实际上是由某乙公司实际经营收入所购买，而不是某甲公司购买，设备所有权应属于某公司，购买设备的款项也有部分属于我方转入的投资款，不能直接认定投资款为我方认缴的注册资本，应当认为我方也已经以设备履行了出资义务。四、假设最终认为我方按照合作协议约定支付的投资款26万元不能认定为我方对某乙公司缴纳的出资款，合作协议的签约主体是某乙公司与某甲公司，履行投资款的义务亦为某乙公司，我方所支付的投资款26万元是代某乙公司支付的，则某乙公司负有返还我方26万元的义务。

某乙公司向一审法院起诉请求：1.判令吴某强立即向某乙公司缴纳出资33.5万元，并以33.5万元为本金，按照全国银行间同业拆借中心公布的贷款市场报价利率支付利息（从2022年7月29日起至实际清偿之日止，暂计至起诉之日为7313.7元），谭某菊对吴某强的前述债务承担连带清偿责任；2.判令谭某菊立即向某乙公司缴纳出资16.5万元，并以16.5万元为本金，按照全国银行间同业拆借中心公布的贷款市场报价利率支付利息（从2022年7月29日起至实际清偿之日止，暂计至起诉之日为3602.27元）；3.本案诉讼费由吴某强、谭某菊承担。

一审法院经审理查明：2018年9月14日，某乙公司成立，注册资本50万元，系有限责任公司（自然人投资或控股），法定代表人谭某菊，股东为谭某菊。2019年11月27日，某乙公司股东变更为吴某强，认缴出资33.5万元，谭某菊，认缴出资16.5万元。某乙公司章程第九条载明，股东吴某强以货币出资33.5万元、股东谭某菊以货币出资16.5万元，两股东的出资时间均为在2049年12月31日前缴足。

2021年12月30日，一审法院作出（2021）粤19清申23号民事裁定书，裁定受理吴某强对某乙公司的强制清算申请。清算组在某丙公司财产、编制资产负债表和财产清单后，发现某乙公司不能清偿到期债务，且明显缺乏清偿能力，向一审法院提起破产清算申请。2022年7月29日，一审法院作出（2022）粤19破申88号民事裁定书，裁定受理清算组对某乙公司的破产清算申请，并指定戴某为管理人。

2023年1月16日，受管理人委托，广东某某事务所有限公司作出某乙公司破产专项审计报告。该报告载明：某乙公司提交审计的会计凭证存在大量附件缺失的情况；经了解，某乙公司可能存在大量交易事项没有通过某乙公司会计记录核算，可能存在大量资金款项没有通过某乙公司名下银行账户进行收支。该报告又载明：某乙公司账面记载实收资本为0元；某乙公司开设的中国工商银行东莞某某支行银行账户（账号：2010********）显示，自开立至2021年12月21日，该账户没有收到吴某强转入的任何款项，没有收到谭某菊转入备注为“投资款”的转入款项。2023年2月10日，一审法院作出（2022）粤19破58号之一民事裁定书，确认某乙公司无异议债权数额为1327183.61元。

吴某强提交合作协议一份，该协议签订于2019年11月26日，主要内容为：1.甲方为东莞市某制品有限公司，乙方为某乙公司；2.双方合伙组织名称为东莞市某礼品有限公司，工商登记合伙人为吴某强67%股份，谭某菊33%股份；3.公司共有100股，甲方出资134万元，占67%，乙方出资66万元，占33%；4.双方还就盈余分配、债务承担、违约责任等做了约定。协议最后“合伙人”后加盖了某乙公司和东莞市某某制品有限公司的公章。吴某强还提供了东莞市某机械有限公司订购单、某甲公司王某镇与运丰公司刘某良微信聊天记录、付款凭证、某甲公司法定代表人谭某强与谭某菊微信聊天记录。吴某强据此主张出资已到位。

一审法院认为：本案系追收未缴出资纠纷。综合某乙公司的诉讼请求及双方意见，本案的争议焦点如下：吴某强、谭某菊是否应向某乙公司缴纳出资款。对此，一审法院分析如下：根据《中华人民共和国企业破产法》第三十五条“人民法院受理破产申请后，债务人的出资人尚未完全履行出资义务的，管理人应当要求该出资人缴纳所认缴的出资，而不受出资期限的限制”的规定，又根据《中华人民共和国公司法（2018年修订）》第二十八条第一款“股东应当按期足额缴纳公司章程中规定的各自所认缴的出资额。股东以货币出资的，应当将货币出资足额存入有限责任公司在银行开设的账户；以非货币财产出资的，应当依法办理其财产权的转移手续”、《最高人民法院关于适用〈中华人民共和国公司法〉若干问题的规定（三）》第十三条第一款“股东未履行或者未全面履行出资义务，公司或者其他股东请求其向公司依法全面履行出资义务的，人民法院应予支持”和第三款“股东在公司设立时未履行或者未全面履行出资义务，依照本条第一款或者第二款提起诉讼的原告，请求公司的发起人与被告股东承担连带责任的，人民法院应予支持；公司的发起人承担责任后，可以向被告股东追偿”的规定，具体到本案中，某乙公司的章程显示股东吴某强以货币出资33.5万元、股东谭某菊以货币出资16.5万元，故吴某强、谭某菊应将各自的货币出资足额存入某乙公司在银行开设的账户，但从已查明的事实来看，两人均没有将各自的货币出资足额存入某乙公司在银行开设的账户，故两人应当在某乙公司进入破产清算程序后按照上述法律规定，履行此出资责任。某乙公司请求吴某强履行出资款33.5万元、谭某菊履行出资款16.5万元并从法院受理某乙公司破产清算一案之日起支付利息依法有据，一审法院予以支持。又根据谭某菊是某乙公司的发起人，某乙公司请求谭某菊需对吴某强履行出资款33.5万元承担连带责任依法有据，一审法院予以支持。吴某强主张已完成出资义务，理由是某甲公司与谭某菊签订了合作协议，某甲公司占股67%，以吴某强名义购买了设备，金额1156000元。经核查吴某强提供的证据，合作协议的签订主体是某甲公司与某乙公司，履行协议的主体也是某甲公司和某乙公司。根据《中华人民共和国公司法》第三条第一款“公司是企业法人，有独立的法人财产，享有法人财产权。公司以其全部财产对公司的债务承担责任”的规定，公司是独立于公司股东的，公司的行为不能等同于股东的个人行为，故某甲公司与某乙公司签订合作协议并履行协议的行为不能等同于谭某菊、吴某强的个人行为。谭某菊、吴某强依然要按照法律和公司章程的规定履行出资义务。

2023年9月7日，一审法院作出（2023）粤19民初70号民事判决：一、吴某强在本判决发生法律效力之日起五日内向东莞市某礼品有限公司支付出资款33.5万元和利息（以33.5万元为本金，按照全国银行间同业拆借中心公布的贷款市场报价利率支付利息，从2022年7月29日起至实际清偿之日止）；二、谭某菊在本判决发生法律效力之日起五日内向东莞市某礼品有限公司缴纳出资款16.5万元和利息（以16.5万元为本金，按照全国银行间同业拆借中心公布的贷款市场报价利率支付利息，从2022年7月29日起计至实际清偿之日止）；三、谭某菊对第一判项吴某强的付款义务承担连带清偿责任。一审案件受理费8909.16元，财产保全费3074.58元，合计11983.74元，由吴某强、谭某菊负担。

二审期间，吴某强、某乙公司均未提交新的证据，谭某菊提交证据一《某乙公司车间监控照片及视频》，拟证明2020年12月29日，吴某强、某甲公司股东谭某强以及他们带来的工作人员私自将公司机器设备及生产模具运走；提交证据二《转账记录》，拟证明谭某菊依据协议约定实际支付了投资款26万元；提交证据三《股权转让协议》，拟证明周某伟代理谭某菊与吴某强签订股权转让协议，协议签订后谭某菊实际持有公司23%股权，实际应认缴11.5万元。吴某强发表质证意见称：对证据一的关联性以及证明目的不予确认，谭某菊所主张的某甲公司、谭某强，王某振、吴某强涉及损害某乙公司利益的问题，早在2021年的时候已经向东莞市第一人民法院提起过诉讼，案号为（2021）粤1971民初4264号，该案经过东莞市第一人民法院以及东莞市中级人民法院认定，最终驳回了某乙公司的全部诉讼请求。所以不存在谭某菊主张的其他股东涉及损害某乙公司利益的行为。证据二关联性以及证明目的不予确认。谭某菊主张的出资款项应当向某乙公司进行出资，但其转账凭证当中就是转给其他的案外人员，不能体现出该款项是其出资款项。其次谭某菊与王某振等人之间本身就存在大量的借贷关系，不能否认谭某菊转款是属于由借贷所引起的款项。第三，谭某菊在担任某乙公司股东期间，对外以自己的名义承揽相应的某乙公司应当承接的业务，在承接以后内部向某乙公司进行订货并由某乙公司直接发货给其对应的客户。谭某菊接收相应的款项。其中在（2021）粤1971民初3999号公司解散纠纷案件当中，吴某强就已经提出过谭某菊以上述形式损害某乙公司的利益，通过由某乙公司发货给其指定的客户而由谭某菊进行收款，收了款之后部分款项支付给某乙公司，部分款项据为己有，而且拒不提交相应的与客户之间的交易单据。因此，该转账记录并不能体现出由其支付的投资款项的事实。证据三没有原件，“三性”不予确认，同时从某乙公司的工商登记内容来看，周某伟并非某乙公司的合法股东，也非登记的股东，同时至今为止某乙公司的股权登记均没有变更，股权份额也没有变更，因此谭某菊的实际持股比例仍然为工商登记的持股份额。某乙公司发表质证意见称：证据一质证意见与吴某强一致。证据二转账记录谭某菊未向某乙公司的银行账户存入出资款，不能认定为出资。证据三“三性”不予认可，周某伟并非某乙公司股东，管理人没有见过该份股权转让协议，且各方未就该股权转让协议进行工商变更登记。本院认为，证据一与本案无关联性，证据二涉及的转账的收款人并非某乙公司，也没有证据证明收款人系某乙公司委托的收款方，因此该证据亦与本案无关联性；证据三无原件可供核对，对其真实性无法核实，故本院对谭某菊提交的三份证据均不予采信。

经审理，本院对一审查明的事实予以确认。另查明，谭某菊在二审法庭调查时明确表示不认可吴某强以机械设备出资。

本院认为：本案为追收未缴出资纠纷。根据《中华人民共和国民事诉讼法》第一百七十五条之规定，第二审案件的审理应当围绕当事人上诉请求的范围进行。谭某菊虽然在二审答辩中对于一审判决判令其承担缴纳出资款本息义务提出了异议，但因其未提出上诉，本院对其异议不予审查。根据各方当事人的诉辩意见，本案焦点问题为吴某强是否应当向某乙公司缴纳出资款33.5万元及利息。

吴某强认为，其系为某甲公司代持某乙公司67%的股权，且某甲公司以购买机器设备的方式履行了出资义务。但第一，公司进入破产清算程序后管理人代表公司追收股东应缴未缴出资，实质上系出于维护债权人整体利益。而基于内外有别的理念，隐名股东与显名股东之间的代持约定，不能对抗作为公司外部人员的债权人。所以本案中某乙公司在进入破产程序后有权向吴某强追收其应缴未缴出资。第二，即使是案涉《合作协议》，也是约定股东按持股比例出资共计200万元并由王某镇统一调度，并未约定股东可以以非货币方式出资，且目前并无充分证据证实谭某菊已经同意吴某强以机械设备出资。第三，同时修改的某乙公司的章程显示，吴某强以货币认缴出资33.5万元，并应于2049年12月31日前缴足，现吴某强主张的出资方式，也与章程规定明显不符。第四，2019年施行的《中华人民共和国公司法（2018年修订）》第二十八条第一款规定："股东应当按期足额缴纳公司章程规定的各自所认缴的出资额。股东以货币出资的，应当将货币出资足额存入有限责任公司在银行开设的账户；以非货币财产出资的，应当依法办理其财产权的转移手续。"出资是一种要式法律行为，股东向公司提供货币、非货币财产并不能当然等同于出资行为。因为公司成立后出资不得抽逃，而股东基于借款法律关系向公司提供的货币，基于借用、租赁等法律关系向公司提供的非货币财产，股东都有权主张返还，所以只有通过法定形式，才能明确这些货币、非货币财产属于出资，即公司无须向股东返还的财产。案涉机械设备虽然不属于需要完成变更登记的财产，但某乙公司的登记信息显示，从2019年某甲公司购买案涉机械设备直至2022年7月29日某乙公司破产申请被受理时，吴某强的出资都未由认缴转变为实缴，可见某甲公司购买并向某乙公司提供了一批设备的行为，并未被某乙公司及其他股东确认为吴某强的出资行为，所以该行为也无法等同于吴某强履行了出资义务。

综上，吴某强的上诉理由不能成立，其上诉请求应予驳回。依照《中华人民共和国民事诉讼法》第一百七十七条第一款第一项规定，判决如下：

驳回上诉，维持原判。

二审案件受理费5969.14元，由吴某强负担。

本判决为终审判决。

审判长　史××

审判员　熊　×

审判员　王××

二〇二四年八月二十六日

书记员　邹××

（二）实务判决书解读

前述二审民事判决书系吴某强、东莞市某某礼品有限公司等股东之间的出资纠纷，案由为股东出资纠纷（追收未缴出资纠纷），案号为（2023）粤民终5743号。当事人信息中，吴某强系上诉人（原审被告）、某乙公司系被上诉人（原审原告）、谭某菊按原一审中的身份所列为原审被告、某某制品有限公司按原一审中的身份所列为案外人。

1.查明事实

一审法院查明事实，可按时间顺序表述如下：

2018年9月14日，某乙公司成立。公司性质系有限责任公司（自然人投资或控股），注册资本为50万元，法定代表人为谭某菊，谭某系股东。

2019年11月26日，签订合作协议。甲方为某某制品有限公司，乙方为某乙公司；双方合伙组织名称为某某礼品有限公司，工商登记合伙人为吴某强67%股份，谭某菊33%股份，公司共有100股，甲方出资134万元，占67%，乙方出资66万元，占33%；双方就盈余分配、债务承担、违约责任等做了约定；协议最后“合伙人”后加盖了某乙公司和某某制品有限公司的公章。

2019年11月27日，乙公司发生股东变更。某乙公司股东变更为吴某强，认缴出资33.5万元；谭某菊，认缴出资16.5万元。某乙公司章程第九条载明：股东吴某强以货币出资33.5万元、股东谭某菊以货币出资16.5万元，两股东的出资时间为在2049年12月31日前缴足。

2021年12月30日，一审法院做出（2021）粤19清申23号民事裁定书。法院裁定受理吴某强对某乙公司的强制清算申请。清算组在某丙公司财产、编制资产负债表和财产清单后，发现某乙公司不能清偿到期债务，且明显缺乏清偿能力。于是向一审法院提起破产清算申请。

2021年12月30日，一审法院做出（2021）粤19破申88号民事裁定书。

裁定受理清算组对某乙公司的破产清算申请，并指定戴某为管理人。

2023年1月16日，受管理人委托，某事务所有限公司做出某乙公司破产专项审计报告。某乙公司提交审计的会计凭证存在大量附件缺失情况；经了解，某乙公司可能存在大量交易事项没有通过某乙公司会计记录核算，可能存在大量资金款项没有通过某乙公司名下银行账户进行收支。某乙公司账面记载实收资本为0元；某乙公司开设的中国工商银行东莞某某支行账户显示，自开立至2021年12月21日，该账户没有收到吴××转入的任何款项，没有收到谭××转入备注为“投资款”的转入款项。

2023年2月10日，一审法院做出（2022）粤19破58号之一民事裁定书。确认某乙公司无异议债权数额为1327183.61元。

吴某提供证据，据此主张出资已到位。吴某强提供了某某机械有限公司订购单、某甲公司王镇与运丰公司刘某良微信聊天记录、付款凭证、某甲公司法定代表人谭某强与谭某菊微信聊天记录。

2.一审法院分析

一审法院认为，本案系追收未缴出资纠纷，争议焦点为吴某强、谭某菊是否应向某乙公司缴纳出资款。法院分析如下。

（1）法条依据

《中华人民共和国企业破产法》第三十五条规定：“人民法院受理破产申请后，债务人的出资人尚未完全履行出资义务的，管理人应当要求该出资人缴纳所认缴的出资，而不受出资期限的限制。”

《中华人民共和国公司法（2018年修正）》第二十八条第一款规定：“股东应当按期足额缴纳公司章程中规定的各自所认缴的出资额。股东以货币出资的，应当将货币出资足额存入有限责任公司在银行开设的账户；以非货币财产出资的，应当依法办理其财产权的转移手续。”

《最高人民法院关于适用〈中华人民共和国公司法〉若干问题的规定（三）》第十三条第一款规定：“股东未履行或者未全面履行出资义务，公司或者其他股东请求其向公司依法全面履行出资义务的，人民法院应予支持。”

《最高人民法院关于适用〈中华人民共和国公司法〉若干问题的规定（三）》第十三条第三款规定：“股东在公司设立时未履行或者未全面履行出资义务，依照本条第一款或者第二款提起诉讼的原告，请求公司的发起人与被告股东承担连带责任的，人民法院应予支持；公司的发起人承担责任后，可以向被告股东追偿。”

《中华人民共和国公司法》第三条第一款：“公司是企业法人，有独立的法人财产，享有法人财产权。公司以其全部财产对公司的债务承担责任。”

（2）案件分析

某乙公司的章程显示股东吴某强以货币出资33.5万元、股东谭某菊以货币出资16.5万元，故吴某强、谭某菊应将各自的货币出资足额存入某乙公司在银行开设的账户，但从已查明的事实来看，两人均没有将各自的货币出资足额存入某乙公司在银行开设的账户，故两人应当在某乙公司进入破产清算程序后按照上述法律规定，履行此出资责任。

某乙公司请求吴某强履行出资款33.5万元、谭某菊履行出资款16.5万元并从法院受理某乙公司破产清算一案之日起支付利息依法有据，一审法院予以支持。

又根据谭某菊是某乙公司的发起人，某乙公司请求谭某菊需对吴某强履行出资款33.5万元承担连带责任依法有据，一审法院予以支持。

吴某强主张已完成出资义务，理由是某甲公司与谭某菊签订了合作协议，某甲公司占股67%，以吴某强名义购买了设备，金额1156000元。经核查吴某强提供的证据，合作协议的签订主体是某甲公司与某乙公司，履行协议的主体也是某甲公司和某乙公司。而公司是独立于公司股东的，公司的行为不能等同于股东的个人行为，故某甲公司与某乙公司签订合作协议并履行协议的行为不能等同于谭某菊、吴某强的个人行为。谭某菊、吴某强依然要按照法律和公司章程的规定履行出资义务。

3. 一审法院判决

2023年9月7日，一审法院做出（2023）粤19民初70号民事判决，结果如下：

第一，吴某强在本判决发生法律效力之日起五日内向东莞市某某礼品有限公司缴纳出资款33.5万元和利息（以33.5万元为本金，按照全国银行间同业拆借中心公布的贷款市场报价利率支付利息，从2022年7月29日起至实际清偿之日止）。

第二，谭某菊在本判决发生法律效力之日起五日内向东莞市某某礼品有限公司缴纳出资款16.5万元和利息（以16.5万元为本金，按照全国银行间同业拆借中心公布的贷款市场报价利率支付利息，从2022年7月29日起计至实际清偿之日止）。

第三，谭某菊对第一判项吴某强的付款义务承担连带清偿责任。

一审案件受理费8909.16元，财产保全费3074.58元，合计11983.74元，由吴某强、谭某菊负担。

4. 上诉人请求及其事实理由

吴某强提出上诉请求：依法撤销一审第一项、第三项；并依法改判吴某强无须向某乙公司支付33.5万元的出资款项及利息。

事实与理由：原审法院就《合作协议》的性质未能查明，《合作协议》实际上就是股东之间的出资协议，履行该《合作协议》约定的出资内容实际上就代表着履行了出资，某甲公司以购买机器设备的方式履行了出资义务即代表着吴某强已履行出资义务。

同时，吴某强所述的上述证据内容可以形成一条完整的证据链条，足以说明：某甲公司和谭某菊、某乙公司协商签订《合作协议》共同出资经营某乙公司，某甲公司由吴某强名义代持67%的股权份额；在此期间，某甲公司实际上也已被确认了隐名股东的身份，在此情况下某甲公司依据股东之间的出资协议（即《合作协议》）以隐名股东身份代吴某强实际出资不下于1156000元向运丰公司购买机器设备的方式，将机器设备出资投入某乙公司的生产经营，且该批机器设备合计投入的价值在使用三年左右依然大于33.5万元，远远大于吴某强应出资的金额。且某乙公司也已确认收到格某恩投入的上述设备，现该机器设备已经钰昕公司管理人盘点、评估而且已经拍卖完毕，明显应视为吴某强已经完成了出资的事实。

故管理人再以吴某强未履行出资义务为由要求吴某强继续履行出资义务明显存在错误，吴某强也不具备再次承担出资责任的事实基础。

5. 二审法院分析

二审法院认为，本案为追收未缴出资纠纷，争议焦点为吴某强是否应当向某乙公司缴纳出资款33.5万元及利息。案件分析如下。

吴某强认为，其系为某甲公司代持某乙公司67%的股权，且某甲公司以购买机器设备的方式履行了出资义务。

第一，公司进入破产清算程序后管理人代表公司追收股东应缴未缴出资，实质上系出于维护债权人整体利益。而基于内外有别的理念，隐名股东与显名股东之间的代持约定，不能对抗作为公司外部人员的债权人。所以本案中某乙公司在进入破产程序后有权向吴某强追收其应缴未缴出资。

第二，即使是案涉《合伙协议》，也是约定股东按持股比例出资共计200万元并由王某振统一调度，并未约定股东可以以非货币方式出资，且目前并无充分证据证实已经谭某菊同意吴某强以机械设备出资。

第三，同时修改的某乙公司的章程显示，吴某强以货币认缴出资33.5万元，并应于2049年12月31日前缴足，现吴某强主张的出资方式，也与章程规定明显不符。

第四，2018年修订的《中华人民共和国公司法》第二十八条规定："股东应当按期足额缴纳公司章程中规定的各自所认缴的出资额。股东以货币出资的，应当将货币出资足额存入有限责任公司在银行开设的账户；以非货币财产出资的，应当依法办理其财产权的转移手续。"

出资是一种要式法律行为，股东向公司提供货币、非货币财产并不能当然等同于出资行为。因为公司成立后出资不得抽逃，而股东基于借款法律关系向公司提供的货币，基于借用、租赁等法律关系向公司提供的非货币财产，股东都有权主张返还，所以只有通过法定形式，才能明确这些货币、非货币财产属于出资，即公司无须向股东返还的财产。

案涉机械设备虽然不属于需要完成变更登记的财产，但某乙公司的登记信息显示，从2019年某甲公司购买案涉机械设备直至2022年7月29日某乙公司破产申请被受理时，吴某强的出资都未由认缴转变为实缴，可见某甲公司购买并向某乙公司提供了一批设备的行为，并未被某乙公司及其他股东确认为吴某强的出资行为，所以该行为也无法等同于吴某强履行了出资义务。

6.二审法院判决

依照《中华人民共和国民事诉讼法》第一百七十七条第一款第一项规定，判决如下：驳回上诉，维持原判；二审案件受理费5969.14元，由吴某强负担。

四、实务中类案裁判研究的意义

案例研究是对检索到的案例进行分析研究。尽管我国不是适用判例法的国家，但绝不是仅从法律体系的角度进行简单的思考，掌握好具体的法律条文比司法判例更重要。法律规范无法穷尽生活中的一切可能。当遇上疑难复杂案件，仅以法条为依据可能无法获得圆满结论，此时，求助于类案研究，不失为一种好的选择。如何进行类案研究并以恰当的形式予以呈现，则是实务中处理案件的基本功之一。

（一）类案研究的意义

类案研究并非评估案件时的首要选择，但随着案件进程的不断推进和深入，类案研究的重要性将不断增强。一般来说，评估案件时能够做的并非类案研究，而是类案检索，意义在于了解而非研究。类案研究较之于一般的类案检索，更具深度。在先期评估案件时，时间上并不允许我们进行深入的类案研究。此时，通过微信、北大法宝、威科先行等数据库，就案件争点问题检索实务文章，虽非第一手资料，但或许是当下更高效、快捷的选择。一般在正式介入案件后，类案研究的意义则越加突出。通过类案研究，可以归纳裁判规则，但类案研究的意义并不限于此。华东政法大学孙维飞老师曾说，类案研究的价值在于发掘价值观。成文法的背后体现了立法者在制定法律时所持的价值观，此种价值观如何具体作用于法律适用阶段，需借助于裁判者；成文法缺失时的裁判观点，更能反映裁判者的价值观。类案研究时，首先可以发现裁判观点。进一步深入分析，可以发掘出隐藏在裁判观点之后的价值观。通过价值观的发掘，就可以进一步明确法律应如何具体适用，发现分析说理的切入点，聚焦案件核心，拓宽诉讼思路，更好地回应法官关切的问题。

（二）类案研究的前提：检索

1. 明确拟研究问题

在类案研究之前，务必明确拟研究的法律问题。每一个案件，都可能涉及少则二三个多则十数个争议问题，但并非每一争议问题都值得我们花时间进行类案研究。拿笔者接触的一起金融借款合同纠纷案件来说，其中涉及的争议焦点包括当事人主体资格、民刑交叉及其处理、被告是否违约等，但本案中或许只有民刑交叉这一问题值得进行类案研究。

那么，如何判断某一争议问题是否值得进行类案研究呢？从笔者为数不多的经验来看，此类问题一般具有如下特征：第一，是法律适用问题而非事实认定问题；第二，成文法规定较模糊或缺乏成文法；第三，初步检索后发现司法实践裁判标准不一。若某一问题具备上述三个特征，一般即可认定其具有进行类案研究的价值；否则，简单的案例检索或法律检索即可解决。

2. 关键词的选取和提炼

关键词的选取和提炼意味着能否高效、准确地获取素材。类案研究大体上存在如下三种情形：其一，具备何种要件方可发生某一特定法律后果，如“缺乏书面代持合意时的代持关系认定”；其二，特定情形下的法律后果，如“以股权转让形式进行房地产项目转让的合同效力”；其三，某一法条或制度在实践中的具体理解和适用，如“表见代理的构成要件”。当然，上述三种情形可能存在交叉。

第一种情形，选取关键词时应围绕该特定法律后果，如在设例中可首选“代持合意”“代持关系”等词；第二种情形，则应围绕该特定情形，并尽可能做到细化，如在设例中可同时以“股权转让”“项目转让”“房地产”等作为关键词；第三种情形，直接以条文序号进行检索，辅之以特定概念，或许是最高效的方式。如果某一关键词检索结果较多，则应进一步限缩关键词，或排除干扰项。

此外，设定关键词应不仅限于法律术语，特定行业的术语也可能成为关键词。还应注意到关键词的替换问题，如“明股实债”可能被“名股实债”“名为股权实为借贷”“名为出资实为借贷”等替换。另外，随着检索的推进，我们也可能在已有的案例中发现新的关键词。比如笔者在研究“缺乏书面代持合意时的代持关系认定”这一问题时，发现法院裁判中可能会采用“代持股”“事实上的代持”等表述，可以此为关键词做进一步的检索。当然，关键词的选取更多地依赖于检索者的归纳能力和实践经验，以及对法律概念的熟悉度和准确性。熟能生巧之后，对于关键词的选取和设定将得心应手。

3.一个原则：全面而有针对性

进行类案研究的检索时，应尽可能全面，即努力发现对于拟研究问题的全部观点，通过关键词的变化，尽量做到样本不遗漏。不过，全面并不代表要把所有裁判文书全部看完。如果某一案件在最高人民法院审理，我们去研究高级人民法院、中级人民法院甚至基层法院的案件裁判观点或标准，参考意义和价值不大。但如果某一案件在某市中级人民法院审理，考虑到司法实践同样存在地域差别，某省高级人民法院、省内其他市中级人民法院的案例可能会比最高人民法院的一般案例更具研究价值。

（三）类案研究的核心：分析

分析是类案研究的核心环节。通过分析，可以从中发现价值观，并发现分析论证案件的思路和说服法官的角度。

1.归纳

类案分析的首要工作是归纳案件事实，案件事实的归纳对于类案研究极为重要。严格来说，只有事实要素高度一致的两个案件，才可以被称为类案；也只有在案件事实要素高度一致性的情况下，才可能抽象出裁判观点背后的价值观。

在归纳案件事实时，应把所有影响到裁判结论得出的事实均予摘出，而对一些并未真正影响法官价值判断的事实则应剔除，以免产生干扰，分散聚焦。当然，干扰事实有时并不能轻易通过个案观察予以排除，更多的时候还需要在案例比较时通过对照进行筛选。

在归纳时，建议采用表格的形式，不仅能清楚地梳理案件事实，也能为下一步的案例比较奠定基础。

2. 比较

在比较时，可以从两个方向进行。第一个方向是把案件事实相同的案例放在一起，观察在具备同样的事实下，法官得出的结论是否一致。第二个方向是把得出同一结论的案例放在一起比较，分析各自对应的案件事实是否一致。通过归纳、比较，可以从类案中抽取出一定的裁判规则，并可初步确定裁判规则所对应的审判范围。

例如，在研究“缺乏书面代持合意时的代持关系认定”这一问题时，通过比较不同案件事实下法官对事实代持关系的认定，发现法院往往会从资金关系、经营管理活动、公司决策活动等多个事实维度予以考察，仅具备一个事实要件往往不足以使法官认定代持关系存在，但多个事实要件的并存以及主张隐名一方深度参与公司决策活动的行为，则可加强法官的心证。

当然，除了上述两个分析方向之外，还可以从时间维度进行比较。通过这一维度的考察，可能发现裁判者价值观的转变过程。

3. 分析

较之于单纯地提取裁判规则，探求、分析裁判规则背后蕴藏的价值判断，评价此种价值判断是否正当，或许是类案研究更具意义的一面。在分析时，要紧紧围绕事实要素展开。若法院在A事实下得出某一结论，而在B事实下则得出相反结论，那么我们要分析A事实与B事实的差异具体在于何处、此种差异对裁判观点的影响、该种影响又是基于何种价值判断、差异背后体现的是否为同一裁判逻辑和同样的价值判断。如在进行事实代持关系认定的类案研究时，我们就应当思考为何单纯的资金关系、经营管理行为均不足以证明代持合意，而为何参加公司决策则对于代持关系的证明更具意义。进一步地，我们可以分析法院在认定事实代持关系时的谨慎态度，或许与代持本身的避法性、被代持一方自甘风险等因素存在关系。

若两个案件事实要素几乎完全一致，但裁判观点却不同，那么就应结合具体的裁判理由及其所承载的价值判断，去评价何种价值观更契合公平正义。有时，不同裁判观点并非形成于同一时间段，那么近期的裁判观点更值得关注。譬如，就被代理人的可归责性是否属于表见代理的构成要件之一，法条未做明文规定。笔者在进行类案研究时发现，2015年以后的裁判文书中会更多地认可这一构成要件。这一转变之背后体现的或许是裁判者对于风险归责原则的认可以及对公平正义理念的追求，而非机械适用法条。有时，裁判理由并不能为我们理解和评价裁判者的价值观提供更多的帮助。此时，可能需借助于法学理论。此外，除单纯通过法律概念进行推演外，还可考虑一些法外因素，如成本— 收益、情感、文化传统等。拓宽分析角度，或多或少有助于发现新的观点。

更多的时候，由于事实的不可复制性，没有特别契合的司法裁判能够与在办案件对应。此时，就更应该从现有案例裁判观点的价值判断出发，去考虑在当下的这个案件中，应该以何种价值判断去审视当事人之间的法律关系。

（四）类案研究的结果呈现

受众类型很大程度上决定了类案研究结果的呈现形式。如果目标受众是客户，那么在呈现时可重点突出结论，具体论证过程则可不必作为重点，并避免采用过于专业的术语。在呈现方式上，辅之以一定的图表甚至数据统计，可能更为直观、高效，便于客户理解和把握。另外，如果能够就客户关心的问题提供风险防控及风险应对策略，或许会让类案研究报告更受客户青睐和认可。

如果目标受众为法官，目的在于说服法官，以文书形式呈现应为上乘。文书应开门见山指出本案核心争点和类案研究结论，并列举若干与本案情形类似、观点支持、有参考意义的案例，重点陈述案情相似之处、裁判逻辑及价值观，借以说明本案为何在相应裁判价值观射程范围内。如有反例，也不可避而不提（因对方很有可能会引用），而应指出反例与本案的情形并不相似，或指出其观点背后价值观的谬误、过时等。考虑到法官的阅读体验，在篇幅上，应尽可能控制在3页A4纸以内，不宜过长。

如果目标受众为律师或其他专业人士，结果的呈现往往意在分享与探讨。此时，以专门文章的形式将研究问题、研究结论、思考分析与论证路径等娓娓道来，或能产生最好的效果。文章应重点呈现自己的研究结论和分析进路，说理充分，方可实现与他人就问题做进一步探讨之目的。

（五）检索案例的解读

研究案例有两种不同的目的，一种是为了学习和提升业务能力，要分析法官的裁判路径和推理过程。为什么要分析法官的裁判路径和推理过程？一方面，一些质量高的判决书有助于我们了解法官的裁判思路和推理路径，反过来指导我们对案件的专业判断。另一方面，部分案例，法官的裁判结果虽然是合理的，但是实际裁判路径并不一定完全合乎法理。此时，就需要运用专业储备进行甄别，如果我们盲从了该判决的裁判路径，就会在基本理论的掌握上做出错误的判断，甚至影响同类型案件的办案效果。

另一种是带着问题去读案例。作为以法律为工作的人，更多的时候是为了验证我们选择的请求权基础是否可以得到法院的支持，验证我们设想的特定案件事实的裁判路径，最后形成我们对某个问题的基本法律意见和大致的结论，以此来指导我们代理的某个案件，或者回答客户的某个特定问题或拟研究的某个问题。这就决定我们在读案例时，要重点关注哪个关键点。比如当年轰动一时的上海代孕第一案，如果出于学习的目的，我们可能要关注的不仅仅是这个案件怎么判，而是因为它是一个新的法律现象，所以重点关注代孕这种事实的法律定性、规则适用等。但是，如果客户只要我们研究案例反映的某个特定问题，比如代孕在国内的合法性问题，其他方面就可以不予关注了。所以，怎么读案例、读什么，取决于我们读案例的目的，目的决定方法。

不管出于学习的目的，抑或是出于回答问题去读案例，我们都需要重点关注“原审查明”“本院查明”等内容，这是事实部分，其他东西不必读。第二部分是“本院认为”，这是推理和法律涵摄过程，是判决书的法律适用部分，也是说理部分。我们读判决书时，通常只关注这两部分即可。当然，一些判决书写得很细致的话，这两部分内容也不少。

（六）案例研究的具体方法

1. 个案研究

个案研究是针对个别案例所反映的法律问题或事实问题进行研究，可能在研究分析过程中我们会联系到其他相关联的案例。我们在进行个案研究时的意义更多的还是解决法律适用的问题、发现法律问题并提供先例。

个案研究时，必须注意以下两点。

（1）注意案例裁判法院的级别

在做个案研究时，最好把主要精力集中在那些级别高、有影响力的案例上，而不是研究犄角旮旯的案例。

通常来说，有最高人民法院的指导案例的，应当优先研究指导案例；如果没有指导案例，可以研究公报案例；如果连公报案例都没有，可研究最高人民法院的相关案例；若最高人民法院没有相关案例，研究有影响力的高级人民法院的案例；如果没有高级人民法院的案例，就要研究与裁判案件所在地相关的有影响力的中级或相应人民法院的案例。例如，案件在海淀区立案，则有必要研究一下海淀区人民法院以往对这种案件是怎么裁判的。

（2）综合研究案例的裁判路径与结果

个案研究的对象应是有影响力的案例，这个时候，我们要解决的不是大多数法院怎么裁判的问题，而是有影响力的法院为什么要这么裁判，这个裁判的结果是否合理的问题。

此时，我们不仅要了解法官的裁判路径和裁判结果，还要通过研究法官的裁判路径，来分析其裁判是否合乎法理，分析不同的裁判路径能否达到同样的裁判结果。又或者假设我们是另一方当事人，看看能否得出完全不同的裁判结果。这些方法对于我们提升工作能力是非常有益的。需要带着批判的精神去看案例，要善于在读案例中发现问题，然后用我们的基本理论去解决问题。

案例分析

《最高人民法院公报》2014年第12期载“唐某诉李某某、唐某乙法定继承纠纷案”就物权法与婚姻法的冲突与协调在实务中的适用进行了详细分析。而物权法与婚姻法的冲突与协调如何进行适用一直是司法实务中争议比较多的问题，所以该案被最高人民法院选为公报案例，以此洞见最高人民法院对此问题的审判态度。

唐某甲与李某某系夫妻关系，唐某系唐某甲与前妻所生之女，唐某乙系唐某甲与李某某所生之子。唐某甲于2011年9月16日在外地出差期间猝死，未留下遗嘱。依据继承法的相关规定，唐某、唐某乙及李某某均为唐某甲的第一顺位继承人。唐某甲生前与李某某签订了《分居协议书》，约定登记在唐某甲名下位于财富中心的房屋属于李某某的个人财产，李某某可以任何方式处置，唐某甲不得阻挠和反对，并有义务协助处理相关事务。李某某据此主张该房屋为其个人财产，不作为唐某甲的遗产进行分割。但唐某主张，虽然李某某与唐某甲签订了《分居协议书》，但并未就财富中心的房产办理过户登记，仅依据该协议不发生物权变动的效力，该房屋属于李某某与唐某甲的夫妻共同财产。

一审法院认为：“唐某甲与李某某虽然在《分居协议书》中约定了该房屋归李某某拥有，但直至唐某甲去世，该房屋仍登记在唐某甲名下。故该协议书并未实际履行，因此应根据物权登记主义原则，确认该房屋为唐某甲与李某某的夫妻共同财产。”

二审法院认为：“在夫妻财产领域，存在大量夫妻婚后由一方签订买房合同，并将房屋产权登记在该方名下的情形，但实际上只要夫妻之间没有另行约定，双方对婚后所得的财产即享有共同所有权，这是基于婚姻法规定的法定财产制而非当事人之间的法律行为。因为结婚作为客观事实，已经具备了公示特征，无须另外再公示。而夫妻之间的约定财产制，是夫妻双方通过书面形式，在平等、自愿、意思表示真实的前提下对婚后共有财产归属做出的明确约定。此种约定充分体现了夫妻真实意愿，系意思自治的结果，应当受到法律尊重和保护，故就法理而言，亦应纳入非依法律行为即可发生物权变动效力的范畴。因此，当夫妻婚后共同取得的不动产物权归属发生争议时，应当根据不动产物权变动的原因行为是否有效、有无涉及第三人利益等因素进行综合判断，不宜以产权登记作为确认不动产权属的唯一依据，只要有充分证据足以确定该不动产的权属状况，且不涉及第三人利益，就应当尊重夫妻之间的真实意思表示，按照双方达成的婚内财产分割协议履行，优先保护事实物权人。需要指出的是，此处的第三人主要是相对于婚姻家庭关系外部而言，如夫妻财产涉及向家庭以外的第三人处分物权，就应当适用物权法等调整一般主体之间财产关系的相关法律规定。而对于夫妻家庭关系内的财产问题，应当优先适用婚姻法的相关规定。”

读到“二审法院认为”部分，大家看看能否发现问题？二审法院的观点是把夫妻财产约定的协议作为一个法律行为归结为非依法律行为发生物权变动效力范畴。这是在推理过程中的小漏洞。也许我们在读此类案例时，没有发现这个问题。没有发现问题的原因可能有很多种，其中原因之一是我们只知道案例，没有完全掌握原理、规则，无法提出问题。提出问题要有理论框架，理论框架越周全，提出的问题越是真问题。只有当我们已经形成了理论及规则上的框架时，才能将遇到的问题放到框架中去，问题与框架不相符合时就发现了问题。如果我们的理论框架、理论前沿和规则本身就有问题，则我们提出的问题就有可能是伪问题。在具有发现问题的能力后，就可以在个案分析判断时甄别哪些案例是可以借鉴甚至引用的，这对于同类型案件具有极强的参考意义。而且，即使是最高人民法院的判例，在相关问题的立场上也不排除存在前后反复的情况，不同的法官、不同的审判庭之间，也可能有不同的裁判思路。所以，要在掌握法律原理、法律规则的基础上去读案例，而不能本末倒置。提升法律理论积淀是关键、是重点、是基础，我们须建立法律人的逻辑思维框架，用法律人的思维去思考。

2.类案研究

个案研究一般需要一到几个案例，而类案研究在案例数量上就宽泛很多。类案研究的作用是对某一类别的案例进行研究来确定案例之间的差异，对法律规范进行类型化。这种类型化对法律中的不确定概念、一般性条款很重要，如不可抗力、合理、重大、诚实信用、公序良俗等。以《中华人民共和国民法总则》规定的公序良俗来说，假如我们代理了当事人的一个案件，当事人主张违反公序良俗而法律行为无效，那么我们首先要看的是，当事人主张的事实是否属于公序良俗在司法实践中的具体类型，如果不是，则此代理有风险，需要提前告知当事人。

在类案研究的时候，不是仅仅找一堆相同观点的案例进行简单的统计，而是采用更系统性、深层次的分析方法。

类案研究有两种方法，一种是对比研究，另一种是统计研究。

对比研究是研究同案不同判的两种甚至多种情形。从法律适用的最理想角度来说，同样的案件事实，应当只有一个裁判结果；解释论的立场上，同样的事实，应当只有一个正解。这是法律的确定性的要求。但现实情况是，对于同样的案件事实，法院可能会有同案不同判的情形，所以我们需要进行研究，看哪种裁判观点最符合法理、最符合法律规则。

统计研究是通过对达到一定数量的案例中的相关变量进行统计，根据样本总体所反映的特点和事实，来说明相关的法律现象，进行相关的法律分析。[①] 简单说，就是用数据说话。可以说，统计案例研究其实是一个大数法则的运用问题，它不强调具体个案的典型性和权威性，而是强调案例样本总体的特征，这是与个案研究最大的不同，它形成一个整体后就具有了说服力。

比如整理一个专题研究《新公司法修改中关于人格否认制度对于家庭财产隔离的影响》，是针对相关法条从近几年的案例库中搜集到几千个案例进行分析，统计的第一个变量是法院认定公司人格否认的总体比例；第二个变量是时间和地区分布，是呈上升还是下降趋势；第三个变量是被人格否认的公司股东数。还可以有第四个、第五个统计变量。当然，我们在设置统计变量的时候，肯定与我们的研究目的是相关的，根据研究目的进

① 杨紫帆. 违约信赖利益赔偿问题研究 [D]. 郑州大学，2021.

行设定。这里面，要强调案例样本的数量，如果案例样本数量极少，则不具有统计学上的意义。

类案研究中的统计研究在日常工作，尤其是某个争议点或者是客户的某个专项课题研究时会运用得更多，也是目前很多律所做专项研究常用的方法。

第二节　典型民事实务案例分析

案例是学习法律的根本，读案例是法律人的必修课。每一个经典的案例，都是一场顶级高手的实战教学。通过案例，不仅可以学习到顶尖的法官如何运用法律来解决复杂的现实问题，还能够看到一流的律师如何设计自己的诉讼战略。法官、律师、法务，法律人每天要解决的都是实际的问题，所以法律人要提高实战能力，就应该向解决问题的高手学习。从案例学习中，抽丝剥茧，细细分析，学思维方法，看论证逻辑，揣摩研习，从案例事实中寻找法律规范，通过法律规范来认定案例事实。

一、案情梳理

本小节以优某公司与行某公司不正当竞争纠纷案件① 为例，现将其判决书全文展示如下。

① 知产宝.[EB/OL].https：//mp.weixin.qq.com/s/QBrPDZyiv1_23mPMHNnnsg.

湖北省高级人民法院
民事判决书

（2023）鄂知民终698号

上诉人（原审被告）：优某公司，住所地湖北省武汉东湖新技术开发区。

法定代表人：钟某某，该公司执行董事。

委托诉讼代理人：郑某某，男。

被上诉人（原审原告）：行某公司，住所地上海市黄浦区。

法定代表人：曾某某，该公司执行董事。

委托诉讼代理人：宋某，浙江某律师事务所律师。

上诉人优某公司因与被上诉人行某公司不正当竞争纠纷一案，不服湖北省武汉市中级人民法院（2022）鄂01知民初696号民事判决，向本院提起上诉。本院受理后，依法组成合议庭于2023年11月21日公开开庭进行了审理。优某公司的委托诉讼代理人郑某某、行某公司的委托诉讼代理人宋某到庭参加诉讼。本案现已审理终结。

优某公司上诉请求：撤销原判，改判驳回行某公司的诉讼请求；一、二审诉讼费用由行某公司承担。事实与理由：原审认定事实错误。1.优某公司只是通过网站、小程序、公众号或微信对接品牌方与博主并协助执行投放，相关文案内容均由博主创作或品牌方提供，然后通过博主个人账号发布，并非由优某公司代写代发。2.行某公司述称小红书平台内容都是亲自体验使用后的分享，缺乏实际和逻辑基础，且法律及小红书平台并未规定必须博主亲自使用后才能宣传。通常情况下，基于产品寄送及营销成本等因素考虑，品牌方不可能都寄送产品给博主使用，博主也不可能都去使用每一款要推广产品。博主根据商家提供的产品资料进行文案创作并发布，或由品牌方提供图片文案给博主发布，内容也未必就是写用过的体验，很多就是品牌名植入或品牌及产品介绍等。博主没有使用产品而创作的文案或品牌商家提供的图片文案是否虚假，不在于是否亲自使用，而在于文案内容本身是否偏离事实，行某公司并未提供任何虚假不实内容的证据。3.行某公司自己的小红书蒲公英平台，其官方服务机构众灿互动、上海谦码都能由品牌商家提供图片文案直发。优某公司举证的优某公司后台截图、小红书平台有关笔记内容截图、行业惯例、各大巨头平台微博微任务、微信公众号、抖音巨量星图、阿里V任务、快手磁力聚星、哔哩哔哩的花火等，都存在转发宣传的业务模式截图，且优某公司平台除了小红书博主入驻，也有抖音、微博等各平台博主入驻。前述证据客观真实，并有市场监管工作人员现场查验和认可。原审以前述证据属优某公司自行统计完成、缺乏对应宣传发布结果予以核实等为由不予采信不当。4.原审曾当庭告知行某公司所诉虚假宣传可能得不到支持并引导行某公司改变案由，但之后却作出构成虚假宣传的矛盾判决，且判赔金额缺乏明确计算依据，相对于优某公司全部侵权获利订单及小程序会员充值流水总金额不足5000元而言，明显畸高。

行某公司答辩意见认为：1.原审认定优某公司涉案行为构成不正当竞争的事实清楚，适用法律正确。小红书平台整体内容生态强调用户真实感受和体验经历分享，强调品牌商家与创作者的合作应确保创作内容基于真实体验。优某公司通过经营云媒易网络平台（包括网站、微信小程序、微信公众号）为品牌商家招募或邀请博主，在小红书平台开展直发类、纯写文类推广行为并提供信息发布、交易撮合等平台服务，最终形成的推广笔记内容不能客观还原博主自身对产品的真实感受和评价，与博主基于自身真实体验创作的推广笔记存在明显差异。而小红书用户及相关公众基于对小红书平台种草内容生态及博主过往真实内容分享的信赖，在阅读到前述直发类、纯写文类推广笔记时，会误认为仍是博主基于真实感受和体验经历独立创作的推广笔记，进而产生误导相关公众的后果。优某公司前述行为构成帮助其他经营者进行虚假宣传或者引人误解的商业宣传。此外，优某公司还直接参与品牌商家与小红书博主之间的直发类、纯写文类推广，包括为商家代写推广文案、招募或对接博主发布笔记及事后向商家提供验收表格等，其通过私人微信渠道帮助品牌商家代为实施直发类、纯写文类推广笔记内容，属于虚假宣传或引人误解的商业宣传。2.原审判赔金额合理并具有相应事实和法律依据。优某公司提供的“云媒易后台订单截图”存在被删减、篡改情形，无法核实其数据是否完整；市场监督管理局现场查验结果仅能反映当时客观情况而无法证明云媒易平台全部种草订单情况。除种草订单外，优某公司侵权获利来源还包括向发单的品牌商家和接单报名的博主收取费用，以及通过私人微信渠道实施被诉侵权行为收费获利等情形，而优某公司并未提供该方面侵权获利证据。原审酌定赔偿数额已综合考虑案涉侵权行为情节等多种因素，具有事实和法律依据。请求驳回上诉，维持原判。

行某公司一审诉请判令：1.优某公司立即停止涉案不正当竞争行为，即立即停止针对小红书平台的内容造假行为；2.优某公司赔偿经济损失及为维权合理开支共计人民币300万元；3.优某公司连续十日在《法治日报》、云媒易网站（www.yunmeiyi.com）首页刊登声明、消除影响；4.本案诉讼费用、保全申请费由优某公司承担。审理期间，行某公司放弃第4项诉请。

原审审理查明：行某公司成立于2013年8月2日，经营范围包括许可项目基础电信服务、第一类增值电信业务、第二类增值电信业务、第三类医疗器械经营、餐饮服务等和一般项目技术服务、技术开发、技术咨询、技术交流、技术转让、技术推广、广告制作、广告发布、广告设计、代理、信息咨询服务、票务代理服务、互联网销售等。

在实际经营过程中，行某公司开发并提供了“小红书”APP应用服务，该APP软件类型属于一款生活方式分享平台，包括消费经验和生活方式的众多内容。平台用户可以通过短视频、图文等形式记录生活点滴，分享生活方式，并与相关消费公众形成互动。小红书APP用户服务协议显示，小红书（包括网址为xiaohongshu.com的网站，以及可在iOS系统及Android系统中运行的名为“小红书”、小红书视频版及其他不同版本的应用程序），由行某公司（包括其关联机构）运营并享有完全的所有权及知识产权等权益，小红书提供的服务将完全按照其发布的条款和操作规则严格执行。注册用户成为小红书正式用户同时，亦确认同意包括《小红书用户服务协议》《小红书用户隐私政策》《小红书社区规范》《小红书社区公约》及小红书已公示或将来公示的各项规则及提示等协议。通过行某公司持续经营，小红书网站及APP积累了海量信息内容，通过真实、可靠的平台内容，吸引消费者、经营者等用户群体在平台内开展有效联系和互动，构成拥有大量用户群体的内容分享社区，形成强调真实体验和经历分享的平台内容生态。根据相关研报和网络评论显示，小红书月活用户上千万，累积用户超过1亿，并入选2019年度、2020年度中国互联网百强，其APP应用位列“中国APPStore免费榜–iphone–社交”第三位。

优某公司成立于2019年7月19日，经营范围包括信息技术咨询服务；网络技术服务；网站建设与维护；企业管理咨询；计算机软硬件开发、销售、技术咨询服务；企业营销策划；广告设计、制作、代理、发布；市场营销策划；商务信息咨询（不含商务调查）；办公用品、办公设备、监控设备、日用品、计算机及耗材、计算机软件及辅助设备、电子产品（不含电子出版物）、通信产品（不含无线电发射设备）的批发兼零售。在实际经营过程中，优某公司通过云媒易网站（www.yunmeiyi.com）、“云媒易营销种草通告”微信小程序、“云媒易通告”微信公众号为商家、博主之间的宣传、发布任务提供推广服务。

2022年1月28日，浙江省杭州市杭州互联网公证处依据行某公司的证据保全申请，委派公证人员监督申请人的委托代理人刘某某使用该公证处电脑进行相关操作，并对部分页面进行截屏。截屏内容显示，在进行电脑清洁性检查后，通过浏览器地址栏输入搜索“yunmeiyi.com”，可以进入“云媒易”网站首页，滑动浏览页面可以点击查看“软文发稿”“达人种草”“自媒体营销”“公众号营销”“微博营销”“视频营销”等栏目相应信息；点击“云媒易头条”栏目的“查看更多”，可以查看“软文代发平台选哪家?”“云媒易软文营销：知道这些写作形式，还怕写不出好软文?”“云媒易广告行业发稿：如何写好软文?”“云媒易媒体发稿：微信软文怎么写才能更好引流?”“云媒易媒体发稿：软文营销为何成为企业的优先选择？”等文章内容；返回至云媒易首页，点击进入“公司简介”，宣传内容说明云媒易致力于整合互联网广告媒体上下游供应链，平台目前注册媒介主用户达到13万，注册广告主用户超过30万；返回至云媒易首页，点击进入“任务需求”，可以显示需求类型、平台要求的选择搜索条件，选择“种草通告”类型和“小红书”平台则显示有多个广告任务发布，内容多达111页，其中多个任务标题明确标明“直发”字样；返回至云媒易首页，点击进入“达人种草”显示平台有多位注册用户报价内容，并设置有“美食”“影视”“测评”“宠物”“男博主”“美妆护肤”“时尚穿搭”“旅行探店”“健康养生”“数码科技”“母婴亲子”“家居生活”等“领域”搜索选项，以及粉丝数、价格筛选、城市等设置条件选项供入驻商家选择。刘某某注册云媒易平台用户后，点击并报名种草通告中“除异味除醛产品”任务，显示“报名将消耗10个云媒豆，VIP会员无限次免费报名”；刘某某另使用公证处手机完成清洁性检查后登录微信，搜索进入“云媒易营销种草通告”小程序，选择“小红书”显示栏目下方有多个通告任务的说明内容，并标明报名人数、查看人数；选择“达人”则可以查看小程序推送的多位注册用户宣传信息，任意选择两位用户设置“种草直发”，报价页面显示“含8%平台服务费，按任务费用计，不计拍单金额和运费”提示。经咨询小程序端客服人员，明确达人信息中的“转发价”就是直发的推广价格。

2022年2月23日，行某公司代理人宋某通过浙江省杭州市杭州互联网公证处的印刻链系统进行公证取证，取证内容显示经登录优某公司备案网站yunmeiyi.com，可以选择“种草通告”任务设置“任务标题”“通告详情”“产品图”“招募人数”“费用”“投放平台”“粉丝要求”“通告内容”“报名截止时间”“联系人”等发布内容，点击“发布通告”则弹出“发布通告需要支付68元，开通VIP可以免费发布”信息，经查询云媒豆充值标准为“68元购买100云媒豆、118元购买300云媒豆、198元购买800云媒豆，VIP标准为88元/年”。经手机登录“云媒易营销种草通告”小程序，可以查看“通告填写正确指南”，其中内容明确本平台不支持【刷单互赞互助】【纯写文】【直发类】通告，发布方式包括原创/直发等。另外，通过选择“热门达人”后再点击“选TA”可以将该小红书博主加入购物车，达人推广价格分为原创价和转发价，商家可以向选定达人发送种草订单，分为“直发”“寄样”“拍单”三种类型，其中的直发订单对应达人的“转发价”，无须填写有关产品寄送或拍单内容，只填写图文内容。

2022年2月24日，行某公司的委托代理人刘某某再次使用手机连接公证处无线网络，在完成相关设置检查后，登录微信点击搜索“云媒易种草通告”，进入该微信小程序，可以查看“我的通告”“报名表”等内容，选择“(种草通告)疤痕贴”，经与该主题管理者聊天确认后发布该管理者提供的附图种草文章的宣传内容，进行“收录”确认后结款。再添加“一树风”好友，询问任务发布事项，“一树风”确认其为云媒易平台工作人员，可以帮客户招募并负责拍摄、写作和发布，且直发不需要产品；根据“一树风”提供的优某公司收款账号支付10篇款项320元后，加入“一树风”发起的“直发刘倩倩（3）”群聊，收到群聊人员发送的“至安手工牛轧糖文案”以及发布结果表格（包括发布文章的小红书昵称、ID、粉丝数、赞藏数、主页链接、发布链接），可以查看发布种草文章结果。进入云媒易网站充值72元后成为充值会员，返回至云媒易首页，点击“免费发布任务需求”，进入相应页面；填写相应信息，上传图片，依次点击“提交”“支付”，再点击“我的通告”，发布标题为“晚夜手工牛轧糖图文直发”的种草通告任务，并在通告详情中标明“发布方式：图文直发”，支付68元开通VIP后完成任务发布。返回云媒易首页，点击“达人种草”，进入相应页面；在搜索栏输入搜索“青衣风阙小曲儿”，点击头像，进入“青衣风阙小曲儿”主页，依次点击“选TA”“立即种草”，进入相应页面；填写相应信息，上传图片，显示“已选择一个达人，合计3.24元，含8%平台服务费，按任务费用计，不计拍单金额和运费”，点击“提交”，进入种草订单流程查询页面，可以显示直发订单任务状态。退出网站使用手机登录微信，选择打开“云媒易营销种草通告”小程序（账号主体为优某公司名称），绑定手机号码后，可以显示在先发布的【种草通告】“晚夜手工牛轧糖图文直发”任务的招募内容以及直发达人“青衣风阙小曲儿”

任务，登录“青衣风阙小曲儿”账号，选择打开直发任务，将图文复制后可以在小红书平台复制发送笔记卡片，任务结果显示已发稿，金额1.64元（任务：2.00元，平台佣金18%）。

2022年4月7日，行某公司的委托代理人刘某某操作手机和公证处电脑，在完成清洁性检查后，登录微信分别选择“一树风”“青梅酒”的聊天界面，查看聊天记录中的图片和文档。其中，“一树风”的朋友圈发布有“云媒易”的宣传推广文章，聊天内容则表明账号主体提供“媒体发稿、小红书抖音种草都可以”，在选择直发类要求代写后，“一树风”询问产品及要求后表示“我们写、发都做”“我们专业做种草铺量，100篇起做的”“我们帮你对接博主写作、拍摄及发布、执行全包”，对于产品邮寄“可以不寄，你们拍好提供图片”“给你审稿后发布的”等。在提出要求发布100篇后，“一树风”提供优某公司的招商银行账号，要求对方安排4600元款项，收款后“一树风”按照约定完成推广任务并提供“青梅酒发布结案表”，内附发布文章的小红书昵称、ID、粉丝数、赞藏数、主页链接、发布链接，可以查看发布种草文章结果。

上述取证工作结束后，浙江省杭州市杭州互联网公证处分别出具公证书予以记录确认。

庭审中，行某公司确认优某公司经营的云媒易平台已停止为品牌商家进行直发类、纯写文类推广提供信息发布、交易撮合等服务，但不确定优某公司通过微信公众号接单服务是否停止。

另查明，2022年12月21日，武汉东湖新技术开发区市场监督管理局出具武新市监不罚（2022）59号《不予行政处罚决定书》，当中载明：截至目前，“云媒易”平台管理员账号“佚名2586”显示已到账的种草订单（即最终完成的种草订单）共计29笔。标注为“直发”的订单有13笔，其中，当事人测试订单10笔（未实际成交），错误勾选2笔，实际成交“直发”订单1笔，该订单售价为3.24元，其中达人收费1.64元，平台收费1.60元。“云媒易”包含网站、云媒易通告（微信公众号）和云媒易营销种草通告（微信小程序），“云媒易营销种草通告”上的数据最终会汇总到网站。案发后，当事人将上述平台或网站“直发”功能下线或关闭。

当事人的上述行为违反了《中华人民共和国反不正当竞争法》(以下简称反不正当竞争法)第八条第二款以及《中华人民共和国行政处罚法》第三十三条的规定。鉴于当事人违法行为情节轻微，积极改正，且属于初次违法，依据反不正当竞争法第二十条第一款规定，决定责令当事人停止违法行为，对当事人不予处罚。

原审归纳本案争议焦点：1.优某公司推广执行种草发布任务的行为是否构成虚假宣传或者帮助虚假宣传行为；2.优某公司为品牌方及自媒体博主提供对接及代写代发服务应否承担侵权责任。

原审认为，本案属不正当竞争纠纷。行某公司作为小红书网站及APP的开发经营者，通过多年培育平台用户的内容分享社区，构建了以用户真实体验和经历分享的平台内容，吸引消费者、经营者与平台用户之间进行有效互动联系，形成的可持续流量变现和商业宣传市场知名度等竞争优势属于行某公司享有的合法权益，应当受法律保护。优某公司开办的网站和微信小程序、微信号亦经营相关网络宣传内容，与行某公司之间存在竞争关系，其行为应当受到我国反不正当竞争法调整。

行某公司指控优某公司在云媒易平台上公开发布“种草通告任务”，商家选择已入驻云媒易平台的小红书博主（达人）私发种草订单，通过微信等渠道为商家的虚假推广交易提供代执行投放全流程服务等行为涉嫌虚假宣传，构成不正当竞争。因行某公司指控行为涉及商家、小红书博主、优某公司等主体共同参与，优某公司参与提供交易服务的行为是否应认定为不正当竞争，应当根据涉案不同交易服务行为对象对行某公司在先合法权益所造成的影响、行为的目的和性质以及可能造成的损益予以分析判断。

关于争议焦点一。反不正当竞争法第八条规定：“经营者不得对其商品的性能、功能、质量、销售状况、用户评价、曾获荣誉等作虚假或者引人误解的商业宣传，欺骗、误导消费者。经营者不得通过组织虚假交易等方式，帮助其他经营者进行虚假或者引人误解的商业宣传。”《最高人民法院关于适用〈中华人民共和国反不正当竞争法〉若干问题的解释》第十六条则进一步规定，经营者在商业宣传过程中，提供不真实的商品相关信息，欺骗、误导相关公众的，人民法院应当认定为反不正当竞争法第八条第一款规定的虚假的商业宣传。第十七条第二款规定：“人民法院应当根据日常生活经验、相关公众一般注意力、发生误解的事实和被宣传对象的实际情况等因素，对引人误解的商业宣传行为进行认定。”上述法律规定说明，虚假或引人误解的商业宣传行为是指向经营者对自身商品作出不符合实际的宣传，并产生误导、欺骗消费者的市场结果；而在具体案件中对于虚假宣传的认定，则应当从宣传对象、形式、效果等方面予以考量，并结合日常生活经验、相关公众注意力、发生误解的事实和被宣传对象的实际情况等因素进行认定。

根据行某公司取证公证书显示，优某公司实施的宣传或帮助宣传行为包括：1.通过经营的云媒易网络平台发布商家指定推广产品或服务信息、招募人数、推广费用、博主要求等内容的推广需求，为相关商家招募相关博主报名在指定平台完成种草图文的发布事项；2.商家选择入驻云媒易网络平台的小红书博主等达人发送种草订单，由达人选择同意或拒绝接单；3.优某公司通过微信聊天方式承接商家代写文案、招募博主、执行发布等代执行投放的全流程服务。上述行为中的宣传内容均为商家产品的体验评价，宣传对象指向小红书社区的相关阅读公众，其宣传效果是传播对商家产品体验的良好评价。因商家在平台发布产品宣传任务已对产品图片、宣传资料进行预设，再由接单“达人”直接发布提前写好的推广文案或者自己编写的体验笔记，所作出的体验评价均为良好体验结果，与真实产品体验相比明显存在差异，而小红书社区相关阅读公众基于小红书博主在先真实体验的认可程度，也会对案涉产品宣传产生错误的认识，导致误解的宣传结果发生，故上述第1、2项商家指定任务或选择“达人”发布种草任务的行为应认定为引人误解的商业宣传行为，其行为主体虽为商家和参与选择“达人”，但优某公司为前述两项行为提供交易撮合服务，属于帮助其他经营者进行虚假或者引人误解的商业宣传的行为。至于第3项行为系优某公司代替商家完成文案写作、博主发布等事项，优某公司对于是否符合实际产品情况未提交证据予以证明，即使其陈述内容真实，但因选取角度、宣传方式等原因，仍构成足以引人误解的情形，其替代宣传的行为亦会误导相关阅读公众对宣传产品产生错误认同结果，故该代写代发行为应当认定为反不正当竞争法第八条第一款规定的虚假宣传行为。因优某公司的上述宣传行为已受反不正当竞争法第八条所规制，本案不再重复适用反不正当竞争法第二条予以认定。

优某公司辩称行某公司自行虚构交易取证涉嫌虚假诉讼，但从优某公司参与的多个聊天记录看，其对承接代写代发任务均未提出任何异议，也未履行任何宣传内容审查义务。员工所参与制作的发文内容并不符合通告审核标准中“不支持刷单互助互赞、买家秀、评论集赞、医疗推广、直发类、纯写文类通告”，也恰好说明优某公司积极从事包括取证事项在内的代写代发工作，同时优某公司提供的统计表格也表明其实际完成代写代发的宣传事项，已经形成虚假宣传的传播结果。结合微信取证的难易程度以及优某公司微信号公开宣传推介内容，优某公司仅以虚假交易否定代写代发行为的依据不足，对该抗辩事由不予支持。

关于争议焦点二。反不正当竞争法第十七条规定：“经营者违反本法规定，给他人造成损害的，应当依法承担民事责任。经营者的合法权益受到不正当竞争行为损害的，可以向人民法院提起诉讼。因不正当竞争行为受到损害的经营者的赔偿数额，按照其因被侵权所受到的实际损失确定；实际损失难以计算的，按照侵权人因侵权所获得的利益确定。经营者恶意实施侵犯商业秘密行为，情节严重的，可以在按照上述方法确定数额的一倍以上五倍以下确定赔偿数额。赔偿数额还应当包括经营者为制止侵权行为所支付的合理开支。经营者违反本法第六条、第九条规定，权利人因被侵权所受到的实际损失、侵权人因侵权所获得的利益难以确定的，由人民法院根据侵权行为的情节判决给予权利人五百万元以下的赔偿。”优某公司通过经营的云媒易平台、微信小程序、微信号实施帮助虚假宣传和微信接单完成虚假宣传的行为，并会造成相关公众误解的后果，依法应当承担停止侵权、消除影响、赔偿损失的民事责任。鉴于行政机关经调查确认优某公司将上述平台或网站“直发”功能下线或关闭，并对优某公司作出行政决定，案涉宣传行为一般不可能继续实施，且优某公司未提交进一步证据证明优某公司仍存在继续帮助宣传或者自行接单宣传的行为，故对行某公司要求停止不正当竞争行为的诉请不再予以支持。关于赔偿数额。行某公司选择以优某公司因侵权所获得的利益确定赔偿数额，并提供了任务数、报名人数、会员充值、佣金标准、代写发文收费标准等公证内容，但因产品宣传任务的实际发布结果缺乏证据予以对应核实，因而该统计数据的计算结果不能作为认定获利的直接依据。同时考虑到会员充值并非为单次任务所花费，佣金收取亦需要以实际发布笔记结果作为确定依据，在缺乏相应证据佐证的情况下，对行某公司要求按照优某公司获利计算赔偿损失的主张不予支持。经综合考虑如下因素：1.基于非真实的产品体验发文宣传，导致行某公司经营小红书平台在先构建的真实感受和消费体验分享内容的市场商誉受到损害，降低了小红书社区宣传产品在互联网行业内的信用评价，促使行某公司品牌营销合作收入、广告收入等增值服务交易机会的丧失；2.优某公司作为媒介平台的经营者，知道所提供媒介宣传服务的相关网络社区平台管理方式和博主用户真实感受体验的发帖生成步骤，应当遵从在先形成的网络信息内容的生态规则，而非以替代真实产品感受的方式发布相关产品宣传内容，不正当获取相关阅读公众的认同程度，主观上存在明显故意；3.优某公司从案涉宣传行为中通过充值会员、佣金的方式获取经济利益，理应对参与宣传商品的真实合法性负有相应审查义务，应当知道所参与的商品宣传行为存在欠缺真实体验内容的不当之处，其主动招募博主收录笔记亦明显扩大了虚假宣传范围；4.行某公司委派律师参与诉讼活动，并为多次公证取证事项支付相关公证费，属于为制止侵权所产生的合理开支。本案酌定优某公司赔偿行某公司经济损失（含合理费用）20万元。

依照反不正当竞争法第八条、第十七条，《最高人民法院关于适用〈中华人民共和国反不正当竞争法〉若干问题的解释》第十六条、第十七条第二款，以及《中华人民共和国民事诉讼法》第一百四十五条的规定，判决：一、优某公司于本判决生效之日起三十日内在其开办经营的云媒易网站（www.yunmeiyi.com）首页刊登声明以消除影响（逾期不履行，法院将公布本判决主要内容，所需费用由优某公司承担）；二、优某公司于本判决生效之日起十日内赔偿行某公司经济损失（含合理费用）20万元；

三、驳回行某公司的其他诉讼请求。案件受理费30800元，由行某公司承担。

二审期间，优某公司向本院补充提交了与“众灿互动”“上海谦码”相关的网络图片6张及微信聊天记录截图2份，以证明小红书蒲公英平台及其官方服务机构众灿互动、上海谦码都允许品牌商家提供图片文案直发，与行某公司强调的“必须博主亲自体验后原创，不许品牌商家提供图片文案直发”相矛盾，不存在行某公司所称品牌商家提供图片文案直发会破坏其平台秩序的情形。优某公司辩称，前述证据属原审遗漏证据。此外，优某公司重新提交了原审已提交的3组证据（共9份），分别涉及“武汉市市场监督管理局现场提取的后台原始数据及谈话录音”“在公开网络平台截取的佐证资料”及“对大众熟知的有关本案客观事实和基本逻辑的陈述”，认为原审未指明该相关证据有任何不妥即予全部否定，却对行某公司违背基本客观事实的证据予以采纳，有违法律客观公正。优某公司并要求，针对其“武汉市市场监督管理局现场提取的后台原始数据及谈话录音”证据，需法院协助传唤市场监督管理局工作人员出庭作证。

经质证，行某公司对优某公司补充提交证据中涉“众灿互动”“上海谦码”的网站链接及相关图片的真实性不持异议，但不认可关联性及证明目的；对微信聊天记录截图的真实性、合法性、关联性及证明目的均不认可，认为仅是截图且未经公证，亦未提供原件核验。

本院审查认为，优某公司二审补充提交的证据虽能证明众灿互动、上海谦码与小红书平台存在一定合作关系，但相关微信聊天记录截图仅为复制件，缺乏原始载体留存信息及提取、复制过程记录，无法确认其完整性与可靠性，且相关聊天内容反映的众灿互动、上海谦码“允许品牌商家提供图片文案直发”信息，并不等同于该行为系代表小红书平台的官方行为或源于小红书平台的官方授权认可，不能据此作为衡量优某公司被诉行为合法正当性的依据，不能达到优某公司的举证证明目的，本院不予采纳。

针对优某公司持有异议的未获原审采纳的3组证据（共9份），分别包括：证据1.云媒易后台订单截图；证据2.直发订单商家及博主注册信息；证据3.公司及法人情况；证据4.众多行业种草平台；证据5.小红书垄断、排挤竞争；证据6.小红书非博主自创内容截图；证据7.被告疑问及相关法规；证据8.市场监督管理局谈话录音光盘；证据9.优某公司对行某公司提交证据的疑问。原审认证意见为，前述证据1—8均为优某公司自行统计完成且缺乏相关宣传发布结果对应核实，不予采信；证据9属质证意见，不能直接作为证据。经本院审查，前述证据1、证据2、证据3、证据8属于优某公司单方自制证据，无法核实其完整性与可靠性，证据4、证据5、证据6与本案缺乏关联性，不能达到优某公司证明目的，证据7、证据9本身不属证据，原审认证意见并无不当，本院予以确认。优某公司就其前述举证证据所提异议理由不能成立。关于优某公司就其举证的“武汉市市场监督管理局现场提取的后台原始数据及谈话录音”认为应传唤证人出庭作证问题，因市场监督管理局提取的相关后台数据仅涉及“云媒易营销种草通告”上的数据，无法反映案涉被诉侵权行为整体状况，谈话录音关于是否构成虚假宣传的表达亦仅为个人谈话观点，内容是否真实对本案审理不具有拘束力，故对优某公司的此项请求不予采纳。

优某公司另提出原审对行某公司违背基本客观事实的证据予以了采纳，但未明确具体指向。经审查，行某公司已获原审采纳的34份证据（共提交38份证据），分属当事人无异议的证据、网络公证或电子取证生成结果记录的证据，或属能够与公证取证记录相印证的证据及维权合理费用方面的证据等，相关证据均具有真实性、合法性和关联性，原审予以采纳并无不当。优某公司该方面的异议理由亦不能成立，本院不予采纳。

二审审理查明，原审认定的案件事实属实，本院予以确认。

本院经审理认为，反不正当竞争法第八条第一、二款分别规定，经营者不得对其商品的性能、功能、质量、销售状况、用户评价、曾获荣誉等作虚假或者引人误解的商业宣传，欺骗、误导消费者；经营者不得通过组织虚假交易等方式，帮助其他经营者进行虚假或者引人误解的商业宣传。《最高人民法院关于适用〈中华人民共和国反不正当竞争法〉若干问题的解释》第十六条、第十七条第二款分别规定，经营者在商业宣传过程中，提供不真实的商品相关信息，欺骗、误导相关公众的，人民法院应当认定为反不正当竞争法第八条第一款规定的虚假的商业宣传；人民法院应当根据日常生活经验、相关公众一般注意力、发生误解的事实和被宣传对象的实际情况等因素，对引人误解的商业宣传行为进行认定。

行某公司作为小红书网站及APP的开发经营者，通过多年培育平台用户的内容分享社区，构建了以用户真实体验和经历分享的平台内容，吸引消费者、经营者与平台用户之间进行有效互动联系，形成的可持续流量变现和商业宣传市场知名度等竞争优势属于行某公司享有的合法权益，依法应当受法律保护。优某公司开办的网站和微信小程序、微信号亦经营相关网络宣传内容，与行某公司之间存在竞争关系。根据在案证据和查明事实，优某公司通过经营的云媒易网络平台公开发布“种草通告任务”，为相关商家招募相关博主报名在指定平台完成种草图文的发布事项，帮助商家选择已入驻云媒易平台的小红书博主（达人）私发种草订单，并通过微信等方式自行承接商家代写文案、招募博主、执行发布等代执行投放的全流程服务。因优某公司前述行为所涉及的宣传内容均为商家产品体验评价，采取的方式是由商家对产品图片、宣传资料进行预设后再交由接单“达人”直接发布提前编写好的推广文案或体验笔记，所作出的体验评价均为良好体验结果，与真实产品体验相比明显存在差异。优某公司帮助提供或直接提供并非真实产品体验的推广文案或体验笔记，有违小红书平台在先形成的网络信息内容生态规则，容易导致小红书社区相关阅读公众基于对小红书博主在先真实体验的认知程度而对被宣传产品产生错误认识，进而导致引人误解的宣传结果发生，并借此为公司自身及相关商家不当谋取交易机会或者竞争优势进而以谋取不正当利益，原审据此认定优某公司前述提供交易撮合服务的行为构成帮助其他经营者进行虚假或者引人误解的商业宣传的行为，代写代发替代宣传的行为构成虚假宣传行为，具有事实和法律依据，本院予以确认。优某公司认为其相关行为不构成相应虚假宣传情形的上诉理由与在案证据和查明事实不符，本院不予采纳。

依照反不正当竞争法第十七条、《最高人民法院关于适用〈中华人民共和国反不正当竞争法〉若干问题的解释》第二十三条等的规定，对于反不正当竞争法第八条等规定的不正当竞争行为，权利人因被侵权所受到的实际损失、侵权人因侵权所获得的利益难以确定，当事人主张依据反不正当竞争法第十七条第四款确定赔偿数额的，人民法院应予支持。本案中，因权利人因被侵权所受到的实际损失及侵权人因侵权所获得的利益均难以确定，原审综合考虑案涉侵权行为性质、情节、后果及影响等多种因素，酌定判赔20万元（含维权合理支出）不违反法律规定，本院予以确认。优某公司认为原判判赔金额畸高并缺乏事实依据，但未提交充分证据证明其因侵权所实际获得的可信利益，其主张应依提供的"云媒易后台订单截图"及市场监督管理局现场查验结果作为本案判赔的依据，因该方面证据并未获法庭采纳，故优某公司该方面的上诉理由亦不能成立，本院不予支持。

综上，原审认定事实清楚，适用法律正确，判决结果无明显不当，应予维持。依照《中华人民共和国民事诉讼法（2023年修正）》第一百七十七条第一款第一项之规定，判决如下：

驳回上诉，维持原判。

二审案件受理费4300元，由优某公司负担。本判决为终审判决。

审判长　王××

审判员　金××

审判员　冯××

二〇二四年二月二十三日

法官助理　张×

二、案例分析

（一）基本案情总结

上诉人（原审被告）：优某公司

被上诉人（原审原告）：行某公司

原审原告行某公司系生活方式分享网络平台"小红书"APP的开发运营者。

原审被告优某公司系云媒易网站、“云媒易营销种草通告”微信小程序、“云媒易通告”微信公众号等网站或平台的运营者，并通过上述渠道为商家、博主之间的宣传、发布任务提供推广服务。

原审原告行某公司主张，被告优某公司通过其经营的云媒易网络平台为品牌商家招募或邀请博主，在小红书平台开展直发类、纯写文类推广行为并提供信息发布、交易撮合等平台服务，最终形成的推广笔记内容不能客观还原博主自身对产品的真实感受和评价，与博主基于自身真实体验创作的推广笔记存在明显差异。小红书用户及相关公众在阅读到前述直发类、纯写文类推广笔记时，会误认为仍是博主基于真实感受和体验经历独立创作的推广笔记，进而产生误导相关公众的后果。此外，优某公司还直接参与品牌商家与小红书博主之间的直发类、纯写文类推广，包括为商家代写推广文案、招募或对接博主发布笔记及事后向商家提供验收表格等，其通过私人微信渠道帮助品牌商家代为实施直发类、纯写文类推广笔记内容，属于虚假宣传或引人误解的商业宣传。优某公司的上述行为损害了行某公司的竞争利益，已构成不正当竞争，被告应就其不正当竞争行为承担相应的法律责任。原告遂向一审法院提出诉讼请求：①判令优某公司立即停止涉案不正当竞争行为，即立即停止针对小红书平台的内容造假行为；②判令优某公司赔偿经济损失及为维权合理开支共计人民币300万元；③判令优某公司连续十日在《法治日报》、云媒易网站（www.yunmeiyi.com）首页刊登声明、消除影响；④判令本案诉讼费用、保全申请费由优某公司承担。审理期间，行某公司放弃第4项诉请。

一审法院经审理后认为，就被诉不正当竞争行为而言，首先，对于商家指定任务或选择“达人”发布种草任务的行为而言，虽然主体为商家和“达人”，但是优某公司为其提供交易撮合服务，属于帮助其他经营者进行虚假或引人误解的商业宣传的行为；其次，对于优某公司自己代替商家撰写文案、发布博文等事项，优某公司对于其发布内容是否符合实际产品情况并未提供证据证明，即使其陈述内容真实，但因选取角度、宣传方式等原因，仍构成足以引人误解的情形，导致公众的误认，故其代写代发行为构成虚假宣传的行为。因此，一审法院认定被告优某公司的涉案行为已经违反《中华人民共和国反不正当竞争法》第八条的规定，不再重复适用该法第二条的规定予以认定。一审法院遂判决：①优某公司于判决生效之日起三十日内在其开办经营的云媒易网站（www.yunmeiyi.com）首页刊登声明以消除影响（逾期不履行，法院将公布判决主要内容，所需费用由优某公司承担）；②优某公司于判决生效之日起十日内赔偿行某公司其他经济损失（含合理费用）20万元；③驳回行某公司的其他诉讼请求。优某公司不服一审判决，提起上诉。

本案二审法院判决：驳回上诉，维持原判。

（二）案件焦点

综合本案原告的诉讼请求、理由以及双方当事人的诉辩意见，可将本案的争议焦点总结为：①优某公司推广执行种草发布任务的行为是否构成虚假宣传或帮助虚假宣传行为；②优某公司为品牌方及自媒体博主提供对接及代写服务应否承担侵权责任。

（三）裁判要点

1.关于优某公司的被诉行为是否构成虚假宣传或帮助虚假宣传行为

关于本案的竞争利益和竞争关系。一审法院指出，本案中，行某公司作为小红书网站及APP的开发经营者，通过多年培育平台用户的内容分享社区，构建了以用户真实体验和经历分享的平台内容，吸引消费者、经营者和平台用户之间进行有效互动联系，形成的可持续流量变现和商业宣传市场知名度等竞争优势属于行某公司享有的合法权益，应当受法律保护。优某公司开办的网站和微信小程序、微信号亦经营相关网络宣传内容，与行某公司之间存在竞争关系，其行为应当受到《中华人民共和国反不正当竞争法》调整。

关于被诉行为的确定。行某公司主张：优某公司在云媒易平台上公开发布“种草通告任务”，商家选择已入驻云媒易平台的小红书博主（“达人”）私发种草订单，通过微信等渠道为商家的虚假推广交易提供代执行投放全流程服务等行为涉嫌虚假宣传，构成不正当竞争。一审法院指出，因行某公司指控的行为涉及商家、小红书博主、优某公司等主体共同参与，优某公司参与提供交易服务的行为是否应认定为不正当竞争，需根据涉案不同交易服务行为对象对行某公司在先合法权益所造成的影响、行为的目的和性质以及可能造成的损益予以分析判断。法院分析如下：

首先，根据《中华人民共和国反不正当竞争法》第八条、《最高人民法院关于适用〈中华人民共和国反不正当竞争法〉若干问题的解释》第十六、十七条的规定，虚假或引人误解的商业宣传行为指向的是经营者对自身商品做出不符合实际的宣传，并产生误导、欺骗消费者的市场结果；而在具体案件中对于虚假宣传的认定，则应当从宣传对象、形式、效果等方面予以考量，并结合日常生活经验、相关公众注意力、发生误解的事实和被宣传对象的实际情况等因素进行认定。

其次，根据在案证据显示，优某公司实施的宣传或帮助宣传行为包括：①通过经营的云媒易网络平台发布商家指定推广产品或服务信息、招募人数、推广费用、博主要求等内容的推广需求，为相关商家招募相关博主报名在指定平台完成种草图文的发布事项；②商家选择入驻云媒易网络平台的小红书博主等“达人”发送种草订单，由“达人”选择同意或拒绝接单；③优某公司通过微信聊天方式承接商家文案、招募博主、执行发布等代执行投放的全流程服务。上述行为中的宣传内容均为商家产品的体验评价，宣传对象为小红书社区的相关阅读公众，其宣传效果是传播对商家产品体验的良好经历。因商家在平台发布产品宣传任务时已对产品图片、宣传资料进行预设，再由接单“达人”直接发布提前写好的推广文案或自己编写的体验笔记，所做出的体验评价均为良好体验结果，与真实产品体验相比明显存在差异，而小红书社区相关阅读公众基于小红书博主在线真实体验的认可程度，也会对案涉产品宣传产生错误的认识，导致误解的宣传结果发生，故上述①、②项商家指定任务或选择“达人”发布种草任务的行为应认定为引人误解的商业宣传行为，其行为主体虽为商家和“达人”，但是优某公司为前述两项行为提供交易撮合服务，属于帮助其他经营者进行虚假或引人误解的商业宣传的行为。而对于第③项行为，即优某公司代替商家完成文案写作、博主发布等事项的行为，优某公司对于宣传内容是否符合实际产品情况未提供证据予以证明，即使其陈述内容真实，但因选取角度、宣传方式等原因，仍构成足以引人误解的情形，其替代宣传的行为亦会误导相关阅读公众对宣传产品产生错误认同结果，故该代写代发行为应认定为《中华人民共和国反不正当竞争法》第八条第一款规定的虚假宣传行为。此外，因优某公司的上述行为已受《中华人民共和国反不正当竞争法》第八条所规制，故本案不再重复适用《中华人民共和国反不正当竞争法》第二条进行评价。

最后，关于优某公司提出行某公司自行虚构交易取证涉嫌虚假诉讼的抗辩。法院认为，在案证据显示，优某公司对承接代写代发任务并未提出任何异议，也未履行任何宣传内容审查义务。员工所参与制作的发文内容并不符合通告审核标准中“不支持刷单互助互赞、买家秀、评论集赞、医疗推广、直发类、纯写文类通告”，也恰好说明优某公司积极从事包括取证事项在内的代写代发工作，同时，优某公司提供的统计表格也表明其实际完成代写代发的宣传事项，已经形成虚假宣传的传播结果。结合微信取证的难易程度及优某公司微信号公开推介宣传的内容，法院对优某公司的上述抗辩事由不予支持。

二审法院进一步补充指出：优某公司帮助或直接提供并非真实产品体验的推广文案或体验笔记，违反了小红书平台在先形成的网络信息内容生态规则，容易导致小红书社区公众基于对小红书博主在先真实体验的认知程度而对被宣传产品产生错误认识，进而导致引人误解的宣传结果发生，并借此为公司自身及相关商家不当谋取交易机会或竞争优势进而谋取不正当利益。二审法院遂对原审判决认定优某公司提供交易撮合服务的行为构成帮助其他经营者进行虚假或引人误解的商业宣传行为、代写代发替代宣传的行为构成虚假宣传行为予以维持。

2.关于优某公司应如何承担侵权责任

本案中，优某公司通过其经营的云媒易平台、微信小程序、微信号实施帮助虚假宣传和微信接单完成虚假宣传的行为，造成相关公众误解的后果，依法应承担停止侵权、消除影响、赔偿损失的民事责任。

关于停止侵权。鉴于行政机关经调查确认，优某公司已将上述平台或网站“直发”功能下线或关闭，并对优某公司做出行政决定，案涉宣传行为一般不可能继续实施，且原告未提交进一步证据证明优某公司仍存在继续帮助宣传或自行接单宣传的行为，故一审法院对原告要求停止不正当竞争行为的诉请不予支持。

关于消除影响。一审法院酌定由优某公司在其经营的云媒易网站首页刊登声明以消除影响。

关于赔偿损失。一审法院指出，在本案侵权获利与遭受损失的具体数额均难以确定的情况下，需综合以下因素综合判断赔偿数额：①非真实产品体验宣传导致小红书平台市场商誉受损，降低了小红书社区的信用评价，促使行某公司交易机会的丧失；②优某公司违反小红书社区在先平台规则的主观恶意；③优某公司未尽相应审查义务，扩大了虚假宣传范围；④行某公司维权取证的复杂性与合理开支费用。因此，一审法院最终酌定优某公司赔偿行某公司经济损失（含合理费用）20万元。

二审法院对上述责任承担方式予以维持。

（四）案件意义

本案系涉虚假宣传网络不正当竞争纠纷典型案例，入选了湖北省高级人民法院2025年发布的反不正当竞争典型案例。本案展示了一种新型虚假宣传行为类型—— 虚假的网络“种草”行为，用法言法语表达，即帮助或直接提供虚假的网络平台用户评价，通过编造文案伪造口碑，从而进行虚假或引人误解宣传的行为。该行为具体而言，是由品牌商家提供已经编辑好的文案、图片，由具有一定影响力的社交平台博主不做修改直接使用自身账号发布并进行宣传，然而其所发布的体验评价或宣传文案均为好评或推荐，与真实产品体验相比明显存在差异，本质上是虚假或引人误解的宣传。对于本案而言，优某公司既提供了商家与博主之间的撮合服务以帮助虚假宣传，又通过自身代写代发直接从事了虚假宣传行为，其行为违反了在先的小红书平台规则，损害了行某公司的竞争利益，构成不正当竞争。

值得一提的是，2024年9月生效的《网络反不正当竞争暂行规定》对《中华人民共和国反不正当竞争法》规定的虚假宣传行为进一步做出符合电子商务、数字市场和网络环境特点的解释和类型化，例如第八条第一款第二项规定，经营者不得利用网络文案等方式进行虚假或引人误解的商业宣传；第九条第一款第四项、第九项规定，经营者不得通过编造用户评价、伪造口碑等方式进行虚假或引人误解的商业宣传行为。上述规定的出台有助于促进具体司法实践中新型不正当竞争行为认定的统一。

第六章　案例教学法在高等职业教育民事案件实务教学中的应用

第一节　案例教学法的内涵与特征

一、案例教学法的内涵

案例教学法作为一种别具一格且成效显著的教学模式，其核心在于以真实或模拟的民事案件作为教学基石。在具体教学实践中，借助生动的情境重现，把案件的背景信息、详细情节以及复杂的人物关系等元素全方位地呈现给学生，让学生犹如亲身处于真实的法律纠纷场景之中。[①] 不仅如此，教师还会引导学生针对案件里的各类问题展开深度剖析，推动学生运用所学法律知识去挖掘问题的核心，探寻行之有效的解决办法。并且，鼓励学生进行角色代入，站在不同当事人、法律从业者的立场去思考问题，切实体会案件中的利益博弈与矛盾冲突。通过这样的教学方式，案例教学法致力于培养学生的法律思维，使其能够精准捕捉法律问题，运用严谨的逻辑思维分析和解决问题；同时，大力提升学生的实践操作能力，让学生在模拟的实践环境中积累丰富经验，为日后投身法律实务领域筑牢根基。

① 王晨光．法学教育的宗旨——兼论案例教学模式和实践性法律教学模式在法学教育中的地位、作用和关系 [J]．法制与社会发展，2002（06）：33-44.

二、案例教学法的特征

（一）实践导向

案例教学法始终把解决实际法律问题作为教学的重中之重。它与传统的侧重于理论知识灌输的教学模式大相径庭，不局限于让学生单纯记忆法律条文和概念，而是更加注重引导学生将所学法律知识运用到具体案例当中。在教学过程中，教师会精心挑选具有典型性的实际案例，这些案例通常涵盖错综复杂的法律关系和现实难题。学生在分析案例时，需要学会从大量的事实和证据中提取关键信息，运用法律条文解决实际问题，权衡各方利益关系，从而找到最优解决方案。通过这种方式，学生能够真切地感受到法律知识的实用价值，提升解决实际问题的能力，为未来从事法律工作做好充分准备。

（二）多维互动

该教学法着重强调师生之间以及学生之间的协同合作。课堂上，教师不再仅仅是知识的传播者，而转变为引导者和组织者。教师会提出一系列与案例紧密相关的问题，激发学生的思考与讨论热情。学生们则分组对案例进行深入分析，各执一词，展开激烈的辩论。在这一过程中，学生既能从自身角度理解和分析问题，又能倾听他人观点，拓展自己的思维视野。与此同时，教师会适时参与到学生的讨论中，给予精准的指导和反馈，引导学生不断深入思考，最终全面、准确地理解案例。通过这种多维互动的形式，学生在思想的交流与碰撞中不断加深对法律知识的理解，提升自身的分析能力和表达能力。

（三）动态生成

案例教学法极为重视案例情境的开放性与延展性。每个案例都不是孤立、静止的，而是蕴含着丰富的内涵和多种发展可能性。在教学进程中，教师不会直接给出固定的答案或解决方案，而是鼓励学生依据自己的理解和分析，提出多元化的观点和解决策略。并且，随着学生对案例分析和讨论的逐步深入，新的问题和观点会不断涌现，案例情境也会随之持续演变。这种动态生成的特性，能够充分激发学生的创造力和想象力，培养学生的独立思考能力与创新精神，使学生在面对复杂多变的法律实务问题时，能够灵活应变，提出富有创新性的解决方案。

第二节 案例选取与设计原则

一、案例筛选标准

（一）典型性

在民事法律教学领域，案例的典型性是助力学生系统性、全面性掌握各类常见法律问题的核心要素。在民事领域，合同纠纷极为普遍，其范畴广泛，所涉法律问题复杂多样。以买卖合同纠纷为例，从货物质量标准的界定争议，到交付时间与地点的分歧，再到货款支付方式和期限的讨论，合同履行的每一个环节都可能引发复杂的法律纠葛。选择此类具有代表性的案例开展教学，能让学生深入研究买卖合同从订立、生效到履行的全过程，识别其中潜在的法律风险点，并掌握相应的防范策略。侵权责任纠纷同样复杂多变。在交通事故侵权案件里，学生不仅要判断侵权行为的构成要件，还要依据不同归责原则确定各方责任比例，以及精准计算受害者的人身和财产损失赔偿金额。这些典型案例就像一面映射镜，清晰呈现各类民事案件的共性特点与关键要点，帮助学生在分析学习过程中，总结出同类案件的一般规律，从而在未来面对实际法律问题时，能够快速、准确地做出判断和应对。

（二）真实性

真实案例是沟通法律理论与司法实践的关键纽带，对提升教学质量和学生实践能力意义重大。司法实践中的案例，是现实生活中法律纠纷的真实呈现，蕴含着丰富的社会信息和法律适用经验。深入剖析这些真实案例，学生可以直观地了解法律在现实生活中的运行机制，真切感受到法律与社会生活的紧密联系。比如新兴行业的知识产权纠纷案例，不仅展现了法律在保护创新成果方面的重要作用，还体现了法律在应对新问题、新挑战时的动态调整和完善过程。行业典型案例库则是由专业机构和学者精心筛选、整理而成，这些案例经过严格审核与分析，具有较高的权威性和参考价值。将这类真实案例应用于教学，能让学生在模拟的法律实践环境中积累宝贵经验，避免陷入纯粹的理论学习误区，真正做到学以致用。

（三）争议性

具有争议性的案例，能够有效激发学生的学习兴趣和探索热情，培养他们的批判性思维与创新能力。在法律适用层面，由于法律条文的解释存在一定弹性，不同法律从业者对同一法律条文的理解和解读可能存在差异。比如在互联网金融案件中，由于相关法律法规相对滞后，对于某些新型金融产品的法律性质和监管要求，往往存在较大争议。在证据链方面，不同的证据收集方式、证据的关联性和证明力判断等因素，都可能导致案件结果的不确定性。分析这类具有争议性的案例时，学生需要从多个角度审视问题，权衡不同观点和证据的优劣，从而形成独立的思考和判断能力。这不仅有助于提升学生分析和解决法律问题的能力，还能培养他们在面对复杂法律问题时的应变能力与创新思维。

二、教学设计

（一）与教学目标相对应

案例教学的设计必须紧密贴合教学目标，确保所选案例能够全面涵盖程序法与实体法的关键知识模块。程序法规定了诉讼的流程和规则，实体法则明确了当事人的权利与义务。在挑选合同纠纷案例时，不仅要关注合同成立、生效、履行等实体法问题，还需考虑诉讼管辖法院的确定、诉讼时效的规定、证据的提交与质证等程序法问题。[①]

通过对这类案例的深入分析与讨论，学生能够将程序法与实体法知识有机融合，构建完整的法律知识体系。比如在讲解建设工程施工合同纠纷

① 张卫国. 法学教育中案例教学法的本土化路径探析 [J]. 中国成人教育，2015（21）：174–176.

案例时，教师可以引导学生分析合同中关于工程质量、工期、价款等实体条款的约定，同时探讨在诉讼过程中如何确定管辖法院、如何收集和运用证据来支持自己的主张等程序法问题。这种教学方式有助于学生更好地理解法律知识的系统性和关联性，提升学生运用法律知识解决实际问题的能力。

（二）难度分层设计

为满足不同层次学生的学习需求，案例教学应采用科学合理的难度分层设计。①

基础型案例主要面向初学者，旨在帮助他们巩固基础知识，掌握基本的法律分析方法。比如简单的民间借贷合同纠纷案例，仅涉及借款本金、利息计算和违约责任认定等基础法律问题。通过分析此类案例，学生能够熟悉合同法律关系的基本构成要素和法律适用规则。

综合型案例适用于有一定基础知识的学生，这类案例涵盖多个法律知识点和复杂的法律关系，需要学生综合运用所学知识进行分析和解决。比如涉及多方当事人的国际贸易合同纠纷案例，可能涉及合同法、国际商法、海关法等多个领域的法律知识，要求学生具备较强的综合分析能力和知识运用能力。

创新型案例主要面向法律素养较高、具有创新思维的学生，这类案例通常具有开放性和挑战性，鼓励学生运用创新思维和方法提出解决方案。比如在涉及人工智能、区块链等新兴技术的法律纠纷案例中，由于缺乏明确的法律规定，学生需要依据法律原则和社会发展趋势，提出创新性的法律解决方案。通过这种难度分层设计，每个学生都能在案例教学中找到适合自己的学习内容，逐步提升法律素养和实践能力。

（三）配套材料构建

完善的配套材料是提升案例教学效果的重要保障。除了起诉状、答辩状、证据清单等基本诉讼文书模板外，还应提供相关法律法规、司法解释、案例分析报告等学习资源。起诉状和答辩状是诉讼当事人表达观点和

---

① 雷安军. 案例教学法源流及对我国法学教育的启示 [J]. 黑龙江教育（高教研究与评估），2007（Z1）：114-116.

诉求的重要工具，通过提供这些文书模板，学生能够了解诉讼文书的格式和写作规范，提升文书写作能力。

第三节　案例教学课堂教学实施流程

一、课前准备阶段

在开展案例教学之前，教师需秉持严谨的治学态度与高度的专业素养，精心筹备各项工作，为学生提供翔实且精准的学习资料，同时明确布置任务，确保学生学习方向清晰。[①] 首先，精心制作并发放案例资料包。该资料包应涵盖全面且细致的基本案情，不仅要清晰阐述案件的起因、发展脉络及最终结果，更要深度剖析案件中所涉及的各方主体之间错综复杂的法律关系，使学生能够全方位、多角度地认识案件全貌，形成直观且深入的认知。其次，附上与案件紧密相关的法律条文，并对条文的适用范围、立法背景等进行简要阐释，便于学生在分析案件时，能够精准查阅对应的法律依据，深刻理解法律条文在实际案例中的具体应用逻辑，进而实现理论与实践的有效结合。最后，运用专业的法律分析方法，提炼出案件的核心争议焦点，引导学生聚焦案件的关键问题，使学生在后续的分析讨论过程中更具针对性与方向性，避免陷入无效的思考与讨论。

在分组任务布置方面，教师需依据案件的具体特点、教学目标以及学生的实际能力水平，进行科学合理的分组。通常将学生分为原告组、被告组和审判组。原告组的学生需依据“当事人主义诉讼模式”的理论基础，站在原告的立场上，运用证据学原理，收集、整理能够有力支持己方诉求的各类证据，并依据民事诉讼法的相关规定，拟定规范的起诉状，制定切实可行的诉讼策略，旨在最大限度地维护原告的合法权益。被告组的学生

① 王思远. 地方高校转型中法学专业案例教学体系的创新构建 [J]. 教书育人（高教论坛），2019（21）：84–86.

则要从被告的视角出发，依据抗辩权理论，深入分析原告的诉求及所提供的证据，运用法律逻辑推理，提出合理的反驳意见，准备符合法律规范的答辩状，并制定有效的应对策略，以维护被告的合法权益。审判组的学生需模拟法官的角色，依据司法裁判的基本原则，熟悉案件的基本情况、争议焦点以及双方的观点和证据，为后续的法庭辩论和质证环节做好充分准备，确保能够秉持公正、客观的原则进行裁判。

二、课堂实施阶段

（一）情境导入（10% 课时）

课程起始阶段，教师应采用多元化的教学手段，通过播放庭审录像或创设虚拟仿真场景，营造出高度逼真的法律诉讼情境，将学生引入案件的实际情境之中。庭审录像的选取应遵循典型性、代表性原则，优先选择具有广泛社会影响力、法律适用具有一定难度的真实法庭审判视频，使学生能够直观地感受法庭审判的法定流程、庄重氛围，深入了解法官、原告、被告等各方在庭审中的角色定位、行为规范以及互动模式。虚拟仿真场景则借助现代信息技术，如虚拟现实（VR）、增强现实（AR）等技术手段，为学生提供沉浸式的学习体验，学生能够在虚拟环境中身临其境地参与案件的处理过程，切实增强对法律实践的感性认识。依据建构主义学习理论，情境导入能够有效激发学生的学习兴趣和参与热情，为后续的课堂教学奠定坚实的基础，帮助学生更好地构建知识体系。

（二）小组研讨（40% 课时）

情境导入之后，各小组进入深入研讨环节。原告组和被告组的学生需依据证据法学的相关理论，对案例资料包中的证据进行深度分析，运用证据的“三性”原则（真实性、关联性、合法性），判断证据的效力，评估证据的证明力。同时，运用法律检索方法，借助专业的法律数据库、学术期刊等资源，查找与案件相关的法律法规、司法解释以及权威的案例分析，为自己的观点和主张寻找充分的法律依据和理论支撑。在此基础上，依据诉讼策略学的原理，制定详细的诉辩策略，包括如何在法庭辩论中运用逻辑推理、语言技巧阐述自己的观点，如何运用反驳技巧反驳对方的观点，以及如何依据证据规则进行质证等。审判组的学生则要依据司法裁判的思维模式，对案件的争议焦点进行梳理和分析，全面了解双方的观点和证据，为后续的裁判工作做好充分准备。在小组研讨过程中，教师应依据“最近发展区”理论，巡视各小组的讨论情况，及时给予指导和帮助，解答学生在分析和讨论过程中遇到的问题，引导学生不断突破自己的认知局限，提升学习效果。

（三）模拟对抗（30% 课时）

小组研讨结束后，组织模拟法庭辩论和质证演练。按照《中华人民共和国民事诉讼法》规定的法庭审判流程，原告组和被告组的学生依次进行陈述和辩论，运用法律论证方法，展示自己的观点和证据，反驳对方的观点和证据。审判组的学生要认真听取双方的陈述和辩论，依据证据规则，组织质证环节，引导双方对证据进行质证。在模拟对抗过程中，学生要严格遵守法庭纪律和规则，运用所学的法律知识、辩论技巧以及逻辑思维能力，充分展示自己的专业素养和综合能力。教师要在一旁观察模拟对抗的过程，依据教育评价理论，记录学生的表现和存在的问题，为后续的总结和评价提供客观、准确的依据。

（四）教师总结（20% 课时）

模拟对抗结束后，教师需对整个课堂教学过程进行全面、深入的总结。首先，运用法律解释学的方法，提炼案件的裁判要点，深入分析案件中涉及的法律问题和法律适用，帮助学生加深对法律知识的理解和掌握，构建系统的法律知识体系。其次，总结实务操作规范，包括证据的收集和运用、诉辩策略的制定、法庭辩论和质证的技巧等，依据实践教学理论，提高学生的实践操作能力，培养学生的法律职业素养。最后，依据教育评价理论，对学生在课堂教学中的表现进行客观、公正的评价，肯定学生的优点和成绩，指出存在的问题和不足，并提出具有针对性的改进建议和意见。通过教师的总结，帮助学生梳理知识体系，强化知识的理解和应用，提升学习效果。

三、课后拓展阶段

（一）裁判文书对比

课后，教师应提供与案例相关的真实判决文书，要求学生运用比较分析法，将自己在模拟法庭中形成的裁判结果与真实判决进行对比分析。学生需要深入研究真实判决的理由和依据，运用法律推理和论证方法，找出自己在分析和裁判过程中存在的差异和不足之处。通过对比分析，学生能够深入了解司法实践中的裁判思路和方法，进一步提高自己的法律分析和判断能力。同时，教师可以组织学生进行小组讨论，分享自己的对比分析结果，依据合作学习理论，促进学生之间的交流和学习，实现知识的共享和共同进步。

（二）类案检索报告

为了拓宽学生的视野，加深学生对法律问题的理解，教师要求学生运用裁判文书网、案例库、阿尔法大数据、北大法宝等大数据平台，依据大数据分析方法，完成类案检索报告。学生需要根据所学的案例，运用法律检索技巧，确定检索关键词，检索类似的案件，并对检索到的案件进行整理和分析。通过类案检索，学生可以运用归纳总结法，了解同类案件在司法实践中的处理情况，总结出同类案件的裁判规律和特点，进一步提高自己的法律素养和实践能力。同时，类案检索报告也可以作为学生的学习成果进行展示和交流，促进学生之间的相互学习和共同进步。

第四节　案例教学实施注意事项

一、教师角色定位

（一）过程引导者

在案例教学的动态过程中，教师扮演着过程引导者的核心角色。依据建构主义学习理论，学生在案例讨论中，凭借自身已有的知识经验对案例问题进行主动探索与意义建构，这一过程中，学生思维活跃、观点多元，极易出现讨论偏离主题、节奏失控等问题。教师作为教学活动的组织者与引导者，需时刻保持敏锐的观察力，密切关注学生的讨论进展，精准识别并及时干预学生可能出现的问题。当讨论偏离核心议题时，教师应运用巧妙的引导策略，通过精准的提问、适时的提示或精练的总结，将讨论方向拉回到案例的关键要点上，确保讨论始终围绕核心问题展开；当讨论节奏过慢或过快时，教师应依据教学目标与学生的实际情况，灵活调整引导方式，推动讨论有序、高效地进行。教师通过对讨论方向与节奏的有效把控，能够引导学生在深度思考与互动交流中，逐步构建起系统、完整的知识体系，有效避免讨论陷入混乱无序的状态，切实提升案例教学的质量与效果。

（二）思维启发者

运用苏格拉底式提问法是教师激发学生批判性思维与独立思考能力的重要手段。苏格拉底式提问法强调通过连续的、层层递进的提问，引导学生对自身观点进行深入反思与论证，促使学生主动探索问题的本质与内在逻辑。在案例教学中，教师应针对案例中的关键法律问题、核心争议焦点以及学生提出的观点主张，设计一系列具有启发性的问题，如“你得出这一结论的法律依据是什么?”“该观点在不同的法律情境下是否依然成立?”“若改变案件中的某些关键事实，你的结论将如何变化?”，等等。通过这些问题的引导，学生能够深入挖掘问题背后的法律原理与逻辑关系，对自身观点进行全面、深入的审视与反思，从而不断深化对问题的理解与认识，培养创新思维与解决复杂问题的能力。

（三）效果评估者

为实现对案例教学效果的全面、客观、科学评价，教师需构建一套基于多维度视角的评价指标体系。借鉴教育评价理论的相关成果，该体系应涵盖知识掌握、能力提升与情感态度三个核心维度。在知识掌握方面，重点考查学生对案例所涉及的法律法规、司法解释等基础知识的理解与运用能力，包括对法律条文的精准解读、对法律适用规则的熟练掌握等；在能力提升维度，着重评估学生在案例分析、小组讨论、模拟对抗等环节中所展现出的法律分析能力、逻辑推理能力、语言表达能力、团队协作能力等综合素养；在情感态度维度，关注学生在案例教学过程中的学习态度、参与热情、创新意识以及对法律职业的认同感等方面的表现。通过构建并运用这一三维评价指标体系，教师能够全面、细致地了解学生的学习进展与实际效果，及时发现学生在学习过程中存在的问题与不足，为后续教学策略的调整与优化提供有力依据。

二、学生参与保障

（一）强制轮换制

为促进学生在案例教学中获得全面、均衡的发展，确保每位学生都能充分参与到不同角色的实践体验中，实施强制轮换制是一种行之有效的教学策略。在案例教学的模拟实践环节，不同角色承担着不同的任务与责任，对学生的能力培养具有不同的侧重点。原告组的学生需具备精准的诉讼策略制定能力、高效的证据收集与运用能力；被告组的学生则需擅长分析与反驳对方的观点，具备灵活的应变能力；审判组的学生要求具备公正、客观的裁判思维以及较强的组织协调能力。通过强制轮换制，每位学生都有机会在不同角色中进行实践锻炼，积累多元化的实践经验，从而全面提升自身的法律素养与实践能力。同时，强制轮换制能够有效避免部分学生在案例教学中出现“搭便车”的现象，激发全体学生的参与热情与积极性，营造积极向上的学习氛围。

（二）过程性记录

建立个人实训档案袋是对学生在案例教学过程中的表现进行全程跟踪与记录的有效方式。这一过程性记录方法遵循教育过程性评价的理念，注重对学生学习过程的全面关注与深度挖掘。个人实训档案袋应详细记录学生在案例教学各个环节的参与情况、表现成果以及教师的评价与反馈。在案例分析阶段，记录学生对案例的分析思路、提出的观点与建议；在小组讨论阶段，记录学生的发言内容、参与讨论的活跃度以及团队协作能力；在模拟对抗阶段，记录学生在法庭辩论、质证等环节的表现，包括语言表达能力、辩论技巧、逻辑思维能力等；在课后拓展阶段，记录学生的裁判文书对比分析结果、类案检索报告等学习成果。通过建立个人实训档案袋，教师能够全面、系统地了解学生在案例教学中的学习轨迹与成长历程，及时发现学生的优点与进步之处，同时精准定位学生存在的问题与不足，为提供个性化的指导与帮助奠定坚实基础。个人实训档案袋不仅是学生学习过程的真实记录，更是学生进行自我评价与反思的重要依据，有助于学生在不断总结经验教训的过程中，实现学习效果的持续提升。

第五节　建立教学效果评估体系

一、评估指标

（一）案例分析报告规范性（占比30%）

依据建构主义学习理论，学生对案例的分析与解读是其在已有知识结构基础上构建新知识体系的过程，而一份高质量的案例分析报告正是这一过程的重要成果体现。从学术规范的角度来看，报告的引言部分要求学生以精准的语言明确案例分析的核心目的，从理论层面探讨其对法学理论的补充与完善作用，从实践层面阐述其对解决实际法律纠纷的指导意义。以某新型合同纠纷案例为例，引言部分应清晰阐述该案例在完善合同法律制度、填补法律适用空白以及为类似纠纷提供裁判思路方面的重要价值，为后续的深度剖析奠定坚实的逻辑基础。

在案件事实陈述环节，学生需按照法律实证主义的要求，秉持客观、中立的原则，运用法律事实认定的科学方法，全面、准确地梳理案件的关键事实，避免因主观臆断或信息偏差导致分析结果的失真。在争议焦点归纳方面，学生要凭借扎实的法学理论功底和对司法实践的深刻理解，结合司法实践中的常见问题和典型案例，精准提炼出案例中蕴含的核心法律问题，如法律适用的冲突、事实认定的争议以及法律解释的困境等。法律分析部分作为报告的核心内容，学生应依据法理学、部门法学等多学科知识体系，参考权威的学术著作、司法解释以及最高人民法院发布的指导性案例，运用法律解释、法律推理等方法，对争议焦点展开全方位、多层次的深入剖析。论证过程需严格遵循法律逻辑的基本规则，如同一律、矛盾律和排中律，确保论据充分、论证严谨，使分析结果具有科学性和说服力。结论部分则要求学生基于前期的深入分析与论证，给出明确、具体且具有可操作性的解决方案，并对案例的处理结果进行合理的预测与评估。此外，报告的格式编排、排版规范以及引用标注等细节，都应严格遵循学术论文的写作规范，展现学生的学术素养和严谨的治学态度。通过对案例分析报告规范性的评估，能够全面考查学生对法学知识的理解深度、逻辑思维能力以及书面表达的精准度，为教学效果的量化评估提供重要依据。

（二）模拟法庭表现评分（占比40%）

模拟法庭作为法学案例教学中具有高度实践性和仿真性的教学环节，为学生提供了一个将理论知识与实践技能相结合的重要平台，是检验学生法律实践能力与综合素质的关键途径。在模拟法庭表现评分过程中，依据角色理论，不同的角色承担着不同的职责和任务，对学生的能力要求也各不相同。对于原告组和被告组的学生来说，诉讼策略的制定是其在模拟法庭中取得优势的关键因素。学生需运用法律关系分析方法，对案件事实和法律关系进行深入分析，结合证据的收集与运用，制定出具有针对性、灵活性和前瞻性的诉讼方案。证据的运用是模拟法庭中的核心环节，学生必须严格遵循证据规则，确保证据的真实性、关联性和合法性，同时要善于运用证据进行质证和反驳，通过合理的证据组合和论证方式，增强己方观点的说服力。在法庭辩论环节，学生要展现出敏锐的洞察力、良好的应变能力和出色的语言表达能力，能够准确抓住对方观点的漏洞，运用恰当的反驳技巧，如归谬法、反证法等，清晰、有力地阐述己方主张，做到逻辑严密、有理有据。在语言表达方面，学生应做到声音洪亮、语速适中、条理清晰，运用准确、规范的法律术语，增强表达的专业性和权威性。

对于审判组的学生来说，庭审组织能力是保障模拟法庭顺利进行的重要因素。学生需依据诉讼程序法的规定，合理安排庭审流程，引导双方当事人有序进行辩论和质证，维护庭审秩序，确保庭审活动的公正、公平进行。法律适用能力要求审判组学生能够准确识别案件的法律关系，运用法律解释和法律推理的方法，选择适用恰当的法律法规，对案件做出公正、合理的裁判。裁判说理能力则是审判组学生综合素质的重要体现，要求学生在裁判文书中能够清晰、充分地阐述裁判的理由和依据，运用逻辑推理和法律论证的方法，使裁判结果具有权威性和说服力。通过对模拟法庭表现的综合评分，能够全面、深入地了解学生在法律实践中的能力水平和存在的问题，为教学效果的精准评估提供有力支持。

（三）法律文书撰写质量（占比30%）

法律文书作为法律工作者开展法律活动的重要工具，其撰写质量直接关系到法律工作的效率和效果。在法学案例教学的效果评估中，对法律文书撰写质量的评估主要聚焦于起诉状、答辩状、判决书等常见法律文书类型。从法律语言学的角度来看，法律文书的格式规范性是其权威性和专业性的重要体现。法律文书必须严格遵循相关的格式标准，涵盖标题、当事人信息、诉讼请求、事实与理由、尾部等各个部分的书写规范，确保文书的格式统一、规范，符合法律行业的通行要求。内容完整性要求法律文书能够全面、准确地反映案件的基本情况、当事人的诉求和主张以及相关的法律依据，使读者能够通过文书清晰了解案件的全貌，为后续的法律活动提供准确的信息支持。逻辑严密性要求法律文书的论证过程条理清晰、前后连贯，各部分内容之间具有紧密的逻辑联系，能够自圆其说，运用法律推理和论证的方法，使文书的观点具有说服力。语言准确性要求法律文书使用规范的法律术语，表达清晰、简洁，避免产生歧义，确保法律文书的专业性和权威性。在评估过程中，可依据具体的评分标准，对法律文书的格式规范性、内容完整性、逻辑严密性和语言准确性等维度进行量化打分，从而全面、客观地评价学生的法律文书撰写能力，为教学效果的量化评估提供重要参考。

二、质性评估维度

（一）法律逻辑严密性

法律逻辑严密性是衡量学生法律思维能力的核心指标之一，也是法学教育的重要目标之一。在法学案例教学过程中，学生运用法律逻辑对案件事实进行分析和对法律问题进行论证的过程，是其法律思维能力培养和提升的关键环节。具备严密法律逻辑的学生能够准确识别案件中的法律关系，运用正确的法律推理方法，如演绎推理、归纳推理和类比推理等，从案件事实出发，推导出合理、合法的法律结论。在评估法律逻辑严密性时，应重点关注学生在分析案例和解决法律问题的过程中，是否严格遵循法律逻辑的基本规则，如同一律、矛盾律、排中律等；是否能够合理运用法律推理方法，构建严密的论证体系；论证过程是否严谨，是否存在逻辑漏洞和矛盾之处。通过对法律逻辑严密性的评估，能够深入了解学生的法律思维水平，为进一步培养学生的法律思维能力提供科学依据。

（二）证据运用合理性

证据作为认定案件事实的基础，其运用的合理性直接影响案件的处理结果。在质性评估中，需着重考察学生在案例分析和模拟法庭实践中，对证据的收集、整理、分析和运用是否合理。合理的证据运用要求学生能够根据案件的实际情况，运用证据法学的相关理论和方法，有针对性地收集与案件相关的证据，确保所收集的证据具有真实性、关联性和合法性。在整理证据时，学生要能够对证据进行科学分类、合理排序，使证据体系条理清晰、易于理解。在分析证据时，学生要能够准确判断证据的证明力，运用证据评价的方法，合理运用证据支持自己的观点。在运用证据进行质证和辩论时，学生要能够熟练运用证据规则，对对方提供的证据进行有效的质疑和反驳，通过合理的证据运用，增强己方观点的说服力。通过对证据运用合理性的评估，能够有效检验学生的证据意识和证据运用能力，培养学生在法律实践中正确运用证据的能力。

（三）程序规范性和合规性

程序正义是司法公正的重要保障，在法律实践中，严格遵守程序规范是确保案件公正处理的前提条件。在质性评估维度中，要对学生在模拟法庭等实践环节中对诉讼程序规范的遵守情况进行评估，评估的内容包括学生是否能够正确启动诉讼程序，是否能够按照法定程序进行举证、质证和辩论，是否能够尊重法庭的权威和纪律等。通过对程序规范性和合规性的评估，能够培养学生的程序意识，使其在未来的法律工作中严格遵守法定程序，维护当事人的合法权益，保障司法公正的实现。

三、反馈改进机制

（一）学生教学满意度调查

学生作为教学活动的直接参与者和受益者，其对教学效果的评价具有重要的参考价值。依据教育评价理论，定期开展学生教学满意度调查，能够全面了解学生对案例教学的整体感受、对教学内容和教学方法的满意度、对教师教学水平的评价以及对教学过程中存在问题的意见和建议。学生教学满意度调查可采用问卷调查、座谈会等多种形式进行。问卷调查可设计一系列涵盖教学目标、教学内容、教学方法、教学资源等各个方面的问题，让学生通过选择或填写的方式表达自己的意见。座谈会则为学生提供了一个更加自由、开放的交流平台，使学生能够充分表达自己的想法和感受。通过对学生教学满意度调查结果的深入分析，教师能够及时发现教学中存在的问题，运用教育统计学的方法对数据进行分析，有针对性地调整教学策略和方法，不断提高教学质量。

（二）行业专家进行第三方评价

邀请行业专家对案例教学进行第三方评价，能够从专业的法律实践视角，对教学效果进行客观、公正的评估。行业专家凭借其丰富的法律实践经验和深厚的专业知识，对法律职业的需求和发展趋势有着深刻的理解和认识。行业专家可通过观摩模拟法庭、审阅学生的案例分析报告和法律文书等方式，对教学效果进行全面评价。在评价过程中，行业专家能够从法律实践的实际需求出发，运用专业的评价标准和方法，对学生的专业能力、实践能力和综合素质进行精准评估，指出学生存在的不足之处，并提出具有建设性的改进建议。行业专家的第三方评价能够为教师提供宝贵的专业意见，帮助教师更好地调整教学内容和方法，使教学活动更加贴合法律职业的实际需求。

（三）教师教学反思日志

教师在案例教学过程中，通过记录教学反思日志，对自己的教学行为进行回顾、总结和反思。教学反思日志应涵盖教学目标的达成情况、教学方法的有效性、学生的学习表现、教学过程中存在的问题及解决方法等内容。教师通过对教学反思日志的深入分析，能够总结教学经验，发现教学中存在的问题和不足，运用教育教学理论和方法，不断改进自己的教学方法和策略。同时，教学反思日志还可作为教师之间交流和分享教学经验的重要资料，促进教师的专业成长和发展。

第七章　模拟法庭教学法在高等职业教育民事案件实务教学中的应用

第一节　模拟法庭教学法概述

一、定义与内涵

模拟法庭教学法作为法学教育领域一种极具特色和实践价值的教学方法，旨在通过构建高度仿真的法庭审判场景，让学生深度参与到模拟法庭法律实践活动中。在这一教学模式下，学生依据特定案例的角色需求，分别扮演法官、检察官、律师、当事人、证人等关键角色，严格遵循法定的司法程序，对虚拟或真实的法律案例展开全面的审理与激烈的辩论。① 这种教学方法巧妙地搭建起了一座连接抽象法律知识与具象司法实践的桥梁，使学生能够沉浸式地体验法律程序的实际运行机制，从而对法律条文在现实生活中的应用产生更为直观、深刻的理解。

模拟法庭教学法的核心在于让学生从被动的知识接受者转变为主动的法律实践者。以买卖合同纠纷的模拟法庭为例，学生们在模拟环境中，首先需要运用证据学的相关知识，对案件事实进行细致入微的梳理和甄别，

① 张莉初，纪晶. 高职法学教学中模拟法庭教学法的应用研究 [J]. 法制博览，2020（31）：163–164.

确保所呈现的事实具有客观性和准确性。在证据展示与质证环节，学生们依据证据规则，对各类证据的真实性、关联性和合法性展开激烈的辩论，这不仅考验了他们对证据规则的掌握程度，更锻炼了他们的逻辑思维和语言表达能力。而在法律条文的适用辩论中，学生们需要深入研究合同法中关于合同效力、违约责任等核心条款，并结合具体的案件事实进行分析和论证，从而判断合同是否有效成立、违约方应当承担何种责任等关键问题。通过这一系列的实践活动，学生们能够将书本上抽象的法律条文与实际的法律纠纷紧密联系起来，深刻理解法律在解决现实问题中的作用和价值。

从教育心理学的角度来看，模拟法庭教学法符合建构主义学习理论的要求。建构主义认为，学习是学习者在已有知识经验的基础上，通过与环境的互动，主动建构知识意义的过程。在模拟法庭中，学生们在已有法律知识的基础上，通过与模拟案件的互动、与其他角色的互动，不断地调整和完善自己的知识结构，法律知识的新理解和新认识。这种主动建构的学习方式，能够激发学生的学习兴趣和积极性，提高学习效果。①

二、起源与发展

模拟法庭教学法的起源可以追溯到英美法系国家的法学院。在英美法系的法律教育体系中，判例法占据着重要地位，法律职业者需要通过对大量判例的研究和分析，掌握法律的适用规则和方法。因此，模拟法庭教学法应运而生，成为培养学生法律实践能力和思维能力的重要手段。早在19世纪，美国哈佛法学院就率先引入了模拟法庭教学法，将其作为法学教育的重要组成部分。哈佛法学院的模拟法庭教学法注重实践操作，通过让学生参与模拟审判，培养学生的法律分析能力、辩论能力和解决实际问题的能力。这种教学方法一经推出，就受到了广泛的关注和好评，并逐渐

① 李慧英. 模拟法庭实践教学运行模式研究 [J]. 法制博览，2022（11）：166-168.

在英美法系国家的法学院中推广开来。[①]

随着全球化的发展和法学教育的国际化，模拟法庭教学法逐渐传播到世界各国。在不同的国家和地区，模拟法庭教学法根据当地的法律体系和教育需求进行了本土化的改造和创新。在我国，模拟法庭教学法自引入以来，经历了从初步探索到不断发展完善的过程。20世纪末，随着我国法学教育改革的深入推进，越来越多的高校法学院开始重视实践教学，模拟法庭教学法作为一种重要的实践教学方法，得到了广泛的应用和推广。

最初，我国的模拟法庭教学活动相对简单，主要以模仿真实法庭审判为主，缺乏系统性和规范性。随着时间的推移，各高校法学院不断总结经验，对模拟法庭教学法进行了深入的研究和改进。在案例选择方面，从最初的简单案例逐渐转向具有代表性、复杂性和争议性的案例；在角色分配方面，更加注重学生的兴趣和特长，力求让每个学生都能在模拟法庭中得到充分的锻炼；在教学评价方面，建立了完善的评价体系，从多个维度对学生的表现进行评估。如今，我国的模拟法庭教学法已经涵盖了民事、刑事、行政等多个法律领域，形成了一套较为完善的教学流程和评价体系，成为培养学生法律职业素养和实践能力的重要手段。

从教育社会学的角度来看，模拟法庭教学法的发展与社会对法律人才的需求密切相关。随着我国法治建设的不断推进，社会对法律人才的实践能力和综合素质提出了更高的要求。模拟法庭教学法通过模拟真实的法律实践场景，能够有效地培养学生的实践能力、沟通能力、团队合作能力等综合素质，满足社会对法律人才的需求。因此，模拟法庭教学法在我国的法学教育中具有广阔的发展前景。

① 张雅洁."教、学、练、战"一体化视角下法学案例教学模式优化 [J]. 法制博览，2025（04）：157–159.

第二节　模拟法庭教学法的实施步骤

一、案例选择与准备

（一）案例选择的原则与标准

1. 真实性原则

模拟法庭所选用的案例应尽可能源自真实发生的民事案件实例，唯有如此，学生才能直面现实生活中复杂多元的法律问题，强化其对法律实践的直观认知与感受。真实案例能够精准呈现法律在实际应用场景中的具体状况，有助于学生消除理论与实践相脱节的困境。例如，从法院已审结的民事卷宗中遴选案例，能让学生深入了解案件的原始事实、证据材料以及法院的审理程序和裁判结果，使其在模拟实践过程中能够高度贴近真实的法律工作场景，积累实战经验。

2. 典型性原则

典型案例是指在某一特定领域或某一类型的民事案件中具有代表性和普遍性特征的案例。这类案例通常涵盖了该类案件的核心法律问题和主要争议焦点，通过对典型案例的模拟演练，学生能够归纳总结出解决同类案件的一般性方法和思维路径。以合同纠纷案件为例，选择具有典型合同条款争议、违约责任认定等关键问题的案例，能引导学生在模拟法庭的情境中深入剖析和探讨，实现知识的迁移与拓展，提升解决其他合同纠纷案件的实践能力。

3. 适切性原则

案例的选择需充分考量学生的知识储备水平和实际操作能力，既不能过于简单，致使学生无法获得足够的挑战，难以达成实践锻炼的预期目标，也不能过于复杂，让学生因无从下手而产生畏难情绪。应当依据学生的学习进度和专业基础，挑选难度适中且与教学内容紧密契合的案例。比如，针对刚接触民事法律课程的低年级学生，可以选取一些事实清晰、法律关系相对简单的案例；而对于高年级学生，则可选择一些法律关系错综复杂、争议较大的案例，以进一步激发他们的分析和解决问题的能力，促进其专业素养的进阶提升。

4. 教育性原则

所选案例应具备一定的教育价值，能够助力学生巩固所学的法律知识体系，培育学生的法律思维模式和职业素养。案例中可融入具有教育意义的法律问题或社会现象，引导学生展开深入的思考与讨论，使学生在模拟法庭的实践过程中，不仅能深化对法律知识的理解与运用，还能增强社会责任感和职业道德意识。例如，选择涉及消费者权益保护、环境保护等社会热点问题的案例，能够促使学生在模拟法庭中关注社会公共利益，树立正确的法律价值观和职业操守。

（二）案例收集与整理的方法

1. 法院案例库

与当地法院构建长期稳定的合作关系，获取当地法院的案例库资源。法院案例库汇聚了大量真实的民事案件，覆盖了各类民事案件类型和领域，具有极高的参考价值。教师可依据教学目标和要求，从法院案例库中筛选出符合条件的案例，并根据教学实际需求对案例进行适度的改编和整理，使其更贴合教学场景。

2. 法律数据库

充分利用专业的法律数据库，如北大法宝、阿尔法大数据等，这些数据库收录了海量的法律法规、司法解释以及各类案例，检索功能便捷高效。教师可借助关键词搜索、案例分类等检索方式，在法律数据库中精准查找合适的民事案例，并对案例进行深入分析和整理，提取出与教学内容紧密相关的关键信息。

3. 新闻媒体报道

密切关注新闻媒体对民事案件的报道，这些报道往往具有较强的时效性和社会关注度。通过新闻媒体报道的案例，学生能够及时了解当前社会热点法律问题的实际状况，有效激发学习的兴趣和积极性。教师可对新闻媒体报道的案例进行系统收集和整理，将其转化为适用于模拟法庭教学的案例素材。

4.教师实践经验

教师在法律实践过程中积累了丰富的案例资源，这些案例具有很强的实用性和针对性。教师可将自己在实践中接触到的典型民事案件引入模拟法庭教学中，让学生了解实际工作中法律问题的处理思路和解决方法。同时，教师还可结合自身的实践经验，对案例进行详细的讲解和深度分析，帮助学生更好地理解和掌握相关知识和技能。

在收集到案例后，教师需对案例进行系统的整理和加工。首先，要对案例的事实进行全面梳理，清晰界定案件的基本情况、争议焦点和法律关系；其次，要对案例中的证据材料进行细致整理，包括书证、物证、证人证言等，确保证据的真实性和关联性；最后，要依据教学需要，对案例进行合理的改编和简化，突出重点和难点问题，使案例更易于学生模拟和学习。

二、角色分配与准备

（一）法庭角色的设定与职责

1.审判长

审判长作为模拟法庭的核心角色，肩负着主持整个庭审过程的重任。其职责涵盖宣布开庭、核对当事人身份、告知当事人诉讼权利和义务、主持法庭调查、法庭辩论、法庭调解等关键环节，负责维护庭审秩序，保障庭审活动的顺利推进。审判长需具备较强的组织协调能力、扎实的法律知识功底和出色的庭审驾驭能力，能够精准把握案件的争议焦点，引导当事人和其他诉讼参与人有序开展诉讼活动。

2.审判员

审判员主要协助审判长开展案件的审理工作，其职责包括参与法庭调查和法庭辩论、对案件事实和证据进行严谨审查和判断、发表独立的意见和观点与审判长共同商议案件的裁判结果。审判员需要具备扎实的法律知识储备和独立思考能力，能够对案件进行深入分析和研究，为审判长提供有价值的参考意见。

3. 书记员

书记员负责庭审记录工作，需准确记录庭审过程中的各项活动以及当事人的陈述、辩论意见等关键信息。其职责还包括在庭审前准备好相关的法律文书和材料，庭审结束后对庭审记录进行整理和归档。书记员需要具备良好的文字记录能力和法律文书写作能力，确保能够准确、完整地记录庭审过程中的重要信息。

4. 原告及其诉讼代理人

原告作为提起民事诉讼的一方当事人，其职责是清晰陈述案件事实和理由，明确提出诉讼请求，并提供相关的证据材料以支持自己的主张。诉讼代理人作为原告委托的律师或其他法律专业人员，负责协助原告开展诉讼活动，代表原告发表辩论意见，维护原告的合法权益。原告及其诉讼代理人需熟悉案件事实和相关法律规定，能够熟练运用法律知识和诉讼技巧，为原告争取有利的诉讼结果。

5. 被告及其诉讼代理人

被告作为民事诉讼的另一方当事人，其职责是对原告的诉讼请求进行答辩，反驳原告的主张，并提供相关的证据材料。被告的诉讼代理人的职责与原告的诉讼代理人类似，负责协助被告开展诉讼活动，维护被告的合法权益。被告及其诉讼代理人需要对原告的诉讼请求和证据进行深入分析和研究，找出其中的漏洞和问题，提出有力的答辩意见。

6. 证人

证人是了解案件事实的关键人员，其职责是出庭作证，如实陈述自己所了解的案件事实。证人需遵守法庭纪律，接受当事人和法官的询问。证人的证言对于案件的审理具有重要作用，因此证人需要具备一定的表达能力和记忆能力，能够清晰、准确地陈述案件事实。

（二）学生角色的选择与培训

1. 角色选择

在进行角色分配时，教师应综合考量学生的兴趣爱好、专业特长和学习成绩等多方面因素，结合学生的实际情况，进行科学合理的角色分配。可采用学生自主报名和教师指定相结合的方式，赋予学生选择自己感兴趣角色的机会。同时，要注重角色分配的均衡性，避免出现某些角色过度集中或某些角色无人问津的情况。在角色分配完成后，教师要向学生详细阐释每个角色的职责和要求，确保学生对自己所扮演的角色有清晰的认知。

2.角色培训

为确保学生能够精准地扮演好自己的角色，教师需对学生进行系统的角色培训。培训内容涵盖法律知识培训、庭审程序培训和角色表演培训等多个方面。

3.法律知识培训

教师要针对学生所扮演的不同角色，对相关的法律知识进行系统的讲解和培训。例如，对于审判长和审判员，要重点培训他们的法律适用能力和裁判思维；对于原告、被告及其诉讼代理人，要培训他们的诉讼技巧和证据运用能力；对于证人，要培训他们的证言规则和出庭注意事项等。通过法律知识培训，使学生掌握与自己角色相关的法律知识，提升他们在模拟法庭中的表现能力。

4.庭审程序培训

庭审程序是模拟法庭的关键环节，教师要向学生详细讲解庭审的各个环节和流程，包括庭前准备、法庭调查、法庭辩论、法庭调解、宣判等环节的具体要求和操作方法。通过庭审程序培训，让学生熟悉庭审的基本流程和规范，确保模拟法庭能够顺利开展。

5.角色表演培训

模拟法庭不仅要求学生具备扎实的法律知识和熟练的庭审技能，还要求学生具备一定的表演能力。教师要对学生进行角色表演培训，让学生了解自己所扮演角色的性格特点、行为举止和语言风格等，引导学生在模拟法庭中能够自然、真实地展现角色的特点。例如，审判长要展现出庄重、威严的形象，原告和被告要表现出坚定、自信的态度，诉讼代理人要展现出专业、严谨的气质等。

三、模拟法庭的开展流程

（一）庭前准备阶段

1. 确定案件和角色

教师依据教学计划和学生的实际情况，精心挑选合适的民事案件，并完成角色分配工作。在确定案件和角色后，教师要向学生发放详细的案例材料和角色任务书，使学生全面了解案件的基本情况和自己的职责。

2. 学生准备工作

学生在拿到案例材料和角色任务书后，要展开充分的准备工作。原告和被告及其诉讼代理人要收集和整理相关的证据材料，撰写起诉状、答辩状、代理词等法律文书；审判长、审判员和书记员要熟悉案件的事实和法律规定，准备好庭审所需的法律文书和材料；证人要回忆自己所了解的案件事实，准备好出庭作证的证言。

3. 布置模拟法庭

教师要组织学生布置模拟法庭，营造出逼真的法庭氛围。模拟法庭的布置要严格遵循法律规定和法庭的实际布局，包括审判席、原告席、被告席、证人席、书记员席等。同时，要准备好庭审所需的设备和道具，如法槌、国徽、桌椅等，让学生在模拟法庭中能够真切感受到严肃、庄重的法庭氛围。

（二）庭审实施阶段

1. 宣布开庭

审判长宣布开庭，核对当事人身份，宣布案由、合议庭组成人员、书记员名单，告知当事人诉讼权利和义务，询问当事人是否申请回避。

2. 法庭调查

法庭调查是庭审的核心环节，主要任务是查明案件事实真相。在法庭调查阶段，原告陈述诉讼请求和事实理由，被告进行答辩；双方当事人依次出示证据，进行质证；证人出庭作证，接受当事人和法官的询问；鉴定人、勘验人等其他诉讼参与人也可以在法庭上发表意见。在法庭调查过程中，审判长要引导当事人围绕案件的争议焦点进行举证、质证和辩论，确保法庭调查的有序推进。

3.法庭辩论

法庭辩论是当事人就案件的事实和法律适用问题展开辩论的重要环节。在法庭辩论阶段，原告、被告及其诉讼代理人可以围绕案件的争议焦点，充分发表自己的意见和观点，进行辩论和反驳。法庭辩论要遵循一定的规则和程序，审判长要把控好辩论的节奏和时间，确保双方当事人都有充分的机会发表意见。

4.法庭调解

在法庭辩论结束后，审判长可根据案件的具体情况，询问当事人是否愿意进行调解。如果双方当事人同意调解，审判长可以组织双方进行调解，促成双方达成和解协议。如果调解不成，审判长应当宣布调解无效，继续进行庭审。

5.宣判

在庭审结束后，合议庭根据庭审情况和法律规定，对案件进行评议，做出裁判结果。审判长宣布宣判，宣读判决书。判决书要明确阐述案件的事实、理由和裁判结果，以及当事人的上诉权利和上诉期限。

（三）庭审总结阶段

1.学生自评与互评

模拟法庭结束后，教师要组织学生进行自评和互评。学生可以对自己在模拟法庭中的表现进行自我评价，总结自己的优点和不足之处；同时，学生之间也可以相互评价，指出对方在模拟法庭中的表现情况，提出改进意见和建议。通过学生自评和互评，有助于学生更好地认识自己的优点和不足，提升自我反思和自我提高的能力。

2.教师点评

教师要对模拟法庭的整个过程进行全面点评，肯定学生的优点和成绩，指出学生存在的问题和不足之处，并提出切实可行的改进意见和建议。教师点评要做到全面、客观、具体，既要关注学生的法律知识运用能力和庭审技能，也要关注学生的团队协作能力、沟通能力和职业素养等方面的表现。通过教师点评，学生能够明确自己的努力方向，进一步提升自己的综合素质。

3.总结与反思

在学生自评、互评和教师点评的基础上，教师要组织学生对整个模拟法庭教学活动进行总结和反思。总结模拟法庭教学活动的经验和教训，分析存在的问题和原因，提出改进的措施和建议。通过总结和反思，不断优化模拟法庭教学法的实施步骤和方法，提高模拟法庭教学的质量和效果。

第三节　模拟法庭教学法的应用效果评估

一、评估指标体系的构建

（一）知识掌握程度指标

1.法律条文熟悉度

此指标旨在精准评估学生对模拟法庭案件所涉及的民事法律法规条文的熟悉程度。在评估过程中，可通过双重维度进行衡量。一方面，在模拟法庭庭审的动态进程中，密切关注学生对相关法律条文引用的准确性和熟练程度；另一方面，借助后续的法律知识测试，深入考查学生对具体法律条文内容的记忆与理解状况。举例而言，在模拟法庭的辩论环节，要求学生必须精准引用相关法律条文来支撑自身观点，一旦出现引用错误或不完整的情况，便依据既定规则进行相应扣分。

2.案例分析能力

着重考查学生运用所学法律知识剖析模拟法庭案例的能力。在评估时，需审视学生能否精准识别案件中的法律关系与争议焦点，是否能够依据现行法律规定，对案件事实展开合理的分析与判断，进而构建起清晰、连贯的逻辑推理链条。例如，在模拟法庭活动结束后，要求学生撰写一份详尽的案例分析报告，从报告的内容完整性、分析深度、逻辑严谨性等多个维度进行全面评分。

3. **知识综合运用能力**

重点关注学生是否具备将不同领域的民事法律知识进行有机整合、灵活运用，以解决复杂法律问题的能力。在模拟法庭案例中，常常涉及多个法律知识点的交叉融合运用，在此背景下，评估学生在处理此类问题时的实际表现，以此判断其是否具备将所学知识融会贯通的能力。比如，在一个涉及合同纠纷与侵权责任竞合的模拟法庭案例中，观察学生能否准确辨析两种法律关系，并精准运用相应的法律知识进行妥善处理。

（二）实践能力提升指标

1. **法律文书写作能力**

针对学生在模拟法庭准备阶段所撰写的起诉状、答辩状、代理词、判决书等各类法律文书展开评估。评估内容涵盖文书格式的规范性、语言表达的准确性、逻辑结构的合理性、事实阐述的清晰性以及法律依据的充分性等多个关键方面。例如，预先制定一套详尽的法律文书评分标准，依据该标准从各个维度对学生的法律文书进行量化打分，确保评估结果的客观性与公正性。

2. **口头表达与辩论能力**

在模拟法庭庭审过程中，全方位观察学生的口头表达能力和辩论技巧。评估学生是否能够清晰、流畅地阐述自己的观点，是否能够运用恰当的语言和严密的逻辑进行辩论，是否能够有力地反驳对方观点，以及在辩论过程中展现出良好的应变能力等。在评估过程中，可以借助现场观察、录像回放等多种手段，并邀请专业教师和行业资深专家共同参与打分，以提升评估的专业性和权威性。

3. **证据收集与运用能力**

评估学生在模拟法庭准备阶段收集证据的能力，以及在庭审过程中运用证据支撑自己主张的能力。考查学生是否能够依据案件的实际需求，收集到充分、有效的证据，是否能够对收集到的证据进行合理的整理与分类，在庭审质证环节是否能够准确阐述证据的证明目的和关联性，以及能否有效应对对方对证据提出的质疑。

4.团队协作与沟通能力

模拟法庭教学法高度重视学生之间的团队协作与沟通能力。在评估时，着重考查学生在模拟法庭活动中与团队成员之间的协作情况，包括是否能够明确自身在团队中的角色与职责，是否能够积极主动地与团队成员进行沟通交流，是否能够相互支持、相互配合，共同完成模拟法庭的各项任务。评估方式可采用团队成员之间的互评以及教师的细致观察相结合的方式。

（三）职业素养发展指标

1.法律职业思维

评估学生在模拟法庭活动中是否具备法律职业思维，具体涵盖是否能够运用法律的逻辑和方法分析问题、解决问题，是否能够从法律的视角看待社会现象和问题，是否能够尊重法律、维护法律的权威等。在评估过程中，可以通过观察学生在模拟法庭中的实际表现，以及在后续的讨论与交流活动中，深入了解学生对法律职业思维的理解与运用情况。

2.职业道德与责任感

考查学生在模拟法庭活动中是否严格遵守职业道德规范，是否具备强烈的责任感。评估学生在模拟法庭庭审过程中是否能够秉持公正、客观的态度对待案件，是否能够充分尊重当事人的权利和尊严，是否能够妥善保守案件的机密信息等。评估手段可包括学生的行为表现观察、教师的现场观察以及学生的自我反思总结等。

3.职业形象与礼仪

关注学生在模拟法庭活动中的职业形象和礼仪表现，包括着装是否得体、言行举止是否符合法庭的规范和要求、是否能够尊重法庭的权威和秩序等。在评估时，可以通过现场观察和录像回放的方式进行，并制定相应的评分标准，确保评估的全面性和准确性。

二、评估方法与工具的选择

（一）考试与考核

1.理论知识考试

在模拟法庭教学活动圆满结束后，组织学生开展相关民事法律知识的理论考试。考试内容全面覆盖模拟法庭案件所涉及的法律法规、案例分析方法、法律文书写作规范等多个方面的知识。通过对考试成绩的分析，精准评估学生对法律知识的掌握程度。

2.实践操作考核

针对学生在模拟法庭活动中的实践操作环节进行考核，考核内容包含法律文书写作、口头表达与辩论、证据收集与运用等关键方面。预先制定详细的实践操作考核标准，由专业教师和行业专家依据该标准对学生的实践操作进行客观、公正的打分评价。例如，在法律文书写作考核中，依据文书的格式、内容、逻辑等方面的具体表现进行评分；在口头表达与辩论考核中，依据学生的语言表达、逻辑思维、应变能力等方面的表现进行评分。

（二）学生自评与互评

1.学生自评

要求学生在模拟法庭活动结束后，对自己在整个活动中的表现展开全面、深入的自我评价。学生需从知识掌握程度、实践能力提升、职业素养发展等多个维度进行反思与总结，并撰写自评报告。自评报告应涵盖自己在模拟法庭活动中的优点与不足之处，以及对未来学习和发展的详细规划。

2.学生互评

组织学生开展相互评价活动时，学生之间依据在模拟法庭活动中的实际表现，对团队成员的知识掌握情况、实践能力水平、职业素养状况等方面进行客观评价。互评活动可采用小组讨论、问卷调查等多样化的方式进行，充分给予学生发表意见和看法的机会，促进学生之间的相互学习和交流。

（三）教师评价与专家点评

1.教师评价

在模拟法庭活动的全过程中，教师需对学生的表现进行全面、细致的观察与记录。活动结束后，教师依据学生的课堂表现、模拟法庭庭审表现、法律文书写作等多个方面的综合情况，对学生进行客观、公正的综合评价。教师评价应秉持客观性和公正性原则，既要充分肯定学生的优点和成绩，又要精准指出学生存在的问题和不足之处，并提出切实可行的改进建议。

2.专家点评

邀请法院法官、律师等法律行业的资深专家参与模拟法庭活动，并对学生的表现进行专业点评。专家凭借其丰富的实践经验和深厚的专业知识，能够从实际工作的角度对学生的模拟法庭表现进行深入评价和精准指导。专家点评能够为学生提供更具针对性和实用性的建议，助力学生更好地了解法律职业的实际要求和发展趋势。

三、评估结果的分析与反馈

（一）对评估结果进行统计与分析

1.数据收集与整理

将考试与考核成绩、学生自评与互评结果、教师评价与专家点评意见等各类评估数据进行全面收集与系统整理，构建详细、完备的评估数据库。对收集到的数据进行分类统计，如按照知识掌握程度、实践能力提升、职业素养发展等不同维度进行分类统计，以便于后续的深入分析和比较。

2.数据分析方法

运用统计学方法对评估数据进行深度分析，计算各项评估指标的平均值、标准差、中位数等统计量，精准了解学生在不同方面的表现情况和差异程度。借助相关性分析、因子分析等方法，深入探讨不同评估指标之间的内在关系，找出影响模拟法庭教学效果的关键因素。同时，可采用纵向比较的方法，对不同学期、不同班级的学生评估结果进行对比分析，观察模拟法庭教学法的应用效果是否随着时间的推移和教学的推进而有所提升。

（二）根据评估结果提出改进建议

1.教学内容与方法改进

依据评估结果的深入分析，精准找出学生在知识掌握、实践能力和职业素养方面存在的薄弱环节，有针对性地调整模拟法庭教学的内容和方法。例如，如果学生在法律文书写作方面暴露出较大问题，可以适当增加法律文书写作的教学课时，加强对学生的指导和训练力度；如果学生在口头表达与辩论能力方面表现欠佳，可以组织更多形式多样的模拟辩论活动，着力提高学生的辩论技巧。

2.教师教学能力提升

通过对评估结果的细致分析，精准了解教师在模拟法庭教学过程中存在的不足之处，为教师提供具有针对性的培训和学习机会，助力教师提升教学能力和专业水平。例如，如果教师在指导学生进行案例分析时存在方法不当的问题，可以组织教师参加相关的专业培训课程，学习先进的案例分析教学方法。

3.教学资源优化

依据评估结果，对模拟法庭教学所需的教学资源进行全面优化。例如，如果发现学生在模拟法庭活动中面临案例资源不足的问题，可以进一步拓展案例收集渠道，丰富案例库资源；如果发现模拟法庭活动的设备和道具无法满足教学需求，可以及时更新和补充设备和道具，为学生营造更好的教学条件。

通过对模拟法庭教学法应用效果的科学评估和有效反馈，能够不断优化教学过程，显著提高教学质量，为社会培养出更多适应市场需求的高素质法律专业人才。

第八章　项目式学习在高等职业教育民事案件实务教学中的应用

第一节　项目式学习概述

一、项目式学习的定义与内涵

项目式学习是一种以学生为中心的教学与学习范式，其核心要义在于引导学生通过完成具有实际意义的项目任务，获取知识、发展技能，并全方位培育自身的综合素养。在这一学习模式下，学生不再是被动接受教师知识传授的客体，而是主动参与到项目的规划、实施与评估的全过程中，在解决实际问题的实践过程中实现知识的建构、能力的提升以及素养的发展。①

从本质上剖析，项目式学习包含多个核心要素。其一，明确的项目目标是整个学习活动的导向标，它为学生的学习活动提供了清晰的方向指引与可预期的成果导向，使学生能够明确学习的重点与方向，合理规划学习路径。其二，真实的项目情境构成了项目式学习的基石。在此情境中，学生能够在贴近现实的环境中运用所学知识解决实际问题，这不仅有助于增强学生对知识的实际应用能力，还能深化学生对现实世界的理解与认知。

① 钟启泉.项目学习与跨学科教学 [M].上海：华东师范大学出版社，2020：30－50.

其三，复杂的项目任务是项目式学习的关键驱动因素。此类任务要求学生综合运用多学科的知识与技能，通过分析、推理、判断等一系列高阶思维过程来解决问题，从而有效培养学生的问题解决能力与创新思维能力。其四，自主的学习过程是项目式学习的显著特征。在教师的适度引导下，学生能够自主制定学习计划、选择学习方法、整合学习资源，这一过程有助于培养学生的自主学习能力与自我管理能力。其五，多元化的成果展示环节是项目式学习的重要组成部分。学生通过报告、演示文稿、实物模型等多种形式展示项目成果，这不仅能够对学生的学习成果进行有效的检验与反馈，还能锻炼学生的表达能力、沟通能力以及团队协作能力。

项目式学习的基本理念在于将学习与实际生活紧密相连，倡导学生在“做中学”。通过参与项目实践，学生能够将抽象的理论知识转化为实际的操作技能，极大地激发了学生的学习积极性与主动性。同时，项目式学习高度重视学生团队协作能力、沟通能力以及批判性思维能力的培养，这些能力是学生在未来职业生涯与社会生活中不可或缺的核心素养。此外，项目式学习充分尊重学生的个性化发展，珍视每个学生独特的学习风格与兴趣爱好，为学生提供了在项目中发挥自身优势、实现自我价值的广阔空间。

二、项目式学习的理论基础

（一）建构主义学习理论

建构主义学习理论认为，学习并非教师向学生单向传递知识的线性过程，而是学生基于自身已有的知识与经验，主动建构知识体系的动态过程。在学习过程中，学生并非被动地接收外部信息，而是依据自身的认知结构对新信息进行积极的加工与处理，进而构建起新的知识体系。项目式学习正是基于建构主义学习理论，为学生创设了一个真实的问题情境，促使学生在解决问题的过程中主动探索、发现并建构知识。在项目式学习中，学生通过与同伴的协作、与教师的交流以及对各类学习资源的有效利用，不断调整和完善自身的知识结构，实现知识的内化与迁移。例如，在民事案件实务教学中，学生参与模拟案件处理项目，将所学的法律知识应用于实际案例的分析与解决过程中，在这一过程中，学生不仅加深了对法律知识的理解与掌握，还逐步建构起自身对法律实践的认知体系。

（二）情境学习理论

情境学习理论强调学习的情境性，认为知识是在真实的情境中产生与发展的，学习活动应当与实际情境紧密结合。只有在真实的情境中，学生才能更好地理解和运用知识，实现知识的有效迁移。项目式学习通过创设真实的项目情境，让学生在模拟的职业环境中开展学习与实践活动，这有助于学生更好地理解知识的实际应用价值，显著提升学习效果。在情境学习中，学生通过参与实际的项目活动，与他人进行广泛的互动与交流，逐渐形成自身的职业身份与专业素养。例如，在高等职业教育的民事案件实务教学中，学生参与真实的民事案件处理项目，与法官、律师、当事人等多方主体进行互动，深入了解法律职业的实际工作流程与要求，从而培养自身的职业意识与职业能力。

（三）社会学习理论

社会学习理论认为，学习是通过观察他人的行为及其结果而发生的替代性学习过程。在社会学习中，个体通过观察榜样的行为，获取示范行为的象征性表象，并据此引导自身做出相应的行为。项目式学习中的小组协作学习模式，为学生提供了相互观察、学习与模仿的宝贵机会。学生在小组协作过程中，通过观察同伴的思维方式、问题解决方法以及团队协作技巧，不断调整和改进自身的行为模式，从而有效提升自身的学习能力与综合素质。[①] 例如，在项目实施过程中，学生能够观察小组中表现优异的成员如何进行案例分析、撰写法律文书以及开展庭审辩论等，通过模仿与学习，切实提高自身的实践操作能力。

---

① 何奕，李喜媛，李青青．项目式学习模式在高职教育教学中的应用研究——以《电子商务概论》课程为例 [J]. 产业与科技论坛，2025，24（04）：215-217.

三、项目式学习在高等职业教育民事案件实务教学中的优势

（一）对学生知识学习的促进作用

1. 加深对民事法律知识的理解与掌握

在项目式学习的架构下，学生所面对的不再是抽象、孤立的理论知识模块，而是一系列源自社会生活实际的真实民事案件实例。这些案例如同多棱镜，全方位映射出民事法律在现实生活中的多元应用场景。学生在深度参与项目的进程中，必须将所学的民事法律理论知识与实际案例进行紧密的关联与融合，借助对案例的深入剖析与研究，精准洞察法律条文背后蕴含的立法意图以及实际应用价值。

以合同纠纷类项目为例，学生在处理具体的合同纠纷案例时，需对合同条款进行细致入微的研读，并依据《中华人民共和国民法典》合同编的相关规定，精准判断合同的成立、生效、履行以及违约等关键情形。在此过程中，学生不再是机械地死记硬背法律条文，而是凭借对具体案例的深度分析，深入理解合同法律制度的内在逻辑与适用边界。例如，对于合同中有关格式条款的规定，学生在理论学习阶段可能仅对其概念有一个模糊的认知，但在面对实际案例中格式条款是否有效的争议时，他们需要紧密结合具体的合同内容和案件事实，灵活运用所学的法律知识进行深入分析与判断。经由这样的实践过程，学生能够更为深刻地理解格式条款的法律规定，以及如何在实际案件场景中精准运用这些规定来切实维护当事人的合法权益。

此外，项目式学习为学生提供了一个反复运用法律知识的实践平台。在完成一个项目的全过程中，学生可能需要多次调用同一法律条文或法律原则来解决不同层面的问题，这种高频次的反复运用有助于学生强化对法律知识的记忆，使其能够更加娴熟地掌握和运用法律知识，实现知识的内化与迁移。

2. 提高知识的综合运用能力

民事案件往往涉及多个法律领域知识的交叉融合，同时还可能与其他学科知识产生广泛的关联。项目式学习所甄选的项目主题通常具有一定的

复杂性与综合性特质，要求学生能够综合运用多学科知识来应对和解决实际问题。

在一个涉及侵权责任与保险理赔的复杂民事案件项目中，学生不仅需要运用侵权责任法的专业知识来准确界定侵权人的责任范围，还需深入了解保险法的相关规定，精准分析保险公司的理赔责任与范围。此外，在处理案件的进程中，学生可能还需要运用经济学、社会学等学科的知识，对案件所产生的社会影响和经济后果进行深入剖析。通过参与此类项目，学生能够学会将不同学科的知识进行有机整合，构建起一个完整且系统的知识体系，进而显著提升自己在复杂情境中综合运用多学科知识解决实际问题的能力。

项目式学习积极鼓励学生从多元视角思考问题，尝试运用不同的方法解决问题。在项目实施过程中，学生可能会遭遇各种意想不到的问题与挑战，这就要求他们突破传统的思维定式，大胆尝试运用不同学科的知识和方法来探寻解决方案。例如，在处理一个涉及多方当事人的合同纠纷案件时，学生既可以运用法律知识进行严谨的分析论证，也可以运用谈判技巧和沟通策略来促成当事人之间的和解。通过这种方式，学生能够有效拓宽自己的思维视野，显著提高知识的综合运用能力。

（二）对学生能力培养的积极影响

1. 提升实践操作能力

项目式学习高度强调学生的亲身参与和实践操作，通过引导学生参与实际的项目任务，能够切实有效地提升他们在法律文书写作、庭审辩论、证据收集等方面的实践操作能力。在项目实施过程中，学生需要依据案件的具体情况，撰写各类法律文书，如起诉状、答辩状、代理词等。在撰写这些法律文书的过程中，学生需要深入洞察案件事实，精准运用法律知识，同时还需严格遵循文书的格式规范，注重语言表达的准确性、严谨性和流畅性。通过持续不断的练习和实践，学生能够逐步掌握法律文书的写作技巧，实现法律文书写作能力的稳步提升。

项目式学习通常会组织学生开展模拟庭审活动，让学生在模拟法庭的情境中扮演不同的角色，如法官、原告、被告、律师等，进行庭审辩论。

在模拟庭审过程中，学生需要充分调动自己的语言表达能力和逻辑思维能力，紧紧围绕案件的争议焦点展开辩论，力求说服法官和对方当事人。通过多次参与模拟庭审活动，学生能够有效提高自己的庭审辩论能力，熟练掌握如何在法庭上精准、有力地表达自己的观点和意见。

在证据收集方面，学生在项目实施过程中需要根据案件的实际需求，收集各类证据材料，包括书证、物证、证人证言等。在收集证据的过程中，学生需要全面了解证据的种类、收集方法和程序，以及证据的合法性、关联性和真实性要求。通过亲身实践操作，学生能够切实提高自己的证据收集能力，学会如何科学、有效地收集和运用证据来支撑自己的主张。

2. 培养创新思维与问题解决能力

项目式学习为学生开辟了一个自主探索和创新的广阔空间，能够有效激发学生的创新思维，培养他们发现问题、分析问题和解决问题的能力。在项目实施过程中，学生需要自主确定项目的目标和任务，精心制定项目的实施计划和方案。在这一过程中，学生需要充分发挥自己的想象力和创造力，大胆提出各种创新的想法和建议。例如，在处理一个民事案件时，学生可以尝试引入新的法律理论或方法来解决问题，或者提出一些具有创新性的解决方案，以满足当事人的个性化需求。通过这种方式，学生能够不断锤炼自己的创新思维能力，提升创新意识。

项目式学习不可避免地会遭遇各种实际问题和挑战，这些问题和挑战需要学生自己去主动发现、深入分析并寻求解决方案。在解决问题的过程中，学生需要充分运用自己已有的知识和经验，进行深入的思考和分析，精准找出问题的根源所在，并探索切实可行的解决办法。通过不断地解决实际问题，学生能够逐步提高自己的问题解决能力，学会如何在复杂多变的情境中从容应对各种挑战。

3. 增强团队协作与沟通能力

项目式学习通常采用小组协作的组织形式，学生需要在小组中与其他成员密切协作，共同完成项目任务。在小组协作过程中，学生需要与其他成员进行高效的沟通和协作，携手解决问题，共同达成项目目标。

在小组协作中，学生需要明确自身的角色和职责，同时也要充分了解其他成员的角色和职责。在项目实施过程中，学生需要与其他成员保持密切的沟通和交流，及时分享自己的想法和经验，共同探讨解决问题的有效方法。通过这种方式，学生能够逐渐学会如何与他人进行有效的沟通和协作，显著提高自己的团队协作能力。学生还需要学会倾听他人的意见和建议，尊重他人的观点和想法。在遇到分歧和矛盾时，学生需要学会运用协商和妥协的方式来解决问题，维护小组的团结和稳定。通过这种方式，学生能够培养自己的团队合作精神和沟通能力，提升自己的人际交往能力。

第二节　项目式学习在高等职业教育民事案件实务教学中的操作流程

一、项目设计

（一）项目选题原则

1.紧密契合教学内容

项目选题应当深度围绕民事案件实务教学的核心知识点与关键技能要求展开，确保学生在投身项目的实践进程中，能够对所学的专业知识进行巩固与拓展。例如，在开展侵权责任法相关内容的教学时，可选取涵盖不同侵权类型的真实案例作为项目主题，诸如产品责任侵权、环境污染侵权等典型案例，使学生在实际操作过程中，能够深入领会侵权责任的构成要件、归责原则等重点知识内容。同时，选题需全面涵盖教学大纲所规定的关键内容，保证项目式学习与课程教学目标高度一致，有效规避教学内容与项目之间出现脱节的现象。

2.深度关联实际生活

为赋予项目以真实性和现实意义，选题应源自社会生活中的实际民事案件，可从法院的真实案例库、新闻媒体报道的热点民事纠纷事件、法律援助中心受理的案件等多种渠道广泛收集素材。这些真实案例能够让学生直面现实中复杂多样的法律问题，增强他们对法律实践的直观体验，切实提升解决实际问题的能力。例如，选取当下社会关注度较高的网络侵权案件，如网络诽谤、网络著作权侵权等，引导学生在项目中深入分析此类案件的特点、法律适用以及维权途径等关键问题。

3.具备适度挑战性

项目主题应具有一定程度的难度和复杂性，以此激发学生的学习兴趣和探索欲望。具有挑战性的项目能够促使学生主动思考、查阅资料、尝试运用不同的方法来解决问题，进而培养他们的创新思维和实践能力。然而，难度的设定需保持在适度范围内，不可超出学生的现有能力水平，以防学生产生畏难情绪。例如，设计一个涉及多方当事人、多种法律关系相互交织的合同纠纷项目，要求学生在复杂的情境中梳理各方的权利义务关系，提出合理且可行的解决方案。

4.彰显教育价值

项目选题应具备培养学生法律职业道德、社会责任感和团队协作精神等综合素质的功能。可选择一些具有较大社会影响力、涉及公共利益的民事案件，如消费者权益保护、环境保护等方面的案例，引导学生在解决法律问题的同时，关注社会公平正义，树立正确的法律价值观。

（二）项目目标设定

1.总体目标

项目式学习的总体目标在于培养学生具备解决实际民事案件问题的能力，使其能够将所学的法律知识和技能灵活应用于实践场景，成长为具有较强职业素养和综合能力的法律专业人才。具体而言，学生应能够独立分析民事案件的事实和法律关系，准确适用相关法律法规，撰写规范的法律文书，进行有效的庭审辩论，并在团队协作中发挥积极且重要的作用。

2.知识目标

学生需深入理解和掌握与项目相关的民事法律法规知识，涵盖法律条文的含义、适用范围和立法目的等关键内容。例如，在一个婚姻家庭纠纷项目中，学生应熟悉《中华人民共和国民法典》婚姻家庭编的相关规定，透彻了解夫妻财产分割、子女抚养权归属等方面的法律知识。

3.技能目标

着力培养学生的法律文书写作技能，使其能够撰写格式规范、内容准确、逻辑清晰的起诉状、答辩状、代理词等法律文书；提升学生的庭审辩论技能，使其能够在模拟法庭中清晰、准确地表达自己的观点，有力地反驳对方观点；增强学生的证据收集和运用技能，使其能够根据案件需求收集有效的证据，并在庭审中合理展示和运用证据。

4.能力目标

通过项目实践，着重培养学生的问题解决能力，使其能够在复杂的法律情境中敏锐发现问题、深入分析问题并提出切实可行的解决方案；激发学生的创新能力，鼓励学生尝试运用新的思路和方法解决法律问题；锻炼学生的团队协作能力，使其能够在小组中与其他成员进行有效的沟通与协作，共同完成项目任务。

5.职业素养目标

培养学生的法律职业道德，使其在处理案件过程中严格遵守法律职业规范，做到诚实守信、保守秘密、维护当事人合法权益；增强学生的社会责任感，使其密切关注案件的社会影响，积极维护社会公平正义。

二、项目任务分解

以一个常见的合同纠纷项目为例，可将项目主题拆解为具体的任务模块。

（一）任务一：案件事实梳理

内容：学生需通过查阅相关资料、与当事人沟通等方式，全面收集案件的基本信息，包括合同的签订背景、合同条款内容、履行情况、双方争议焦点等，并对这些信息进行系统整理和归纳，形成清晰、完整的案件事实陈述。

要求：事实陈述必须准确无误、完整全面，能够清晰地反映案件的全貌；信息来源需可靠，对于重要信息要注明出处。

完成时间节点：项目启动后的第 1—2 周。

（二）任务二：法律关系分析

内容：依据梳理所得的案件事实，运用所学的法律知识，深入分析案件中涉及的法律关系，准确确定适用的法律法规和司法解释。例如，判断合同的性质、效力，明确各方当事人的权利义务关系等。

要求：法律关系分析需准确、深入，能够运用法律条文和法理进行合理的论证；对于存在争议的法律问题，要展开充分的讨论和分析。

完成时间节点：项目启动后的第 3—4 周。

（三）任务三：法律文书撰写

内容：根据案件分析结果，撰写起诉状、答辩状、代理词等法律文书。

要求：法律文书格式必须规范，符合法律规定的要求；内容要准确、严谨，能够充分阐述当事人的主张和理由；语言表达要清晰、流畅。

完成时间节点：项目启动后的第 5—6 周。

（四）任务四：模拟庭审准备

内容：确定模拟庭审的角色分配，包括法官、原告、被告、律师、证人等；筹备模拟庭审所需的道具和材料，如法槌、国徽、桌椅等；组织小组成员开展模拟庭审的预演，熟悉庭审程序和各自的角色任务。

要求：角色分配要合理，充分考虑学生的兴趣和能力；模拟庭审的道具和材料要准备齐全，符合法庭的实际要求；预演要认真、细致，确保模拟庭审能够顺利进行。

完成时间节点：项目启动后的第 7—8 周。

（五）任务五：模拟庭审实施

内容：按照法定的庭审程序开展模拟庭审，学生在庭审中展示自己的分析和辩论能力，解决案件争议。

要求：庭审过程要严格遵循法律规定的程序进行，各方当事人要遵守法庭纪律；学生的辩论要围绕案件的争议焦点展开，观点明确、论据充分、逻辑严密。

完成时间节点：项目启动后的第 9—10 周。

三、项目准备

（一）学生分组

1.全面了解学生情况

教师在分组之前，需通过课堂表现、作业完成情况、日常交流等多种方式，全面、深入地了解学生的学习能力、兴趣爱好、性格特点等方面的情况。可设计一份调查问卷，让学生填写自己的兴趣领域、擅长的技能以及希望在项目中承担的角色等信息，以便为分组工作提供更充分的依据。

2.合理搭配小组成员

根据学生的实际情况，将学生划分为若干小组，每组人数一般以 4—6 人为宜。在分组过程中，要遵循优势互补的原则，使每个小组在知识、技能、性格等方面都呈现出多样性。例如，将学习成绩较好、分析能力较强的学生与动手能力强、沟通能力好的学生分在同一组，这样能够充分发挥每个学生的优势，提升小组的整体实力。同时，要注重小组内成员的性格搭配，避免将性格过于相似或容易产生冲突的学生分在一组。

3.明确小组职责分工

小组组建完成后，要引导学生明确各自在小组中的角色和职责。可通过小组讨论的方式，让学生依据自己的兴趣和特长选择适合自己的任务，如组长、资料收集员、文书撰写员、辩论员等。组长负责组织和协调小组的各项工作以确保项目的顺利推进，资料收集员负责收集与项目相关的资料，文书撰写员负责撰写法律文书，辩论员负责在模拟庭审中进行辩论等。

（二）资料收集与资源准备

1.学生自主收集资料

学生要依据项目的实际需求，通过多种途径主动搜集相关资料。

（1）法律法规数据库。借助北大法宝、阿尔法大数据等专业的法律法规数据库，查找与项目相关的法律法规、司法解释、案例等资料。学生需掌握数据库的检索功能，能够准确输入关键词，迅速找到所需的资料。

（2）学术文献资料。通过中国知网、万方数据等学术数据库，查阅相关的学术论文、研究报告等文献资料，了解学术界对于项目涉及的法律问题的研究现状和观点，为自己的分析和论证提供参考依据。

（3）案例资料。从法院的裁判文书网、法律实务网站等渠道收集类似的案例资料，分析案例的判决结果和裁判理由，学习法官的裁判思路和方法。

2.学校和教师提供资源支持

（1）模拟法庭设备。学校要为学生提供专门的模拟法庭场所，配备齐全的法庭设备和道具，如法槌、国徽、桌椅、音响设备等，为学生营造真实的法庭氛围。

（2）法律数据库。学校要购置专业的法律数据库，供学生在校园内免费使用，确保学生能够便捷、高效地获取所需的法律资料。

（3）教师指导。教师要为学生提供资料收集方面的指导，帮助学生掌握正确的资料收集方法和技巧。例如，指导学生如何筛选有用的资料、如何对资料进行整理和分析等。

四、项目实施

（一）小组协作学习

1.任务分配与分工

小组成员依据各自的角色和职责，明确自己在项目中的具体任务。组长要根据项目的进度和任务的难易程度，合理分配任务，确保每个成员都能承担适宜的工作量。在任务分配过程中，要充分尊重每个成员的意见和建议，让大家都能积极投身到项目中来。

2.讨论与决策

在项目实施过程中，小组要定期开展讨论，交流各自的工作进展和遇到的问题。对于一些关键问题和决策，要通过小组讨论的方式达成共识。在讨论过程中，每个成员都要充分发表自己的观点和意见，认真倾听他人的想法，共同分析问题，探寻解决方案。在决策时，要遵循少数服从多数的原则，但也要尊重少数人的意见，确保决策的科学性和合理性。

3.解决问题

当小组在项目实施过程中遭遇问题时，要共同分析问题产生的原因，寻找解决问题的方法。可通过查阅资料、请教教师、与其他小组交流等方式获取帮助。在解决问题的过程中，要鼓励学生积极思考，尝试运用不同的方法解决问题，培养他们的创新思维和实践能力。

（二）教师指导与监控

1.提供专业指导

教师要密切关注各小组的项目进展情况，及时为学生提供专业的指导和帮助。当学生在法律关系分析、法律文书撰写、庭审辩论等方面遇到困难时，教师要给予有针对性的指导，帮助学生厘清思路，解决问题。例如，在学生撰写法律文书时，教师可以对文书的格式、内容、逻辑等方面进行指导，提出修改意见和建议。

2.解答学生疑问

学生在项目实施过程中会遇到各种各样的问题，教师要随时解答学生的疑问。可通过课堂讲解、小组讨论、在线答疑等方式，为学生提供及时的帮助。对于一些共性问题，教师可以在课堂上进行集中讲解，让全体学生都能从中受益。

3.监控项目进度

教师要制定项目进度表，明确每个阶段的任务和时间节点，监控各小组的项目进度。定期检查小组的工作成果，及时发现项目进展中存在的问题，并督促小组按时完成任务。对于进度滞后的小组，要了解原因，帮助小组制定改进措施，确保项目能够按时完成。

4.确保项目质量

教师要对小组的项目成果进行质量把关，确保项目成果符合教学要求和质量标准。在项目实施过程中，要对小组的工作进行阶段性评价，及时指出存在的问题和不足之处，要求小组进行整改。在项目结束后，要对项目成果进行全面、客观的评价，为学生提供反馈和建议，帮助学生提高项目质量。

第三节　项目成果展示与评价

一、成果展示形式

（一）模拟法庭表演

学生按照模拟庭审的程序进行展示，将整个案件的审理过程生动、形象地呈现出来。在表演过程中，学生要充分展现自己的庭审辩论能力、法律文书运用能力和团队协作能力。

（二）法律文书展示

将学生撰写的起诉状、答辩状、代理词等法律文书进行展示，让其他学生和教师能够直观地了解学生的法律文书写作水平。也可通过制作展板、上传到网络平台等方式进行展示。

（三）案例分析报告

学生撰写详细的案例分析报告，对案件的事实、法律关系、法律适用、解决方案等方面进行深入分析和阐述。可将案例分析报告装订成册，供大家查阅和交流。

二、项目教学评价指标体系构建

（一）知识掌握（占比30%）

（1）法律法规理解与运用（占比15%）。考查学生对与项目相关的法律法规的理解程度和运用能力，评估其能否准确引用法律条文解决实际问题。

（2）法律知识体系完整性（占比10%）。评估学生是否能够将不同领域的法律知识进行有机整合，构建完整的法律知识体系。

（3）案例分析准确性（占比5%）。评价学生对案件事实的分析是否准确，能否正确识别案件中的法律关系和争议焦点。

（二）能力提升（占比40%）

（1）法律文书写作能力（占比15%）。从格式规范、内容准确、逻辑清晰、语言表达等方面评价学生的法律文书写作水平。

（2）庭审辩论能力（占比15%）。考查学生在模拟庭审中的语言表达能力、逻辑思维能力、应变能力和辩论技巧。

（3）问题解决能力（占比10%）。评估学生在项目实施过程中发现问题、分析问题和解决问题的能力。

（三）团队协作（占比20%）

（1）团队分工合理性（占比5%）。评价小组的任务分配是否合理，每个成员是否明确自己的职责。

（2）沟通协作效果（占比10%）。考查小组成员之间的沟通是否顺畅，协作是否默契，能否共同解决问题。

（3）团队贡献度（占比5%）。评估每个成员在小组中的贡献大小，是否积极参与小组活动。

（四）职业素养（占比10%）

（1）法律职业道德（占比5%）。观察学生在项目实施过程中是否遵守法律和职业道德规范，如诚实守信、保守秘密等。

（2）社会责任感（占比5%）。考查学生是否关注案件的社会影响，是否具有维护社会公平正义的意识。

三、项目教学评价主体

（一）教师评价

教师依据学生的项目成果、课堂表现、小组汇报等情况，对学生进行全面评价。教师凭借专业的知识和丰富的教学经验，能够从专业的角度对学生的学习成果进行客观评价。

（二）学生自评

学生对自己在项目实施过程中的表现进行自我评价，包括自己的学习态度、参与度、完成任务情况、获得的收获和不足等。学生自评有助于学生更好地认识自己，发现自己的问题和不足，促进自我反思和自我提高。

（三）学生互评

小组成员之间相互评价，评价内容涵盖每个成员在小组中的表现、贡献、团队协作能力等。学生互评能够促进学生之间的相互学习和交流，培养学生的团队意识和合作精神。

（四）行业专家评价

邀请法院法官、律师等行业专家参与项目评价，他们凭借丰富的实践经验，能够从实际工作的角度对学生的项目成果进行评价，为学生提供更具针对性的意见和建议。

第九章　信息技术在高等职业教育民事案件实务教学中的应用

第一节　信息技术在实务教学中的必要性研究

一、高等职业教育改革对信息技术应用的需求

（一）契合社会发展对人才培养的全新诉求

在当下数字化、智能化的时代背景下，社会所急需的是具备扎实深厚的专业知识、娴熟精湛的实践技能、良好的信息素养以及突出创新能力的复合型人才。信息技术的应用为高等职业教育提供了一系列全新的教学手段和方法，能够有力地助力学生更好地掌握专业知识与技能，切实提高学生的实践能力与创新能力，从而有效适应社会发展对人才培养的全新诉求。①

以民事案件实务领域为例，随着互联网的广泛普及以及电子商务的高速发展，诸如网络侵权、电子合同纠纷等一系列新型民事案件不断涌现。此类新型案件普遍具有复杂性高、技术性强以及时效性突出的显著特点，这无疑对法律专业人才的综合素质提出了更高的标准。高等职业教育必须

① 付梓强，谢延龙. 数字化转型视域下推进高等职业教育高质量发展的时代意蕴、框架构建与未来进路 [J]. 江苏高职教育，2024，24（05）：18-26.

借助信息技术手段，使学生能够及时接触到最新的法律案例以及丰富的实践经验，以此培养学生解决实际问题的能力。通过在线教学平台，学生得以实时获取国内外最新的法律资讯以及深度的案例分析，从而有效拓宽自身的知识视野；借助虚拟现实技术，学生能够身临其境地参与模拟庭审活动，进而显著提高自身的实践操作能力以及应变能力。

（二）推动教育教学模式的创新与变革

传统的高等职业教育教学模式以教师为核心主体，课堂教学主要采用讲授式的教学方法，学生长期处于被动接受知识的状态。这种教学模式在很大程度上难以充分激发学生的学习兴趣与主动性，对学生的个性发展以及创新能力的培养极为不利。而信息技术的应用则为高等职业教育教学模式的创新与变革提供了强有力的支撑。

借助多媒体技术、互联网技术以及移动学习技术，高等职业教育能够实现教学资源的多元化与共享化，成功打破时间与空间的双重限制，为学生提供更为灵活、自主的学习方式。① 例如，教师可以充分利用多媒体课件、在线教学平台等多样化的教学工具，将抽象晦涩的法律知识以生动形象的形式呈现给学生，从而有效激发学生的学习兴趣；学生可以通过移动学习应用，随时随地开展学习活动，自主选择学习内容以及学习时间，进而大幅提高学习效率。与此同时，信息技术的应用还能够有力促进师生之间、学生之间的互动交流，逐步构建起以学生为中心的教学模式，从而有效培养学生的自主学习能力以及团队协作能力。

（三）提升高等职业教育的教学质量与竞争力

在高等教育领域竞争日益激烈的当下，高等职业教育若想在激烈的竞争中脱颖而出，就必须持续不断地提升自身的教学质量与竞争力。信息技术的应用能够为高等职业教育提供更为科学、高效的教学管理与评价手段，有助于教师更加全面、深入地了解学生的学习情况，及时调整教学策略，进而切实提高教学质量。

通过教学管理信息系统，教师能够对学生的学习过程进行全程跟踪与

① 张靖卉，朱东阳. 职业教育数字教材的技术演进、现实境遇与远景透视 [J]. 职教论坛，2025，41（02）：46–54.

详细记录，及时掌握学生的学习进度、学习成绩以及学习态度等关键信息，为教学评价提供客观、准确的数据支持。同时，信息技术的应用还能够实现教学资源的优化配置，显著提高教学资源的利用率，有效降低教学成本，从而进一步提升高等职业教育的竞争力。例如，借助在线教学平台，教师可以将优质的教学资源广泛共享给更多的学生，实现教学资源的最大化利用；通过智能化的教学评价系统，教师能够对学生的学习成果进行全面、客观的评价，为学生提供个性化的学习建议与指导。

二、信息技术在民事案件实务教学中的重要性

（一）丰富教学资源，拓展学生视野

民事案件实务教学对大量的案例、法律法规以及学术文献等教学资源有着强烈的需求。然而，传统的教学资源获取方式主要依赖于图书馆馆藏以及教师的个人积累，资源数量有限且更新速度缓慢，远远无法满足学生日益增长的学习需求。信息技术的应用为教学资源的获取与共享提供了更为便捷、高效的途径。

通过互联网技术，教师和学生能够随时随地获取国内外最新的法律资讯、案例分析以及学术研究成果等教学资源。例如，教师可以借助法律数据库、学术期刊网站等专业平台，广泛收集大量的案例和学术文献，从而极大地丰富教学内容；学生可以通过在线学习平台，自主筛选并选择适合自己的学习资源，有效拓展自身的知识视野。同时，信息技术的应用还能够实现教学资源的共享化，教师可以将自己精心收集的教学资源上传至在线教学平台，供学生下载学习，从而显著提高教学资源的利用率。

（二）增强教学的直观性与趣味性，激发学生的学习兴趣

民事案件实务教学涉及大量的法律条文和专业术语，内容往往较为抽象、枯燥，学生在学习过程中极易产生乏味和畏难情绪。信息技术的应用能够将抽象的法律知识以生动形象的形式呈现给学生，显著增强教学的直观性与趣味性，从而有效激发学生的学习兴趣。

多媒体技术能够将文字、图像、音频、视频等多种元素有机融合在一

起，制作出生动有趣的教学课件和教学视频。例如，教师可以利用动画演示的方式，将复杂的法律程序和法律关系直观、清晰地展示给学生，帮助学生更好地理解和掌握相关知识；通过播放真实的庭审视频，让学生身临其境地感受庭审的氛围和流程，有效提高学生的学习兴趣和参与度。虚拟现实（VR）、增强现实（AR）等新兴技术的应用，更是能够为学生营造出沉浸式的学习环境，让学生在虚拟的场景中进行实践操作，切实提高学生的实践能力和学习效果。

（三）提高学生的实践能力与综合素质

民事案件实务教学的核心目标在于培养学生具备解决实际民事案件问题的能力以及全面的综合素质。信息技术的应用能够为学生打造更为真实、丰富的实践教学环境，有力地帮助学生提高实践能力和综合素质。

在模拟法庭教学中，借助 VR/AR 技术构建沉浸式模拟法庭环境，使学生仿佛置身于真实的法庭之中，亲身经历庭审的全过程，从而有效提高学生的庭审辩论能力和应变能力。利用数字化证据展示系统，学生能够更加直观地展示和分析证据，显著提高证据收集和运用的能力。在法律诊所教学中，通过在线平台获取真实案件信息，运用信息技术工具进行案件管理与跟踪，让学生深度参与到实际案件的处理过程中，切实提高学生的实际操作能力和解决问题的能力。同时，信息技术的应用还能够培养学生的信息素养、创新能力和团队协作能力，全面提升学生的综合素质。

高等职业教育改革对信息技术的应用提出了迫切的需求，信息技术在民事案件实务教学中具有举足轻重的作用和意义。深入研究信息技术在实务教学中的应用，对于推动高等职业教育的改革进程、提高教学质量、培养适应社会需求的法律专业人才具有极其重要的现实意义。在今后的教学实践中，我们应当积极探索信息技术与民事案件实务教学的深度融合，充分发挥信息技术的优势，为高等职业教育的发展以及学生的成长成才贡献更大的力量。

第二节　信息技术在民事案件实务教学中的应用

一、课堂教学环节

（一）多媒体课件辅助教学

1.制作精良的课件展示法律条文与案例分析内容

在高等职业教育民事案件实务教学的课堂教学场景中，多媒体课件已然成为教师开展教学活动不可或缺的重要工具。为了使教学内容更具生动性与直观性，教师凭借专业素养与教学经验，精心制作课件，将原本枯燥、抽象的法律条文以图文并茂的形式呈现给学生。在讲解法律条文时，教师会在课件中巧妙运用不同的字体、颜色以及图表等多样化的元素，着重突出重点法条与关键概念，帮助学生迅速精准地把握核心内容。例如，在讲解《中华人民共和国民法典》合同编的相关条文时，教师可将不同类型合同的构成要件、权利义务关系等核心内容以表格形式清晰呈现于课件之上，使学生能够一目了然地获取关键信息。在案例分析部分，课件不仅会详细呈现案例的基本事实，还会深入剖析案例所涉及的法律问题、适用的法律条文以及最终的裁判结果。通过对案例的深度剖析，引导学生将抽象的法律知识与具体的实际案例有机结合，从而深化对法律条文的理解与运用能力。

2.借助动画、视频等元素强化教学的生动性与直观性

为进一步提升教学效果，教师们通常会在课件中融入动画、视频等多媒体元素。对于一些复杂的法律程序和法律关系，单纯依靠文字讲解往往难以让学生透彻理解。此时，动画便可发挥出其独特的优势。例如，在讲解民事诉讼程序时，教师可通过制作动画，对案件从立案、受理、审理到判决的整个过程进行模拟演示，让学生能够直观地了解各个环节的操作流程与时间节点。而视频资源则能够为学生提供更加真实、直观的法律场景。教师可收集并筛选具有代表性的真实庭审视频，在课堂上播放给学生观看，使学生能够亲身感受庭审的真实氛围，学习法官、律师以及当事人在庭审中的表现与技巧。这些动画和视频元素的运用，不仅增强了教学的生动性与趣味性，更能够帮助学生深入理解和掌握复杂的法律知识体系。

（二）在线教学平台的运用

1.课程直播与录播功能的应用价值

随着互联网技术的迅猛发展，在线教学平台在高等职业教育领域得到了广泛的应用与推广。课程直播功能赋予了教师实时与学生进行互动交流的能力，打破了传统教学在时间和空间上的限制。在直播过程中，教师能够像在传统课堂中一样，有条不紊地开展讲解、提问、讨论等多样化的教学活动，学生则可以通过弹幕、语音等多种方式与教师和其他同学进行实时互动交流。这种实时互动的教学方式，使学生能够感受到更加真实、生动的课堂氛围，有效提高了学生的课堂参与度和学习积极性。与此同时，在线教学平台的录播功能也为学生的学习提供了极大的便利。学生可以在课后根据自身的学习进度和需求，随时观看课程录播视频，对课堂上未能完全理解的内容进行反复学习和巩固，加深对知识的掌握程度。对于因特殊原因无法按时参加直播课程的学生，录播视频则为他们提供了弥补学习的宝贵机会，确保每一位学生都能跟上教学进度。

2.线上互动交流、作业布置与批改等功能对教学的积极促进作用

在线教学平台的线上互动交流功能为师生之间、学生之间搭建了便捷、高效的沟通桥梁。教师可以在平台上精心设计并发布讨论话题，引导学生积极参与讨论和交流。学生能够在讨论区自由发表自己的观点和看法，与其他同学进行思想的碰撞，从而拓宽自己的思维视野，培养学生批判性思维能力。同时，教师可以通过学生的发言及时了解学生的学习情况和思想动态，对学生提出的问题进行有针对性的解答和指导，实现精准教学。此外，在线教学平台还具备作业布置与批改功能。教师可以通过平台在线布置作业，明确作业要求和提交时间，学生需在规定时间内完成作业并提交作业。教师能够在平台上对学生的作业进行细致批改，给出客观、准确的评语和成绩。这种方式不仅显著提高了教学效率，还便于教师对学

生的学习情况进行全程跟踪和科学评估，及时发现学生在学习过程中存在的问题，并进行有针对性的辅导和干预，助力学生不断进步。

二、实践教学环节

（一）模拟法庭的信息化升级

1. 借助 VR/AR 技术构建沉浸式模拟法庭环境

为了进一步提升模拟法庭的真实性和教学效果，借助 VR/AR 技术构建沉浸式模拟法庭环境已成为当下的发展趋势。通过 VR 技术，学生只需戴上 VR 设备，便能身临其境地进入一个高度逼真的虚拟法庭场景。在这个场景中，学生能够清晰地看到逼真的法庭布局、法官的服饰、庭审的道具等细节元素，仿佛置身于真实的法庭现场。学生可以在虚拟场景中扮演不同的角色，如法官、律师、当事人等，亲身体验庭审辩论的全过程。这种沉浸式的体验能够让学生更加深入地理解庭审程序和角色职责，有效提高学生的庭审辩论能力和应变能力。而 AR 技术则能够将虚拟的信息与现实场景有机融合，为学生提供更加丰富、多元的学习体验。例如，在模拟法庭现场，学生通过佩戴 AR 设备，可以实时看到虚拟的法律条文、案例分析等辅助信息，这些信息能够帮助学生更好地进行庭审辩论，提升模拟法庭的教学效果。

2. 利用数字化证据展示系统提升模拟庭审的真实性

在模拟庭审中，传统的证据展示方式往往较为单一，难以全面、准确地展示证据的内容和价值。而数字化证据展示系统的应用则彻底改变了这一局面。该系统能够将各种类型的证据，如书证、物证、视听资料等，以数字化的形式进行高效展示。通过高清大屏幕、投影仪等先进设备，学生可以清晰地观察到证据的细节和内容。同时，数字化证据展示系统还具备证据标注、分析等强大功能，能够帮助学生更好地理解证据的证明力和关联性。例如，在展示一份合同文本时，系统可以通过智能标注的方式，突出合同中的关键条款和争议点，引导学生进行深入的分析和讨论。这种数字化的证据展示方式，不仅极大地提高了模拟庭审的真实性，还能够有效培养学生的证据收集和运用能力，为学生未来从事法律实务工作奠定坚实的基础。

（二）法律诊所教学的信息化支持

1. 通过在线平台获取真实案件信息

法律诊所教学是一种将理论知识与实践操作紧密结合的创新教学模式，学生通过参与真实的案件处理过程，能够有效提高自己的实践能力和综合素质。在信息技术的大力支持下，学生可以通过在线平台便捷地获取真实的案件信息。一些法律诊所积极与法院、律师事务所等法律实务机构建立合作关系，通过在线平台实现案件资源的共享。学生可以在平台上浏览不同类型、不同领域的案件信息，根据自己的兴趣和专业方向选择感兴趣的案件进行参与。在线平台还会提供案件的详细资料，包括案件的基本事实、当事人的诉求、相关证据等关键信息，为学生进行案件分析和处理提供了丰富的素材。通过参与真实案件的处理，学生能够深入了解法律实践中的实际问题和操作流程，切实提高自己解决实际问题的能力。

2. 运用信息技术工具进行案件管理与跟踪

在法律诊所教学中，学生需要对参与的案件进行全程管理和跟踪，以确保案件处理的顺利进行。运用信息技术工具能够显著提高案件管理的效率和质量。例如，学生可以使用专业的案件管理软件对案件的基本信息、处理进度、相关文件等进行全面、细致的记录和管理。通过软件的智能提醒功能，学生可以及时了解案件的重要时间节点和关键任务，避免遗漏重要信息，确保案件处理的时效性。同时，学生还可以通过在线平台与指导教师、当事人进行及时、有效的沟通和交流，随时汇报案件的进展情况，获取指导教师的专业建议和当事人的反馈意见。信息技术工具的运用，使案件管理更加规范、高效，有助于学生更好地完成案件处理任务，提升自己的实践能力和职业素养。

三、自主学习环节

（一）利用学习类 APP 的功能架构与应用成效

随着智能手机的广泛普及，移动学习已成为学生自主学习的重要方式之一。各类学习类 APP 为学生提供了便捷、高效的学习渠道。这些 APP 通常具备丰富多样的功能模块，如法律条文查询、案例分析、在线测试、学习社区等。学生可以随时随地通过手机便捷地查询法律条文，及时了解最新的法律法规变化和动态。案例分析功能能够为学生提供大量具有代表性的真实案例，帮助学生将抽象的法律知识与实际案例相结合，加深对法律知识的理解和运用。在线测试功能则允许学生对自己的学习成果进行实时自我检测，及时发现自己在知识掌握方面的不足之处，以便有针对性地进行强化学习。学习社区为学生搭建了一个交流和互动的平台，学生可以在社区中分享自己的学习心得、经验和见解，与其他同学进行深入的讨论和交流，实现知识的共享和共同进步。通过使用法律学习类 APP，学生能够充分利用碎片化时间进行学习，有效提高学习效率，拓宽学习视野。

（二）利用社交媒体平台开展学习交流与互动

社交媒体平台如微信、QQ 等也逐渐成为学生进行学习交流与互助的重要工具。教师可以创建班级学习群，在群里定期分享学习资料、发布学习任务、解答学生的疑难问题。学生可以在群里自由交流学习心得、讨论疑难问题，互相帮助、共同进步。此外，一些社交媒体平台还开设了众多与法律学习相关的公众号、论坛等，学生可以关注这些优质的公众号和论坛，及时获取最新的法律资讯、学习资源和行业动态。通过参与社交媒体平台的学习交流活动，学生能够拓宽自己的学习渠道，丰富自己的学习资源，提高自己的学习效果和综合素质。

第三节 人工智能在法律教学中的潜在应用及区块链技术对法律实务教学的影响

一、人工智能在法律教学中的潜在应用

（一）智能法律检索与案例分析

于法律教育范畴而言，学生在学习进程中面临着海量且持续更新的法律信息，这无疑是一项艰巨的挑战。法律条文随时代发展不断更迭修订，司法案例呈指数级增长态势，各类学术文献亦纷繁复杂，在如此庞大的信息海洋中精准定位所需内容，难度可想而知。而人工智能驱动的智能法律检索系统，为攻克这一难题提供了行之有效的途径。依托先进的自然语言处理技术，学生无须再耗费大量时间去研习复杂的检索语法规则。他们仅需运用日常自然语言，清晰明确地阐述自身所遇法律问题，诸如“关于网络购物纠纷里消费者权益保护的相关法律规定”，系统便能迅速领会学生意图，并从庞大的法律数据库中精准筛选出相关的法律条文、司法解释以及典型案例。

机器学习算法的运用，使得系统不仅能够提供检索结果，还能对案例展开深度剖析。它可以精准识别案件的关键信息，如能明确争议焦点究竟是合同效力问题，还是侵权责任认定；能够准确归纳适用的法律条款，判断是《中华人民共和国民法典》中的合同编，抑或是侵权责任编；甚至可以深入分析裁判结果背后的影响因素，是基于事实认定的差异，还是对法律适用的理解分歧。[①] 以“腾讯与奇虎 360 不正当竞争案”为例，智能法律检索系统不但能呈现案件的基本情况，还能剖析出法院在判决时如何依

① 张恺怡. 试述人工智能在司法领域的应用与倾向. 市场周刊，2024，37（21）：151-154.

据《中华人民共和国反不正当竞争法》来判定双方竞争行为的合法性，以及该判决结果对互联网行业竞争秩序产生的深远影响。通过这样的深度分析，学生能够更为透彻地理解复杂的法律问题，有效提升案例分析能力，拓宽法律视野，接触到更多不同类型的案例，为日后的法律实践筑牢根基。

（二）模拟法庭与虚拟法律实践

模拟法庭是法律教学中培育学生实践能力的关键环节。然而，传统模拟法庭因受到人力、物力和时间等多方面因素的限制，往往难以达成理想的教学成效。人工智能的问世，为模拟法庭带来了全新变革，它能够构建出极为逼真的虚拟法庭环境，为学生提供更为真实、丰富的法律实践契机。在这一虚拟模拟法庭中，法官、检察官、律师以及当事人等所有角色均由人工智能驱动，这些虚拟角色基于海量真实法庭案例和丰富法律知识进行训练，因而具备较高的智能性与适应性。它们能够依据学生的表现，灵活调整自身行为和反应，与学生展开真实且激烈的辩论和质证。

例如，当学生以律师身份展开辩论时，虚拟法官可能会针对学生观点提出尖锐问题，要求学生进一步阐述法律依据和事实理由；虚拟的对方律师也会依据学生陈述，迅速组织反驳观点，展开有力抗辩。学生在与这些虚拟角色的互动过程中，能够真切感受到法庭的紧张氛围，仿若置身真实的法庭场景。通过反复参与此类模拟法庭活动，学生可以在安全环境中持续锤炼法律实践技能，如法庭辩论技巧、证据质证能力、法律文书撰写能力等，积累丰富的实践经验，进而提高应对实际法律问题的能力。

（三）个性化学习辅助

每个学生都是独特的个体，在学习能力、学习进度以及知识掌握程度上存在显著差异。传统法律教学模式常采用“一刀切”方式，难以满足每个学生的个性化需求。而人工智能技术的应用，为实现个性化学习创造了可能。人工智能系统能够实时收集并分析学生在学习过程中的各类数据，涵盖答题情况、作业完成情况、课堂表现以及参与讨论的积极性等。通过对这些数据的深度挖掘与分析，系统能够精准洞察每个学生的优势与不足，为其量身定制个性化学习计划。

比如，对于对“合同法”知识点掌握欠佳的学生，系统会依据学生的薄弱环节，推送针对性学习资料，如相关法律条文解析、典型案例分析、专家讲座视频等；同时，还会为学生提供专门设计的练习题，助力学生巩固所学知识。此外，系统会实时跟踪学生学习进度，根据学生学习情况动态调整学习计划。若学生在某个知识点上进步迅速，系统会及时调整学习内容，适度增加学习难度；若学生遭遇困难，学习进度滞后，系统则会提供更多辅导与支持，确保每个学生都能高效掌握法律知识和技能。

二、区块链技术对法律实务教学的影响

（一）增强证据的真实性与可信度

在法律实务领域，传统证据存储和管理方式存在诸多弊端，证据易被篡改、丢失，其真实性和可信度难以保障。区块链技术的出现，为解决这些问题开辟了全新路径。区块链技术具有去中心化、不可篡改、可追溯等特性。① 在法律实务教学中引入区块链技术，可以让学生更为直观地理解和掌握证据的真实性和可信度问题。通过模拟区块链证据存储系统，学生能够亲身体验将证据数据上传至区块链的过程。一旦证据数据上链，便会被加密存储，并借助分布式账本技术在多个节点进行备份。任何对证据数据的修改都需获得绝大多数节点的认可，这几乎无法实现，从而有效保障了证据的完整性和不可篡改性。

例如，在某起知识产权侵权案件中，将侵权证据运用区块链技术进行存储和管理。学生可通过模拟系统，了解如何将侵权作品的原始数据、创作时间、传播路径等信息上链，以及如何利用区块链的可追溯性，证明侵权行为的发生过程。这不仅有助于学生在实际工作中运用区块链技术解决证据的真实性和可信度问题，提高证据证明力，还能使其适应数字化时代的证据管理需求。

① 郑帅．民事诉讼中区块链证据应用研究 [J]. 洛阳理工学院学报（社会科学版），2024，39（03）：92–96.

（二）促进法律交易的透明化与安全性

随着数字化时代的来临，区块链技术在金融、商业等领域的应用越来越广泛，众多法律交易也开始借助区块链技术实现透明化和安全性的提升。在法律实务教学中，教师引入区块链技术在法律交易中的应用案例，能够让学生更好地理解这一新兴技术如何变革传统法律交易模式。

以智能合约为例，它是基于区块链技术的数字化合约，能够自动执行合约条款，实现交易的自动化与智能化。在智能合约教学中，教师可通过实际案例，让学生了解智能合约的编写、部署和执行流程。例如，在一个简单的商品买卖合同中，智能合约可设定当买方支付货款后，系统自动触发发货指令，卖方发货后，系统自动确认收货并将货款支付给卖方。若一方违约，智能合约可依据预设条款自动执行违约惩罚措施。通过此类案例教学，学生能够深刻理解区块链技术如何提高法律交易的效率和安全性，减少人为因素干扰。在未来的工作中，学生能够更好地适应数字化时代的法律交易需求，为客户提供更为高效、安全的法律服务。

（三）培养学生的创新思维和跨学科能力

区块链技术是融合计算机科学、密码学、经济学等多学科领域知识的新兴技术。在法律实务教学中引入区块链技术，不仅能够让学生了解这一前沿技术在法律领域的应用，更重要的是能够培养学生的创新思维和跨学科能力。

通过研习区块链技术在法律领域的应用案例，学生能够看到不同学科之间的交叉融合如何催生新的解决方案和商业模式。例如，区块链技术与金融法律相结合，催生出数字货币、智能投顾等新兴金融业态；与知识产权法律相结合，为版权保护提供了新的途径。在学习过程中，学生需要运用多学科知识和思维方式，思考如何将区块链技术与法律实务有机结合，提出创新性解决方案，解决实际法律问题。这有助于培养学生的创新精神和实践能力，拓宽学生的知识面和视野，提高学生的综合素质，使其能够更好地适应未来复杂多变的法律职业环境。

参考文献

［1］方志平. 民法原理[M]. 北京：中国政法大学出版社，2025.

［2］张卫平. 民事诉讼法（第四版）[M]. 北京：法律出版社，2019.

［3］杨荣馨. 民事诉讼原理[M]. 北京：法律出版社，2003.

［4］强世功. 司法调解制度研究[M]. 北京：中国法制出版社，2001

［5］刘坤轮. 人民调解制度的理念与价值 [J]. 财经法学，2015（06）：97–108.

［6］江伟. 民事诉讼法[M]. 北京：高等教育出版社，2004.

［7］朱朋飞，许卓异. 我国民事审判监督制度的不足与完善 [J]. 师大·西部法治论坛，2021，6（00）：22–31.

［8］刘宇晖，胡钰彬. 我国民事诉讼地域管辖制度之反思 [J]. 法制博览，2018（02）：59–60.

［9］王福华. 民事诉讼法学 [M]. 北京：清华大学出版社，2019.

［10］谢荣帅. 民事诉讼专属管辖制度研究 [J]. 法制博览，2022（26）：102–105.

［11］王炳鑫. 论民事诉讼管辖权异议制度[C]// 中国环球文化出版社，华教创新（北京）文化传媒有限公司. 2020年南国博览学术研讨会论文集（二）.

［12］李娟. 我国民事诉讼管辖权异议制度的不足与完善 [J]. 法制与社会，2019（18）：21–22.

［13］汪军，施啸波. 民事诉讼“非必要财产保全”问题研究 [J]. 法律适用，2023（09）：107–119.

［14］邵明华，刘帆．诉前保全新规解析与应对 [J]. 农业发展与金融，2024（06）：74–76.

［15］江伟，肖建国．民事诉讼法 [M]. 北京：中国人民大学出版社，2023.

［16］胡新月．民事执行难问题的公共管理分析 [J]. 法制博览，2024（34）：157–159.

［17］段文波．民事证明责任分配规范的法教义学新释 [J]. 政法论坛，2020，38（03）.

［18］廖继博．计算机软件著作权纠纷案件审判中的几个问题——《最高人民法院知识产权法庭裁判要旨（2021）》相关计算机软件著作权案件简要解读 [J]. 中国版权，2022（03）.

［19］殷佳楠．滥用市场支配地位私人诉讼的举证责任制度研究 [D]. 华东政法大学，2021.

［20］王亚新．民事诉讼中的举证责任 [J]. 证据科学，2014，22（01）.

［21］陈秋玲．法科生法律文书写作能力的现状与反思 [J]. 科教导刊－电子版（上旬），2021（02）.

［22］最高人民法院．人民法院民事裁判文书制作规范：法〔2016〕221 号 [EB/OL].http：//www.court.gov.cn/fabu–xiangqing–77922.html.

［23］刘宇晖，李雷．论我国裁判文书的释法明理性 [J]. 法制与经济，2016（03）.

［24］最高人民法院．人民法院民事裁判文书制作规范：法〔2016〕221 号 [EB/OL].http：//www.court.gov.cn/fabu–xiangqing–77922.html.

［25］杨紫帆．违约信赖利益赔偿问题研究 [D]. 郑州大学，2021.

［26］知产宝.[EB/OL].https：//mp.weixin.qq.com/s/QBrPDZyiv1_23mPMHNnnsg.

［27］王晨光．法学教育的宗旨——兼论案例教学模式和实践性法律教学模式在法学教育中的地位、作用和关系 [J]. 法制与社会发展，2002（06）：33–44.

［28］张卫国．法学教育中案例教学法的本土化路径探析 [J]. 中国成人

教育，2015（21）：174–176.

［29］雷安军. 案例教学法源流及对我国法学教育的启示 [J]. 黑龙江教育（高教研究与评估），2007（Z1）：114–116.

［30］王思远. 地方高校转型中法学专业案例教学体系的创新构建 [J]. 教书育人（高教论坛），2019（21）：84–86.

［31］张莉初，纪晶. 高职法学教学中模拟法庭教学法的应用研究 [J]. 法制博览，2020（31）：163–164.

［32］李慧英. 模拟法庭实践教学运行模式研究 [J]. 法制博览，2022（11）：166–168.

［33］张雅洁."教、学、练、战"一体化视角下法学案例教学模式优化 [J]. 法制博览，2025（04）：157–159.

［34］钟启泉.项目学习与跨学科教学 [M]. 上海：华东师范大学出版社，2020：30 – 50.

［35］何奕，李喜媛，李青青. 项目式学习模式在高职教育教学中的应用研究 —— 以《电子商务概论》课程为例 [J]. 产业与科技论坛，2025，24（04）：215–217.

［36］付梓强，谢延龙. 数字化转型视域下推进高等职业教育高质量发展的时代意蕴、框架构建与未来进路 [J]. 江苏高职教育，2024，24（05）：18–26.

［37］张靖卉，朱东阳. 职业教育数字教材的技术演进、现实境遇与远景透视 [J]. 职教论坛，2025，41（02）：46–54.

［38］张恺怡. 试述人工智能在司法领域的应用与倾向 [J]. 市场周刊，2024，37（21），151–154.

［39］郑帅. 民事诉讼中区块链证据应用研究 [J]. 洛阳理工学院学报（社会科学版），2024，39（03）：92–96.

后记

2023年、2024年笔者连续指导学生参加贵州省职业院校技能大赛法律实务赛项的比赛，先后取得了省二等奖、省一等奖的好成绩，在指导学生比赛的过程中，结合比赛实际对参赛选手进行了全面、细致的民事法律基础知识的指导，积累了大量案例及实务模板，遂有了出版成书的念头。全书共分为九章，内容涵盖了民事案件的基础知识、民事纠纷的解决途径、民事诉讼程序、民事案件实务技巧、民事裁判文书及实务案例分析，以及案例教学法、模拟法庭教学法、项目式学习和信息技术在民事案件实务教学中的应用等多个方面。本书的付梓，是对参赛过程的成果转化。

在本书的写作过程中，笔者要特别感谢贵州建设职业技术学院的林若非老师。林老师作为指导教师之一，指导学生备赛付出了大量的心血，对本书的写作给予了极大的支持和帮助。她不仅对全书的框架和结构提出了宝贵的建议，还对各章节的内容进行了细致的审阅和修改。同时，贵州建设职业技术学院的相关领导及相关职能部门的老师，为参赛队提供了良好的平台和大力的支持，为本书的成书做出了积极贡献。此外，中央民族大学出版社的罗丹阳等老师，为本书的编辑出版付出了大量的时间和精力，在此一并致谢。

在写作本书的过程中，主要参考了杨荣馨教授《民事诉讼原理》、张卫平教授《民事诉讼法学》、方志平教授《民法原理》等经典著作，同时广泛参考了众多专家学者的著作、论文及资料汇编。这些都使本书的写作受益良多，在此表示衷心的感谢！

由于作者水平有限，本书难免存在疏漏及不足，敬请学界同人及读者批评指正。

罗荣桓

2025年6月28日于贵阳